冷戰後臺灣與東盟各國關係研究

王俊峰 著

崧燁文化

目錄

目錄

前言

緒論
- 一、研究主題與選題意義　11
- 二、研究綜述　13
- 三、研究方法　17
- 四、研究創新和結構安排　18

第一章 理論分析框架與歷史背景描述

第一節 臺灣「國際空間」問題的演變脈絡　23
- 一、臺灣「國際空間」問題的由來　23
- 二、臺灣「國際空間」問題的發展與現狀　25

第二節 兩岸在臺灣「國際空間」問題上的政策立場　27
- 一、臺灣當局的政策立場　28
- 二、大陸的政策立場　29

第三節 冷戰時期臺灣地區與東盟各國的關係　31

第二章 李登輝時期臺灣地區與東盟各國的關係

第一節 李登輝時期的大陸政策　37

第二節 李登輝的「務實外交」　39
- 一、「務實外交」的內涵、特點與目標　39
- 二、「務實外交」提出的背景　41
- 三、「務實外交」下的臺灣地區與東盟各國的政治安全關係　44

第三節 第一次「南向政策」　46
- 一、第一次「南向政策」提出的背景與目的　46
- 二、第一次「南向政策」的舉措與成效　48

第四節 第二次「南向政策」　51

一、亞洲金融危機對東盟各國與臺灣地區的影響 52
　　二、第二次「南向政策」的啟動 53
　　三、第二次「南向政策」的成效 54

第三章 陳水扁時期臺灣地區與東盟各國的關係

　第一節 陳水扁時期的大陸政策 59
　第二節 陳水扁的「烽火外交」 62
　　一、「烽火外交」的提出 62
　　二、「烽火外交」下的臺灣地區與東盟各國的政治關係 64
　第三節「新南向政策」......... 66
　　一、「新南向政策」提出的背景與目的 66
　　二、「新南向政策」的主要內容 67
　　三、「新南向政策」的效果評估 69

第四章 馬英九上臺以來臺灣地區與東盟各國的關係

　第一節 馬英九時期的大陸政策 75
　第二節 馬英九的「活路外交」......... 79
　第三節 臺灣地區與東盟各國的政經關係發展 82

第五章 東盟各國的兩岸政策

　第一節 東盟的大國平衡戰略 89
　　一、大國平衡戰略的背景 89
　　二、大國平衡戰略的實施 90
　第二節 冷戰後東盟各國的對華政策 94
　　一、東盟各國的中國觀 94
　　二、東盟各國對華政策的內容 95
　第三節 東盟各國的對臺政策 97

第六章 實例分析：南海問題

　第一節 南海問題的由來與現狀 103

一、南海問題的由來及其原因 ················· 103
　　二、後冷戰時期南海問題的現狀 ··············· 105
　第二節 臺灣當局的南海政策 ··················· 108
　　一、兩蔣時期臺灣當局的南海政策 ············· 108
　　二、李登輝當局的南海政策 ··················· 109
　　三、陳水扁時期的南海政策 ··················· 111
　　四、馬英九上臺以來的南海政策 ··············· 111
　第三節 兩岸在南海問題上的合作 ··············· 113
　　一、兩岸南海主權宣示基本一致 ··············· 113
　　二、兩岸南海合作的重要性與可能性 ··········· 115
　　三、兩岸南海合作的路徑選擇 ················· 116

第七章 臺灣參與東亞區域經濟整合

　第一節 臺灣在東亞區域經濟整合中的作用 ······· 122
　　一、東亞區域經濟整合及其成就 ··············· 122
　　二、臺灣在東亞區域經濟整合中的作用演變 ····· 124
　　三、臺灣經濟的邊緣化及其原因 ··············· 125
　第二節 臺灣謀求參與東亞區域經濟整合的策略 ··· 128
　第三節 大陸的對策思考 ······················· 130
　第四節 ECFA與兩岸關係和平發展 ············· 133
　　一、從和平發展的確立到ECFA的頒布 ········· 134
　　二、ECFA的簽署是兩岸關係和平發展的深化 ··· 136
　　三、ECFA生效後的臺海局勢和兩岸關係展望 ··· 141

結束語

附錄一 中華人民共和國與東南亞國家聯盟全面經濟合作框架協議

　序言 ······································· 153
　第一部分 ··································· 155
　第二部分 ··································· 160

第三部分 161

附錄二 南海各方行為宣言

附錄三 海峽兩岸經濟合作框架協議（ECFA）

　　序言 183

前言

　　臺灣「國際空間」問題，指的是臺灣對外交往問題，意指臺灣在國際舞臺上存在的形式與權利範圍。這一問題可以從三個角度考察：臺灣的「邦交國」問題，臺灣與「非邦交國」的關係問題以及臺灣參與國際組織、國際會議等問題。東南亞地區是臺灣發展對外關係的重要地區。臺灣地區與東盟各國的關係，是研究臺灣「國際空間」問題的典型案例。在 1970 年代以前，東南亞國家大多追隨美國奉行「反共反華」的敵對政策，與臺灣保持著「邦交」關係。1970 年代，隨著美國主動尋求與新中國接近，東盟各國也紛紛與臺灣「斷交」，轉向承認新中國，但雙方經貿關係卻有了提升。

　　1980 年代末、1990 年代初，蘇東劇變，兩極格局徹底瓦解，對臺灣與東盟各國的關係產生了影響。李登輝當局積極推動「政治民主化」和「政權本土化」，島內政治生態發生重大變化。在兩岸關係上，弱化一個中國原則，淡化統一訴求，迴避政治談判，公開提出「兩國論」。在國際上，大搞「務實外交」，謀求重返國際組織，與一些國家發展實質關係，進而尋求國際社會的「雙重承認」。臺灣地區領導人實現了對東盟各國的訪問，互設代表機構並提升機構層級，突破了「非官方」的限制。兩次推動「南向政策」，藉「南向」抑「西進」，阻遏臺商赴大陸的投資熱潮。同時，加強與東盟各國的經貿關係，以經促政，藉此推進雙邊政治關係的提升。

　　2000 年陳水扁上臺後，否認了「九二共識」，鼓吹「一邊一國論」，在島內推行「公投」、「憲改」等激進「臺獨」路線，限制兩岸交流，推行「去中國化」，大搞「烽火外交」，以攻為守，四處點火。結果不僅未能擴大臺灣的「國際空間」，而且還使得兩岸關係危機頻發，美臺關係、臺日關係嚴重受挫，臺灣被國際社會視為「麻煩製造者」。東南亞國家對陳水扁當局的危險行為都表達了不安和反對，沒有太多的意願發展與臺灣的政治關係。雙方經貿關係也深受影響，臺灣經濟陷入「邊緣化」困境。

前言

　　2008年以後，馬英九當局認同中華民族，主張在「憲法一中」和「九二共識」的基礎上，維持「不統、不獨、不武」的臺海現狀，以促進兩岸和解為主線，推動兩岸經貿往來與文化交流的全面正常化。在對外政策上，提出了以改善兩岸關係為前提的「活路外交」，主張與大陸實現和解休兵，維持臺灣「邦交國」的現狀；重建與「非邦交國」特別是美國、日本之間的互信；擴大臺灣參與國際組織、國際活動的範圍。在東南亞地區，馬英九當局利用臺灣的經濟實力，積極開展「經濟外交」，努力開展民間交往、積極參與東亞區域經濟合作，謀求與東盟各國簽署經濟合作協議，充分發揮「軟實力」的作用，推動臺灣與東盟各國的關係進一步發展。

　　在後冷戰時期，東南亞國家都與中國建立或恢復了外交關係，奉行一個中國政策，承認臺灣是中國的一部分，希望兩岸透過和平方式解決問題。在此基礎上，也重視發展與臺灣的關係，在大陸和臺灣之間搞「平衡政策」，加強與臺灣的經貿聯繫，利用臺灣制衡中國大陸。冷戰後臺灣與東盟各國關係演變具有如下特點與啟示：一是冷戰結束後，臺灣與東盟各國的關係主要依然是在經貿、人員、科技等非政治性關係。二是雙方關係發展呈現出先揚後抑再揚的特點。李登輝時期是臺灣與東盟各國交往最為活躍的時期，也是雙方實質關係發展最快的時期。但到了李登輝後期和陳水扁時期，由於臺灣當局堅持分裂國家的路線，導致兩岸關係緊張，威脅亞太地區和平。東南亞國家堅持奉行一個中國政策，並不願過多地與臺灣當局發展關係。馬英九上臺後，兩岸關係發生重大而又積極的變化。臺灣與東盟各國的關係有了進一步發展。三是中國大陸實力的增強是維護一個中國原則框架的堅強保障。從1990年代中後期至今，兩岸實力對比越來越有利於大陸方面，東盟與中國的自由貿易區也已建立，在此背景下，東盟各國在發展對臺關係時，必然會以中國大陸為第一考量，更加嚴格遵守一個中國政策，臺灣與東盟各國的實質關係空間也將被限縮。

　　2008年以後，臺灣當局積極尋求參與東亞區域經濟整合。大陸應在一個中國的框架下協助臺灣參與，不僅可以幫助臺灣擺脫經濟困境，為臺灣同胞謀福祉，而且也能展示大陸的善意，加強兩岸同胞對國家的「認同」。兩岸在東南亞地區擁有共同的利益，應加強合作、優勢互補，為本地區的和平、

穩定、繁榮做出積極貢獻。兩岸應該本著對兩岸人民有利、符合兩岸人民共同福祉的宗旨，先從經濟、文化入手，先易後難、循序漸進，努力開創兩岸在東南亞地區合作的新局面。

緒論

隨著 1990 年代中後期香港問題、澳門問題的順利解決，臺灣問題作為中國和平統一進程的第三站也是最後一站，在中國和平崛起的大背景下，具有十分重要的意義。美國、德國等國家崛起的歷史經驗表明，實現國家統一對於一個國家的成長具有很大的促進作用。一個沒有實現統一的中國不可能實現真正的崛起。國家的最終統一是中國和平崛起的題中之義。

解決臺灣問題是一個系統工程，涉及多方面的問題，比如兩岸的政治定位、和平協議的簽署、兩岸的政治談判等。有些問題比較容易解決，如兩岸人員往來、經貿往來正常化等問題。有些問題則比較複雜、敏感，解決難度較大，比如臺灣「國際空間」問題、兩岸軍事互信問題等。臺灣「國際空間」問題是兩岸關係中的一個非常重要、敏感而又複雜的問題。這一問題常常引起兩岸雙方的不快，甚至對抗，影響兩岸關係的健康穩定發展。換言之，臺灣「國際空間」問題是一個能夠影響兩岸互動，進而牽動臺灣問題走向的重要問題領域。關心臺海問題的人士都有這樣一種共識：臺灣「國際空間」問題的合理解決，將在很大程度上拓展和深化兩岸關係和平發展的實質內涵，為兩岸關係和平發展注入新鮮動力，進而提升臺海問題和平解決的機會係數，推動兩岸的和平統一與中國的和平崛起。

一、研究主題與選題意義

臺灣「國際空間」問題，指的是臺灣對外交往問題，意指臺灣在國際舞臺上存在的形式與權利範圍。學術界一般將臺灣的「國際空間」劃分為「官方的國際空間」和「非官方的國際空間」兩大類。考慮到臺灣經濟需要發展，臺灣同胞需要對外交往，涉及臺灣同胞的民生福祉，大陸方面對臺灣的「非官方的國際空間」，並沒有任何異議，相反還採取一定措施予以方便，保障了臺灣經濟的發展和人民的對外交往。因此「非官方的國際空間」問題並不存在。本文探討的「國際空間」問題指的是臺灣「官方的國際空間」問題。

冷戰後臺灣與東盟各國關係研究
緒論

這一問題可以從三個角度來考察：臺灣的「邦交國」問題，臺灣與「非邦交國」的關係問題以及臺灣參與國際組織、國際會議等問題。

東南亞地區是臺灣發展對外關係的重要地區。臺灣與東盟各國的關係，是我們研究臺灣「國際空間」問題的重要而又典型的案例。之所以說是典型案例，是因為從二戰結束至今，部分東盟各國曾是臺灣的「邦交國」，一些國家則與臺灣沒有正式「外交」關係，臺灣與東盟各國的關係，也涉及臺灣參與東盟各國主導的東盟地區論壇、東盟「10+3」等地區組織和機制的問題。考察臺灣與東盟各國的關係，實際上就較為全面地考察了臺灣「國際空間」問題的三個方面。

本書側重研究冷戰結束後臺灣與東盟各國的關係。所謂「東盟各國」，顧名思義，指的是加入東盟這一地區組織的國家。東盟，即東南亞國家聯盟，（the Association of Southeast Asian Nations，「ASEAN」），是當今世界舞臺上具有較大影響力和重要地位的政府間、地區性、一般性的國家組織。成立以來，其成員國有所變化。因此「東盟各國」這一概念具有歷史性，在不同的歷史時期指代的內容並非一致。1967年8月，東盟正式成立時，印尼、菲律賓、新加坡、泰國、馬來西亞五個國家為東盟各國，被稱為東盟的創始會員國。1984年，汶萊加入東盟，與五個創始會員國，統稱為原東盟成員。1980年代末、1990年代初，蘇聯解體，冷戰結束，為東盟組織的進一步發展創造了空間，東盟組織朝著東南亞一體化的目標邁進，在實現與印度支那國家和解的基礎上，擴大其成員。1995年，東盟吸納了越南。1997年，東盟頂住美國和西方國家的壓力，吸收了老撾與緬甸。1999年柬埔寨隨著國內形勢的好轉也加入了東盟，「大東盟」正式成立。所有的東南亞國家都成為了東盟各國。為行文方便，考慮到臺灣與東盟各國的歷史與現狀，本文考察的東盟各國主要是指印尼、菲律賓、新加坡、泰國、馬來西亞五個初始會員國和冷戰後加入的越南。汶萊、老撾、柬埔寨、緬甸這四國在東盟組織中的作用並不突出，相關資料也較難獲取，因此文中雖有涉及，但不重點分析。

冷戰結束後，國際格局發生了深刻的變動，經濟全球化和區域一體化快速發展，臺灣島內政治生態也經歷了重大的演變。憑藉臺灣的「民主成就」

和「經濟成就」，臺灣當局提出了「務實外交」，在東南亞地區推行「南向政策」，提升臺灣在東南亞國家的影響力，發展與東盟各國的實質關係，並試圖謀求加入東盟組織，參與東亞區域經濟整合。在此背景下，從臺灣的視角來研究臺灣與東盟各國的關係具有十分重要的意義。

第一，從臺灣島內政治與大陸政策出發，探討臺灣發展與東南亞國家關係的歷史與現狀，有助於我們更好地瞭解臺灣島內政治、大陸政策與對外關係之間的一些基本規律。

第二，以臺灣與東盟各國的關係為例，分析臺灣拓展「國際空間」的主要方式與手段，有助於我們更好地制定對臺政策與開展周邊外交，為兩岸關係的和平發展與中國的和平統一提供建設性思考。

第三，在東亞區域經濟整合進程不斷推進的背景下，分析臺灣與東盟各國的關係，有助於我們能夠更加科學地對臺灣參與東亞經濟一體化做出讓兩岸都較為滿意的安排。

二、研究綜述

（一）大陸方面的研究成果

1. 著作方面：大陸方面至今尚未出版一本關於臺灣與東盟各國的關係研究的著作，大陸學者更多地關注中國與東盟各國的關係發展，一般在論述中會涉及臺灣與東盟各國的關係或臺灣對東盟各國的政策、東盟各國的對臺政策等。曹雲華、唐翀在其著作《新中國‐東盟論》[1] 中論述了臺灣問題對中國與東盟關係的影響。陳喬之主編的《冷戰後東盟各國對華政策研究》，[2] 對各個東盟各國的對華政策做了較為系統、全面的論述。作者們一致認為，臺灣問題是中國與東盟各國發展關係中面臨的重要問題之一。東盟各國對臺政策主要採取政經分離政策，在奉行一個中國政策的基礎上發展與臺灣的關係。唐世平等編的《冷戰後近鄰國家對華政策研究》[3] 也對東盟各國的對華政策以及對臺政策做了介紹。

2. 學位論文方面：系統闡述冷戰後臺灣與東盟政經關係的博士論文幾乎沒有。大陸學者更多地關注中國與東盟之間的關係，特別是經濟關係。這方面的成果有：陳揩的《中國—東盟地緣經濟關係研究》、[4] 徐善寶的《建構共同利益：中國—東盟關係研究的新視角》、[5] 韋紅的《東盟地區主義的發展與中國》、[6] 霍偉東的《中國—東盟自由貿易區研究》。[7] 在碩士論文方面，研究臺灣對東盟各國的政策主要有兩篇。一篇是黃取榮的《論臺灣「南向政策」之因果及啟示》。[8] 該文主要論述了「南向政策」的相關理論依據、時代背景、計劃緣由與內容、效益評估、政策突破與發展模式研究及啟示。文章認為，臺灣當局推行「南向政策」的目的是要牽制臺商的「西向」，但與此同時也可以使臺灣經濟融入全球化的浪潮。但這一政策並沒有收到預期的效果。

另一篇是張志的《東盟與中國關係發展中的臺灣因素》，[9] 在其第五章中分別論述了中國與東盟政治、經濟、安全關係中的臺灣因素。

3. 學術期刊方面。介紹臺灣「南向政策」的文章居多，側重分析臺灣與東南亞的經濟關係。周明偉的《臺灣在東南亞投資的階段分析》，[10] 分析了臺灣在不同階段的投資特點、存在的問題與建議；曾濤的《臺灣與東盟各國關係的現狀及其發展趨勢綜析》，[11] 介紹了臺灣地區與東盟各國關係的現狀、臺灣與東盟各國發展實質關係的基本原因以及前景展望；林濤、林長華的《臺灣與東盟經貿關係變化趨勢》[12] 討論了臺灣與東盟的投資、貿易現狀，亞洲經濟區域化對臺灣與東盟經貿關係的影響以及臺灣當局可能推行的應對措施；周明偉的《臺灣新東南亞政策的現狀與前景》，[13] 重點介紹了臺灣陳水扁當局在 2002 年重啟的「南向政策」的原因、內容和前景；余世喜的《臺灣「南向政策」與建立「亞太安全體系」主張之關係》[14] 比較詳細地分析了李登輝提出的「南向政策」、「亞太安全體系」主張及其兩者之間的關係，認為它們都是臺灣推行的「務實外交」的重要組成部分，互為表裡、相輔相成，從一定意義上講，推行「南向政策」是為建立亞太安全體系服務的，而建立亞太安全體系是臺灣當局提出的「南向政策」動因之一；肖仲承的《「大東盟」形成後臺灣與東南亞國家關係的變化》，[15] 主要介紹了大東盟形成後，臺灣與東南亞國家在經濟、政治、安全上的變化；吳獻斌的《90

年代東南亞與臺灣的關係》，[16] 主要介紹了1990年代東南亞與臺灣關係的歷史演進，關係全面提升的原因以及未來前景；曹雲華的《臺灣又向東南亞拋「繡球」——評陳水扁的新「南進政策」》，[17] 簡要回顧了臺灣當局的「南向政策」，就陳水扁當局推行的新「南向政策」的原因和內容作了分析，並對其前景加以探討。

（二）臺灣地區的學者研究

1. 著作方面：這一領域比較有代表性的著作有：臺灣成功大學宋鎮照的《臺海兩岸與東南亞：三角政經關係之解析》、[18]《政治VS.經濟、發展VS.安全、區域化VS.全球化之策略思維》。[19]

宋鎮照的《臺海兩岸與東南亞：三角政經關係之解析》的主要內容和基本觀點如下：臺灣與東南亞經濟關係的發展，直接衝擊到了中國與東南亞的政治關係發展。表面上政治關係主導經濟關係的發展，但背地裡經濟關係將改變政治關係特質。東南亞已經成為臺海兩岸的政經較勁之競技場。作者運用國際政治經濟學的視角來分析臺海兩岸與東南亞的互動關係，分別從雙邊政經關係層面、政策層面、國際政經互動層面以及東南亞金融風暴等四個層面來考察。

《變動中的大陸、臺灣與東南亞之新三角關係：政治VS.經濟、發展VS.安全、區域化VS.全球化之策略思維》一書指出：隨著市場經濟的拓展、全球化區域化的進一步發展，國際政治經濟秩序發生了明顯的改變，臺海兩岸與東南亞之三角關係的變動更加快速。這新三角關係不僅關係到中國立足於東南亞成為區域大國的基礎，也關係到東南亞國家維持其在東亞區域的核心地位，更是臺灣定位於東亞的利基所在，同時呈現出三種不同類型的政經互動與模式。該書重點透過分析「中國方式」（China Way）、「東盟方式」（ASEAN Way）與「臺灣方式」（Taiwan Way）的策略路徑，並在政治與經濟、發展與安全和區域化與全球化的界面平臺上分析，探索提供東亞另一個次級區域新三角關係互動的模式與思維。

2. 學位論文方面：陳正峰的《區域整合下臺灣的「南向政策」：以臺灣對越南互動關係為例》，[20] 從區域整合的視角，重點分析了臺灣與越南的互

15

動關係以及臺灣的「南向政策」在區域整合中的價值。文章認為，區域整合已成為世界潮流，經濟為發展整合的開端，和大陸與東盟各國的互動關係是臺灣在區域整合中必須關注的重點。1993年臺灣開啟「南向政策」，其政治層面上的意義大於經濟意義。越南是東盟各國中被國際社會中看好的一個新興市場，越南在區域整合中地位重要。越南經濟改革後，臺灣與越南的關係逐年密切。文章認為，臺灣在區域整合中的最大問題是臺灣無法參與區域整合，臺灣突破這一困境的努力方向是透過多邊主義與區域國家進行交流，以「南向政策」從雙邊主義的形態與周邊各國加強實質關係，臺灣自身也要加強經濟實力。經濟是臺灣參與區域整合最有利的武器，經濟提升會為臺灣創造國際上的競爭力。

3.期刊文章方面：臺灣學者關注臺灣與東盟各國的關係的角度更多集中在經貿領域。如黃東揚的《中國「南向政策」成效的回顧與展望》、[21]張純萍等的《投資東南亞政策與臺灣產經發展的關係》；[22]也有從歷史地理角度考察的研究，如陳鴻瑜的《臺灣與東南亞的關係：從歷史與島嶼地緣環境視角之觀察》。[23]

（三）海外學者研究

海外學者對臺灣與東盟各國的關係研究不多，更多地將這兩者關係放在中國與東盟各國的關係研究之中，而且集中在經貿關係上，特別是探討中國東盟自由貿易區的建立對臺灣與東盟各國的關係影響的成果居多。代表性的有：

1.聖地亞哥州立大學亞太研究所副教授 Kevin G.Cai 在《中國 - 東盟自由貿易協定與臺灣》一文分析了中國與東盟簽署自由貿易協定對臺灣的影響。作者認為，中國與東盟簽署自由貿易協定，將使臺灣在東亞區域經濟整合進程中進一步孤立化和邊緣化，也使得臺灣在與其他國家爭奪大陸市場的競爭中處於不利地位。這一嚴峻形勢將促使臺灣在大陸政策上採取更加開放的態度。作者認為，臺灣是東亞重要的經濟體，一個沒有臺灣參與的東亞區域經濟整合是不完整的。臺灣的發展既離不開區域一體化，也離不開全球化。臺灣應該積極與區域內外的經濟體簽署自由貿易協定，以應對挑戰。[24]

2.《雅加達郵報》（Jakarta Post）資深編輯 Endy M.Bayuni 在 China and ties be-tween Taiwan and ASEAN 中指出，隨著中國成為亞洲乃至全球經濟大國，臺灣與東盟的關係正在遭受挑戰。亞洲地區經濟正由中國主導。東盟各國都調整了他們的經濟政策來應對這一新形勢。兩個因素影響東盟各國對他們與臺灣關係的看法，一是亞洲國家簽署自由貿易協定的態勢愈演愈烈，二是臺海兩岸簽署經貿合作框架協議。臺灣完全被隔離在東亞區域經濟整合進程中，但又透過 ECFA 間接地進入中國與其他國家建立的自由貿易區。臺灣與東盟各國的經貿協議以雙邊形式為主。東盟組織不願意和臺灣發展關係，但東盟各國有此意願。在東盟各國中，新加坡是第一個「吃螃蟹」的國家，主動提出要與臺灣簽署經貿合作協議。其他東盟各國則在密切關注臺灣地區與新加坡經貿合作協議的談判以及北京對此的反應。[25]

3. 原東盟祕書長，現為新加坡東南亞研究所東盟研究中心主任 Rodolfo C.Severino 發表文章，指出兩岸經貿合作框架協議（ECFA）並沒有為臺灣與東盟簽署自由貿易協定鋪平道路。ECFA 的簽署被視為兩岸的內部事務，雖是經貿協議，但有標誌海峽兩岸關係改善和發展的政治意義，加強了國共兩黨的政治互信，並有排除第三黨（民進黨）參與解決兩岸分歧的意味。兩岸的政治分歧仍將阻礙臺灣與東盟各國談判簽署自由貿易協定。[26]

4. 越南社會科學院 Tran Quang Minh 博士發表文章指出：臺灣與東盟各國簽署 FTA，不僅對雙方有利，也對東亞區域整合有利。兩岸簽署 ECFA，使得臺灣與東盟各國簽署 FTA 或者類似經貿協議的機會更加明晰。臺灣應該藉著兩岸關係改善和 ECFA 簽署的良好時機，積極與東盟各國簽署 FTA，東盟各國也應該幫助臺灣參與地區經貿合作。[27]

三、研究方法

為使研究更具科學性，更有規範性，在寫作過程中，筆者將主要採用以下幾種研究方法：

1. 歷史分析法。歷史分析法是包括國際關係或國際政治在內的大多數社會科學學科所採用的最基本的研究方法之一。「所謂歷史方法，是研究社會

科學常用的基本方法之一,它指的是根據事物存在的具體歷史條件,從它的發生、發展過程,進行研究的一種方法。」[28] 其基本要求是:透過挖掘、篩選、鑑別並利用相關歷史資料,來盡可能展示歷史事件的全貌,理清事件的來龍去脈,分析原因,並從中總結一些經驗,以歷史的經驗解釋現實的國際關係。歷史分析方法也是本文研究重點採用的方法。本文詳細闡述了冷戰後臺灣島內的政治生態演變、對外政策的變化以及臺灣與東盟各國的關係發展歷史與現狀,以期找到島內政治生態、對外政策和臺灣與東盟各國的關係之間的某些規律,為更好地判斷兩岸關係的未來走向提供某些參考。

2. 比較分析法。比較分析法是指透過對兩個或多個事件的比較,從中發現異同之處,並分析其中的原因。這一研究方法的目的在於:辨別兩種不同事件的異同;從中推導出特殊性的結論和一般性的規律。本文對比分析了臺灣對東盟各國的政策與東盟各國的對臺政策,東盟各國對大陸的政策與對臺灣的政策,兩岸在臺灣「國際空間」問題上的政策立場,從比較中得出一些規律,有助於我們更好地理解東盟各國和臺灣的政策走向以及兩岸關係的發展。

3. 定性分析和定量分析相結合。臺灣與東盟各國的經貿關係以及兩岸之間的經貿關係是本文考察的重點內容之一。為體現研究的科學性,本文採用定量分析法,透過收集、統計、分析相關時段的經濟數據來得出對經貿關係的「定性判斷」,探討經貿關係變化的特點及其原因。

四、研究創新和結構安排

總體來說,臺海兩岸學術界對臺灣地區與東盟各國的關係研究已經取得了一定的成果,特別是在經貿關係上的研究比較充分。但也應該看到,這方面的研究還需要在以下幾個方面推進。

第一,過多地關注臺灣與東南亞國家的經貿關係,而很少關注它們之間的政治關係。因此本文將從政治、經濟乃至安全的角度對臺灣與東盟各國的關係發展做一比較全面的論述。

第二，側重於「就事論事」，而很少從臺灣政治生態演變和大陸政策的角度出發去分析臺灣的對外政策。事實上，臺灣的政治生態、大陸政策和對外政策三者是相互聯繫，互相影響的。本文的目的就是要重點分析冷戰後各個時期臺灣政治生態演變、大陸政策變化和對外關係的發展三者之間的關聯和規律。

第三，對於馬英九上臺以來臺灣地區與東盟各國關係的研究還稍有欠缺，特別是對於在兩岸關係和平發展背景下以及東亞區域整合的趨勢下，對臺灣「國際空間」問題的探討更是少之又少。本文將及時跟進並深入分析臺灣與東盟關係發展的最新動態，並對未來臺灣地區與東盟各國關係的發展做一預測，對大陸應該如何處理臺灣「國際空間」問題提出自己的建議。

在文章結構上，除緒論和結束語部分，論文主體部分共分為七章：

第一章為理論分析框架與歷史背景描述。從臺灣的角度來看，臺灣地區與東盟各國的關係是臺灣對外關係的一個重要部分，涉及臺灣的「國際空間」問題。本章重點梳理了臺灣「國際空間」問題的歷史與現狀，分析了兩岸在這一問題上的政策立場及其區別。最後為了更好地分析冷戰後臺灣地區與東盟各國的關係，本章對冷戰時期臺灣地區與東盟各國的關係作一簡略論述。

第二章至第四章分別闡述李登輝時期、陳水扁時期和馬英九時期的臺灣地區與東盟各國的關係，基本思路是先分析島內政治與大陸政策，其次是各個時期的「對外政策」，最後是臺灣地區與東盟各國的關係發展現狀。

第五章主要探討東盟各國的兩岸政策，主要分析東盟各國的「大國平衡戰略」、對華政策與中國與東盟各國的關係發展以及東盟各國對臺政策的基本特點。

第六章主要分析臺灣地區與東盟各國關係中存在的南海問題，重點分析南海問題的歷史與現狀，臺灣當局的南海政策及其與東盟各國南海政策的異同點，兩岸在南海問題上的合作。

第七章主要探討臺灣參與東亞區域經濟整合的問題，重點論述東亞區域經濟整合的歷史與現狀，臺灣在其中的作用，臺灣謀求參與東亞區域經濟整合的策略，最後對大陸的對策提出建議。

註釋

[1] 曹雲華、唐翀：《新中國 - 東盟論》，北京：世界知識出版社，2005 年版。

[2] 陳喬之等：《冷戰後東盟各國對華政策研究》，北京：中國社會科學出版社，2001 年版。

[3] 唐世平等：《冷戰後近鄰國家對華政策研究》，北京：世界知識出版社，2006 年版。

[4] 陳揩：《中國—東盟地緣經濟關係研究》，上海社會科學院博士論文，2009 年。

[5] 徐善寶：《建構共同利益：中國—東盟關係研究的新視角》，暨南大學博士論文，2007 年。

[6] 韋紅：《東盟地區主義的發展與中國》，華中師範大學博士論文，2006 年。

[7] 霍偉東：《中國—東盟自由貿易區研究》，西南財經大學博士論文，2005 年。

[8] 黃取榮：《論臺灣「南向政策」之因果及啟示》，暨南大學碩士論文，2004 年。

[9] 張志：《東盟與中國關係發展中的臺灣因素》，暨南大學碩士論文，2004 年。

[10] 周明偉：《臺灣在東南亞投資的階段分析》，載《臺灣研究》，1995 年第 4 期。

[11] 曾濤：《臺灣與東盟各國關係的現狀及其發展趨勢綜析》，載《東南亞研究》，1996 年第 2 期。

[12] 林濤、林長華：《臺灣與東盟經貿關係變化趨勢》，載《臺灣研究集刊》，2004 年第 3 期。

[13] 周明偉：《臺灣新東南亞政策的現狀與前景》，載《廈門特區黨校學報》，2003 年第 3 期。

[14] 余世喜：《臺灣「南向政策」與建立「亞太安全體系」主張之關係》，載《東南亞研究》，1996 年第 3 期。

[15] 肖仲承：《「大東盟」形成後臺灣與東南亞國家關係的變化》，載《東南亞縱橫》，1995 年第 3 期。

[16] 吳獻斌：《90 年代東南亞與臺灣的關係》，載《當代亞太》，2001 年第 11 期。

[17] 曹雲華：《臺灣又向東南亞拋「繡球」——評陳水扁的新「南進政策」》，載《東南亞研究》，2002 年第 5 期。

[18] 宋鎮照：《臺海兩岸與東南亞：三角政經關係之解析》，臺北：五南圖書出版公司，1999年版。

[19] 宋鎮照：《政治 VS. 經濟、發展 VS. 安全、區域化 VS. 全球化之策略思維》，臺北：海峽出版社，2009年版。

[20] 陳正峰：《區域整合下臺灣的「南向政策」：以臺灣對越南互動關係為例》，臺灣淡江大學碩士論文，1996年。

[21] 黃東揚：《中國「南向政策」成效的回顧與展望》，載（臺灣）《展望與探索》，2008年第12期。

[22] 張純萍等：《投資東南亞政策與臺灣產經發展的關係》，載（臺灣）《企銀季刊》，2004年第4期。

[23] 陳鴻瑜：《臺灣與東南亞的關係：從歷史與島嶼地緣環境視角之觀察》，載（臺灣）《海華與東南亞研究》，2000年第1期。

[24] Kevin G.Cai，The China-ASEAN Free Trade Agreement and Taiwan，Journal of Contemporary China，14(45)，November，pp.585-597.

[25] Endy M.Bayuni，China and ties between Taiwan and ASEAN，Jakarta Post，11/02/2010.

[26] Rodolfo C.Severino，ECFA not the way for Taiwan，ASEAN，The Straits Times

[27] Tran Quang Minh，Towards a FTA Between Taiwan and ASEAN：Opportunities and Approaches

[28] 陳孔立：《臺灣學導論》，臺北博揚文化事業有限公司，2004年版，第202頁。

第一章 理論分析框架與歷史背景描述

本文主要考察和重點闡述冷戰後臺灣地區與東盟各國的關係發展。從臺灣的角度來看，它是屬於臺灣「國際空間」問題的一個重要組成部分。因此本章的第一節和第二節將重點闡述臺灣「國家空間」問題的演變脈絡和兩岸在此問題上的政策立場。為了更好地理解後冷戰時期臺灣地區與東盟各國的關係發展，第三節將簡略闡述冷戰時期臺灣地區與東盟各國關係的發展歷史。

▋第一節 臺灣「國際空間」問題的演變脈絡

一、臺灣「國際空間」問題的由來

臺灣「國際空間」問題產生於 1970 年代。這一時期，臺灣「國際空間」的急劇縮小和「外交孤立」的日趨嚴重，誘發了國民黨在臺灣威權統治的「合法性」危機。而在此之前，國民黨政權並未面臨較大的「合法性」危機。之所以如此，主要有三方面原因：首先是臺灣當局在經濟社會政策方面頗有成功之處，在一定程度上掩蓋了違「憲」的政治操作，緩解了緣於社會、經濟發展所帶來的價值危機，導致社會、經濟現代化和政治威權的結合；二是國民黨利用海峽兩岸的軍事和政治對抗的緊張局勢，作為其實行「戒嚴令」、推遲回歸「憲政」的理由，以「反共心防」作為其凝聚「憂患」意識，打擊政治反對者的手段；三是美國等西方國家，基於戰略考慮，對國民黨的威權統治予以容忍，並在經濟、軍事、「外交」等方面予以大力支持。[1] 在 1970 年代以前，臺灣「國際空間」的範圍是極其廣闊的，並不存在什麼問題。一方面，臺灣的「邦交國」數量眾多，從 1950 年到 1970 年這 20 年間，臺灣的「邦交國」多於新中國的「建交國」。另一方面，在西方國家的支持下，臺灣當局還占據著中國在聯合國及其附屬機構以及其他國際組織的席位。

到了 1970 年代，國際形勢發生了深刻變化，美蘇兩強爭霸的格局態勢已經越來越不利於美國。由於美國戰線拉得過長，國力消耗巨大，經濟危機的爆發更使美國國力「雪上加霜」，尤其是美國深陷越戰泥潭，不僅造成了國內一系列社會危機，而且也使其陷入「戰略被動」的困境。蘇聯則利用美

國的困境瘋狂地在全球拓展勢力和擴展影響。[2] 為扭轉「蘇攻美守」的態勢，尼克森總統上臺後，積極尋求與新中國接近。在此背景下，兩岸在國際舞臺上的較量態勢也開始發生逆轉。1971年10月25日，第26屆聯合國大會恢復了新中國在聯合國的合法代表席位，並將臺灣當局的代表驅趕出聯合國。1972年2月，尼克森訪華，主動打開中國大門，尋求中美和解，引發一場強烈的「尼克森震撼」。美國在《中美聯合公報》中闡明了「只有一個中國，臺灣是中國的一部分」的立場，不僅打破了中美兩國戰後20餘年彼此隔絕與對立的狀態，使兩國逐步走上正常化的軌道，而且對其他國家的對華和對臺政策產生了重要影響。許多國家紛紛轉向承認新中國，與臺灣則斷絕「外交」關係。1978年底，美國政府宣布次年美臺「斷交」，承認中華人民共和國政府是代表中國的唯一合法政府，臺灣是中國的一部分，臺灣「外交」進一步受挫。臺灣的「邦交國」數目，由1970年底的67個，驟然下降到1977年底的23個。[3] 聯合國的諸多專門機構，如萬國郵政聯盟、農業發展機構、國際電信聯盟等取消了臺灣當局在其中的原有席位。

一連串的「外交」挫敗使得國民黨政權的「漢賊不兩立」的「外交」政策及其施政能力都受到了臺灣社會的懷疑和批評，[4] 也衝擊著國民黨政權在臺灣統治的「合法性」。這是因為，國民黨退臺後，臺灣權力體制的設計和運作是基於代表整個中國的「法統」。「中央民意代表」之久未全面改選，地方自治之殘缺不全，以及「戒嚴令」的實行，跟國民黨政權堅持代表整個中國，有朝一日「反攻大陸」的「迷思」有著直接關聯。既然國際社會不再接受國民黨政權代表中國的說法，維持原有政治統治的理由，也就難免令人懷疑。[5] 臺灣地區的一些民眾因不滿臺灣「國際地位」的下降和國民黨的對外政策，轉而同情、支持臺灣前途「自決」或臺灣「獨立」的訴求。這股力量與要求民主改革的力量匯為一體，對國民黨威權統治的施政能力和統治方式提出了雙重挑戰。為了維護政權「合法性」，如何阻止臺灣「國際空間」的縮小並力圖擴大臺灣的「國際空間」，就成為臺灣當局思考的重要問題之一。

二、臺灣「國際空間」問題的發展與現狀

（一）蔣經國時期的臺灣「國際空間」問題

1970 年代臺灣所面臨的嚴重「外交」挫折，使國民黨威權統治的施政能力和代表全中國的「法統」飽受社會的批評質疑。而海峽兩岸形勢的逐漸緩和，美國對拉美和亞洲一些實行威權統治的國家或地區的民主轉型的支持，以及對中國和平統一前景的原則性接受，則進一步凸顯了國民黨「動員戡亂」統治所面臨的價值危機。[6] 對此，蔣經國當局開始推動政治轉型。1986 年 3 月，國民黨十二屆三中全會決定「以黨的革新來帶動全面革新」，並成立中常委「十二人小組」，研擬政治革新方案，將「充實中央民意代表機構」、「強固地方自治」、「取消戒嚴令」、「開放民間組織」、「整頓社會治安」和「推動黨務革新」等六項政治議題先後列入改革日程，跨出了政治革新的第一步。另一方面則開始檢討「漢賊不兩立」的「外交」政策，先後提出了「實質外交」和「彈性外交」。1978 年蔣經國上臺後，提出「實質外交」路線，拓展臺灣的「國際空間」。「實質外交」的主要含義是在堅持一個中國原則的基礎上，以經濟實力開路，透過進行經濟援助來獲取別的國家特別是小國對臺灣的「外交」承認。但仍堅決不開放與社會主義國家的經貿往來，也拒絕與承認中華人民共和國的國家進行官方往來，在參與國際組織活動的問題上，堅持「中華民國」的名義。蔣經國晚年提出了「彈性外交」的口號。「彈性外交」是針對臺灣參與國際組織問題提出的。所謂「彈性」，主要表現在，當國際組織恢復中華人民共和國在其中的席位時，臺灣當局不再像以前那樣一走了之，主動退出，而採取「不退出」的做法。比如說，在對待亞洲開發銀行改名問題上，臺灣當局就採取了「不參加、不退出、不接受改名」的「三不政策」。

蔣經國當局的「實質外交」和「彈性外交」並未扭轉臺灣的「外交」頹勢。1977 年底，臺灣「邦交國」數量為 23 個。1984 年，上升為 26 個，有所增加。但到了 1987 年底，又降為 23 個。表面上總體數目不變，但與臺灣保持較長期[7]「外交」關係的國家只有 16 個。[8] 在此期間，兩岸在臺灣參與相關國際組織問題上也達成了一定的妥協。比如 1979 年 11 月，改名為「中華臺北奧委會」後，臺灣得以繼續參與國際奧委會的活動。1984 年 9 月，中國政府

同意臺灣繼續留在國際刑警組織，但名稱須改為「中國臺灣」，並且不得擁有表決權。1998 年，臺灣以「Taipei,China」名稱留在亞洲開發銀行，其地位不變。[9]

（二）後冷戰時期的臺灣「國際空間」問題

1988 年，李登輝上任後，很快就提出了「務實外交」，[10] 臺灣的「國際空間」也得到了一定程度的拓展。其「邦交國」數量從 1987 的 23 個，增加到 1999 年的 29 個，其中只有 14 個國家與臺灣保持「較長期的外交關係」。[11] 在國際場合方面，臺灣當局不再堅持所謂的「漢賊不兩立」的立場，而是採取了「賊立漢也立，你來我也來，你來我不走，你走我不走」的政策，[12] 為重返國際組織不惜變通名義。1988 年 4 月，臺灣當局接受「中國臺北」的名義，派代表參加在馬尼拉舉行的亞洲開發銀行年會。1989 年 5 月，又派遣代表到北京參加亞洲開發銀行年會。1990 年 1 月，臺灣當局決定以「臺、澎、金、馬關稅區」的名義，申請加入關稅與貿易總協定。1991 年 6 月，臺灣「立法院」通過「以中華民國名義申請重返聯合國案」，在幾個「邦交國」的支持下，開始了推動「參與聯合國」的行動。1991 年 11 月，臺灣以「中華臺北」名義正式加入亞太經濟合作組織（APEC）。此外，還積極開展「度假外交」、「金援外交」等，尋求發展與一些「非邦交國」的實質關係，並試圖獲取「交叉承認」。上臺以來，李登輝先後出訪了新加坡、印尼、泰國等國家，1995 年更是訪問了美國，提升了臺灣與非邦交國的關係，但也對兩岸關係造成了嚴重衝擊。

2000 年-2008 年，民進黨執政時期，臺灣當局的「外交」目標是使臺灣成為一個「正常的國家」，推行所謂的「烽火外交」。[13] 但結果是臺灣的「國際空間」趨於進一步萎縮。其邦交國的數量，由 1990 年代末的 29 個，減少到陳水扁執政末期的 23 個。與美日等「非邦交國」關係雖在陳水扁第一任期內有所提升，[14] 但陳水扁提出「一邊一國」論，執意推行「公投綁大選」等旨在實現「法理臺獨」的活動，損害了美國的亞太利益，對美臺關係造成巨大衝擊。陳水扁當局還試圖以臺灣名義「參與聯合國」活動，但都無功而返。

2008年馬英九上臺，為兩岸關係的改善帶來了機會，也給臺灣「國際空間」問題的解決帶來了新思維與新路徑。馬英九認同「中華民族」，承認「九二共識」，採取了一系列有利於兩岸和解的政策措施。在臺灣「國際空間」問題上，馬英九提出兩岸「和解休兵」和「活路外交」。其結果是兩岸政治互信不斷加深，經貿依賴程度進一步提高，兩岸關係戰略機遇期得以形成，[15]和平發展局面得到了進一步保障和推進。兩岸在臺灣「邦交國」問題上初步形成了默契，以往在國際外交舞臺上的「零和競爭」不復存在，臺灣的「邦交國」數目得以維持穩定。更為引人注目的是，在大陸方面的幫助下，臺灣擴大參與了國際多邊領域活動。如從2008年開始，國民黨名譽主席連戰已連續三年作為「中華臺北經濟領導人代表」出席APEC會議。[16] 2009年，臺灣衛生部門負責人獲得了WHO總幹事長陳馮富珍邀請，首次以「中華臺北」名義，以觀察員的身分參加了第62屆世界衛生大會（WHA）。[17]臺灣還順利加入了世界貿易組織的「政府採購協定（GPA）」，為臺灣的對外貿易發展開啟了更廣闊的空間。截止到2011年10月，臺灣享有免簽證或落地簽證的國家（地區）總數達到124個，等等。兩岸在臺灣「國際空間」問題上趨向良性互動並取得了一定的進展，成為兩岸關係和平發展進程中一道亮麗的風景。

第二節 兩岸在臺灣「國際空間」問題上的政策立場

　　如上分析，臺灣「國際空間」問題的出現已經危及了臺灣當局統治的「合法性」，因此臺灣當局對此問題非常敏感，也非常重視。為了維護「政權合法性」，臺灣當局一方面推進「政權本土化」，另一方面則開始改變「漢賊不兩立」的「外交」政策。隨著冷戰結束後，臺灣「政治民主化」和「政權本土化」工程的推進，臺灣當局的「合法性危機」得到了很大程度的緩解。在此背景下，對臺灣當局而言，「國際空間」問題的意義已經從關涉「政權合法性」這一層面轉移到關涉兩岸關係發展的層面。他們將這一問題視為大陸「封殺」、「吞併」臺灣的結果，是兩岸政治對立在國際舞臺上的體現。基於此，為了更好地推進中國和平統一，推動兩岸關係發展，大陸方面也相應地做了一些政策性宣示，表達了自己的政策立場。

一、臺灣當局的政策立場

　　自1990年代以來，臺灣當局就兩岸關係發展表達了自己的基本政策立場。比較重要的文件與講話有：《國統綱領》、《臺海兩岸關係說明書》、「李六條」等。這些文件或講話都或多或少地涉及臺灣「國際空間」問題，這實際上也反映出臺灣「國際空間」問題與兩岸關係發展之間存在著不可分割的緊密聯繫。具體如下：

　　1991年，臺灣當局制定的《國統綱領》設立了近程（交流互惠階段）、中程（互信合作階段）和遠程（協商統一階段）三階段的國家統一進程，將「在國際間相互尊重」和「在互惠中不否定對方為政治實體」、「以和平方式解決一切爭端」列為兩岸在近程階段中的三項原則，而且將「兩岸應協力互助，參加國際組織與活動」作為中程階段兩岸關係發展的重要內容之一。[18]

　　在1994年《臺海兩岸關係說明書》中，臺灣當局認為，臺灣和大陸都是中國的一部分。在中國尚未達成最後的統一以前，兩者理應各自有平行參與國際社會的權利。在追求統一的過程中，雙方在國際上互相尊重而非彼此排斥。在臺灣地區及大陸地區的中國人應享有同等的尊嚴，並受到同等的尊重。[19]

　　1995年4月，李登輝就兩岸關係問題提出了六項主張，簡稱「李六條」。其中第四項主張與臺灣「國際空間」問題相關。他認為，兩岸應該平等參與國際組織，雙方領導人藉此自然見面。兩岸平等參與國際組織的情形愈多，愈有利於雙方關係發展及和平統一進程，並且可以向世人展現兩岸中國人不受政治分歧影響，仍能攜手共為國際社會奉獻的氣度，創造中華民族揚眉吐氣的新時代。[20]

　　2008年，馬英九上臺後，也高度重視臺灣「國際空間」問題。他在2008年就職演說中強調：「我們要讓臺灣成為國際社會受人敬重的成員。我們將以『尊嚴、自主、務實、活泛』作為處理對外關係與爭取國際空間的指導原則。中華民國將善盡她國際公民的責任……承擔我們應負的責任」；「未來我們將與大陸就臺灣國際空間與兩岸和平協議等議題進行協商談判。臺灣

要安全、要繁榮、更要尊嚴！唯有臺灣在國際上不被孤立，兩岸關係才能實現和平發展……不論在兩岸關係或國際場合，兩岸都應該和解休兵，並在國際組織及活動中相互協助、彼此尊重。兩岸人民同屬中華民族，本應各盡其能、齊頭並進，共同貢獻國際社會，而非惡性競爭、虛耗資源」。[21]

臺灣當局的上述政策宣示表明，其已將「國際空間」問題提升到臺灣的「尊嚴」、臺灣與大陸的「對等」高度來看待，將此問題作為改善兩岸關係的前提要件。

二、大陸的政策立場

大陸方面起初是從中國內政的角度看待臺灣「國際空間」問題的。鄧小平提出了「和平統一、一國兩制」的構想，其基本要點是：一個中國、兩種制度、高度自治、和平談判等。兩岸統一後，臺灣成為中國的一個特別行政區，與中國其他的一般省區不同，享有高度的自治權。這其中，臺灣可以同外國簽訂商務、文化等協定，享有一定的外事權，是高度自治的重要體現之一。

到了 1990 年代，李登輝當局一方面對「臺獨」活動採取了姑息、縱容政策，島內外「臺獨」勢力合流，「臺獨」活動日益猖獗；另一方面在國際上大力推行所謂的「務實外交」，尋求同一些與中國建交的國家發展「官方」關係，謀求「雙重承認」，以達到製造「兩個中國」、「一中一臺」的目的。為了宣示維護國家主權、促進國家統一的正義立場，1993 年 8 月，大陸方面公開發表了名為《臺灣問題與中國的統一》的白皮書，專門在第五部分以「國際事務中涉及臺灣的幾個問題」為題闡釋了臺灣「國際空間」問題以及中國政府在此問題上的政策立場。[22]

1995 年 1 月，江澤民發表了題為《為促進祖國統一大業的完成而繼續奮鬥》的講話，提出了著名的「江八點」。關於臺灣的對外交往問題，江澤民指出：「對於臺灣同外國發展民間性經濟文化關係，我們不持異議。在一個中國的原則下，並依據有關國際組織的章程，臺灣已經以『中國臺北』名義參加亞洲開發銀行、亞太經濟合作會議等經濟性國際組織。但是，我們反對

臺灣以搞『兩個中國』、『一中一臺』為目的的所謂『擴大生存空間』的活動。一切愛國的臺灣同胞和有識之士都會認識到，進行這類活動並不能解決問題，反而會使『臺獨』勢力更加肆無忌憚地破壞和平統一的進程。」從這裡可以看出，江澤民將臺灣的「國際空間」區分為政治主權性的「國際空間」和民間性的經濟文化空間，並表示對臺灣謀求第二種空間不持異議，但堅決反對臺灣當局名為「擴大生存空間」，實為製造「一中一臺」、「兩個中國」的分裂活動。值得關注的是，江澤民還提出了「一個中國原則和依據有關國際組織章程」的解決方針。[23]

　　2005年，中國國民黨主席連戰訪問大陸，中共中央總書記胡錦濤會見了連戰。會後發表的《新聞公報》中也有部分內容涉及臺灣的「國際空間」問題。《新聞公報》指出，「促進恢復兩岸協商後，討論臺灣民眾關心的參與國際活動的問題，包括優先討論參與世界衛生組織活動的問題，雙方共同努力創造條件，逐步尋求最終解決辦法。」[24] 2008年12月31日，在紀念《告臺灣同胞書》發表30週年座談會上，胡錦濤就發展兩岸關係提出了六點意見。其中第五點表明了中國政府在臺灣參與「國際空間」問題上的政策立場。胡錦濤指出：「維護國家主權，協商涉外事務。我們一貫致力於維護臺灣同胞在國外的正當權益。我們駐外使領館要加強同臺灣同胞的聯繫，誠心誠意幫助他們解決實際困難。我們瞭解臺灣同胞對參與國際活動問題的感受，重視解決與之相關的問題。兩岸在涉外事務中避免不必要的內耗，有利於增進中華民族整體利益。對於臺灣同外國開展民間性經濟文化往來的前景，可以視需要進一步協商。對於臺灣參與國際組織活動問題，在不造成『兩個中國』、『一中一臺』的前提下，可以透過兩岸務實協商作出合情合理安排。解決臺灣問題、實現國家完全統一是中國內部事務，不受任何外國勢力干涉。」[25]可以看出，胡錦濤指出了臺灣「國際空間」問題的解決必須以維護國家主權為最高原則，以兩岸協商為主要途徑，在不造成「兩個中國」、「一中一臺」的前提下，透過務實協商做出合理安排。大陸方面瞭解臺灣同胞在此問題上的感受，並且重視解決這一問題。在涉外事務上，兩岸應該避免內耗，增進中華民族的整體利益。

由上觀之，大陸方面是逐漸認識到臺灣「國際空間」問題的重要性的。這種認識源自其對兩岸關係和平發展和中國最終和平統一的追求。由於這一問題已經成為兩岸關係發展中繞不開的問題，並對兩岸關係產生了重要影響。因此，為了推動兩岸關係的發展，大陸方面對該問題採取了積極、開放、進取的態度。與臺灣當局將臺灣的利益作為首要考慮相區別的是，大陸始終將兩岸關係的改善放在第一位置。這種落差導致了這一問題久拖不決，並繼續影響著兩岸關係。

第三節 冷戰時期臺灣地區與東盟各國的關係

二戰結束後到 1970 年代，臺灣地區與東盟各國的政治軍事關係較為密切。東南亞國家在爭取民族獨立過程中，與當時在抗日戰爭中和戰後國際社會重建中發揮一定作用的國民黨政府建立了較為密切的關係。如 1946 年，泰國與國民黨政府簽訂友好條約，當時的國民政府還向曼谷派出全權大使。1947 年 7 月，蔣介石訪問菲律賓，與菲總統季裡諾討論建立亞洲反共聯盟的問題。1949 年，蔣介石集團敗退臺灣後，東南亞國家基本奉行追隨美國的「扶蔣反共」政策。菲律賓、泰國都是東南亞條約組織的成員，派兵參與了朝鮮戰爭，在外交政策上向美國「一邊倒」；馬來亞聯邦 1957 年 8 月宣布獨立後，指責中國在馬來亞進行顛覆活動，推行反共反華政策；印尼獨立後雖與新中國建交，但對華政策一直處於友好和敵對的反覆搖擺中，最終走上了反對新中國的道路。在 1970 年代以前，臺灣與東盟各國中的馬來西亞、菲律賓、泰國以及南越仍有邦交關係。雙方關係密切，互訪頻繁，簽署多項協議。1957 年，菲律賓與臺灣當局簽訂「貿易協定」和一系列的「雙向交流計劃」。1960 年 5 月，菲律賓總統加西亞對臺灣進行第一次「國事」訪問時表示，如果大陸進攻臺灣，菲律賓將在軍事和其他方面支持臺灣。同年 12 月，菲律賓副總統馬卡帕格訪問臺灣；1963 年 3 月，臺「副總統」兼「行政院長」陳誠訪問菲律賓。1965 年 2 月，菲律賓參謀總長訪問臺灣。1960 年代中期，臺菲關係達到頂峰，1966 年被宣布為「菲-『中』（臺）友好年」。

冷戰後臺灣與東盟各國關係研究
第一章 理論分析框架與歷史背景描述

　　1970 年代的「尼克森震撼」也影響了東盟各國的兩岸政策。東盟各國紛紛轉向承認新中國，與臺灣斷絕「外交」關係。1974 年，馬來西亞與臺灣「斷交」。1975 年，菲律賓和泰國先後與臺灣「斷交」。1975 年 4 月，越南實現統一，支持臺灣的南越政權消亡。臺灣與東盟各國的政治關係遭遇「大挫折」。但雙邊的經貿關係卻有了發展，主要表現在臺灣對東南亞的直接投資。1987 年 7 月，臺灣當局放寬外匯管制後，其對外直接投資驟然增長。而東南亞地區成為對外投資的熱門地區和重點地區。臺資在四個東盟各國印尼、馬來西亞、泰國、菲律賓的對外投資額中均名列前茅。據東盟各國官方的統計，1987-1989 年，臺灣在東盟四國的直接投資超過 40 億美元。其中，泰國批准的投資額，從 1987 年的 3 億美元，增加到 1988 年的 8.42 億美元。臺灣成為泰國的第二大投資者，僅次於日本。馬來西亞批准臺灣的投資額，則從 1987 年的 9720 萬美元，上升到 1989 年的 7.8 億美元。臺灣僅次於日本，成為馬來西亞的第二大投資者。同樣地，臺灣在其他東盟各國的投資額也有了較大幅度的增長，投資領域主要集中在勞動密集型的中小企業，如造紙及紙漿、紡織、塑膠、鞋類、木材製品等。

　　這一時期，臺商對東南亞直接投資急劇增長的原因主要有：一是臺灣島內資本相對過剩。1980 年，臺灣的貿易順差為 0.77 億美元，1985 年增至 110 億美元，1987 年達到 190 億美元。巨額的貿易順差，使得臺灣外匯儲備大量積累。1987 年外匯儲備便超過 700 億美元，僅次於日本，居第二位。島內資本的相對過剩是臺資湧入東南亞的前提。二是臺灣島內資本投資和經營環境的惡化，加速了臺灣的對外直接投資。80 年代中期以來，由於臺灣對美國貿易順差急劇擴大，迫使新臺幣大幅升值。1985 年以來，新臺幣兌美元的匯率約升值 45%，對臺灣加工出口導向型的經濟構成了嚴重影響，也使得臺灣經濟的結構性矛盾更加凸顯。勞工短缺現象日趨嚴重，勞動力成本不斷上升，地價飛漲。在此背景下，臺灣的大部分中小企業不得不將企業的發展從島內轉移到勞動力、土地成本都較低廉的東南亞國家。當然，臺灣企業轉向東南亞地區的另一個目的是為了利用東南亞地區享有的普惠制度和出口配額，以確保和擴大對美歐市場的出口。三是臺灣當局調整政策，取消外匯管制，提出「自由化、國際化和制度化」的經濟方針，規劃海外投資的長期發

展戰略和政策。對東南亞地區的投資，臺灣當局尤為重視，於 1987 年 5 月制定並頒布了《促進東南亞地區投資工作方案》，鼓勵臺商到東南亞地區投資。1989 年 7 月，又公布了《1990 年會計年度加強對五大新興地區經貿拓展計劃》，規劃了以投資為主，以投資帶動經貿的策略，大力推動臺商在該地區的投資。臺灣「經濟部」還設立「海外經濟合作發展基金」，為包括東南亞國家在內的發展中國家提供低息貸款和技術援助。四是為了吸引更多的臺商赴東南亞地區投資，東南亞國家也適時調整外資政策，興建了諸多投資重點區域，並採取措施改善投資的環境。如泰國在稅收方面做了較大調整，對那些能夠開發當地資源，並且能夠提供更多就業機會的臺灣企業豁免了 3-8 年的所得稅；馬來西亞對外資的股權限制有所放寬，臺灣企業在馬來西亞投資的前 5 年可以擁有 100% 的股權。此外，馬來西亞在雪蘭莪和吉打兩地，菲律賓在呂宋北部、碧瑤等地區規劃和開闢了「臺灣工業區」。不僅如此，東南亞國家還十分注重基礎設施的配套建設，以改善投資環境。

借助雙方經貿關係的加強，臺灣試圖深化發展與東盟各國的實質關係。1970 年臺灣成立了半官方組織「對外貿易發展協會」，簡稱「外貿協會」。這一協會在與臺灣沒有「邦交」關係的國家中設立貿易推廣據點，彌補了與各國終止「外交關係」後所留下的若干空間。臺灣與東盟各國相互派遣機構，以維持所謂的「非官方」關係。新加坡獨立後，一直未承認新中國，與臺灣也不「建交」，但與臺灣的關係較為密切。早在 1969 年 3 月，臺灣就在新加坡設立了「中華民國駐新加坡商務代表團」，1979 年 8 月，新加坡駐臺北商務代表處掛牌成立。1971 年 6 月，印尼在臺灣設立「駐臺北印尼商會」，臺灣則在 1972 年在印尼設立「駐雅加達中華商會」。1974 年 8 月，臺灣在馬來西亞設立「駐吉隆坡遠東貿易旅遊中心」，1987 年元旦馬來西亞在臺灣設立「馬來西亞友誼及貿易中心」。1975 年 10 月 8 日，菲律賓在臺灣設立「太平洋經濟文化中心駐馬尼拉辦事處」，1976 年，菲律賓在臺灣設立「亞洲交易中心」。臺灣在泰國設立「駐泰國遠東商務處」。1978 年 9 月，臺灣在汶萊設立「駐汶萊遠東貿易文化中心」。

由上可知，冷戰時期臺灣與東盟各國的關係演變深受冷戰國際格局和美蘇爭霸態勢的影響。在 1970 年代以前，臺灣與東盟各國都追隨美國，在「反

共反華」的道路上建立了較為密切的軍事安全關係。之後，美國主動打開中國大門，尋求與新中國接觸。東盟各國也轉向承認新中國，並陸續建交。臺灣地區與東盟各國的政治關係遭遇較大挫折，但經貿關係有了較大的發展。臺灣當局藉著不斷緊密的經貿關係，試圖深化發展與東盟各國的實質關係。

本章小結

　　對兩岸關係的發展而言，臺灣「國際空間」問題是一個兼具重要性、複雜性和敏感性的問題。問題的產生源自1970年代臺灣「外交」的大潰敗。臺灣當局代表被驅逐出聯合國，「邦交國」數目急劇下降、主要國家與臺灣「斷交」。臺灣「國際地位」一落千丈和「國際空間」的大幅萎縮，衝擊了國民黨政權在臺灣的「合法性」，引起了臺灣當局的高度關注。蔣經國當局開始檢討「漢賊不兩立」的「外交」政策，先後提出了「實質外交」和「彈性外交」，但並未收到很好的效果。李登輝上臺後在國際上大搞「務實外交」，追求「雙重承認」，憑藉臺灣強大的「經濟實力」和所謂的「民主成就」，取得了一定的效果。陳水扁當局推行所謂的「烽火外交」，以攻為守，四處點火，但卻未能拓展臺灣的「國際空間」。馬英九上臺後，主張兩岸「和解休兵」和「活路外交」，維持了臺灣「邦交國」的現狀，而且還在參與國際組織、國際活動方面取得了較大的進展，在國際上也展示了「和平締造者」的良好形象。

　　臺灣「國際空間」問題對於兩岸而言，具有極為重要但有所差別的意義。臺灣當局起初關注「國際空間」問題，更多的是源於維護其政權的「合法性」。隨著臺灣政治轉型的推進，臺灣「國際空間」問題則被視為大陸是否尊重臺灣「尊嚴」、兩岸是否「平等」的重要方面之一。對臺灣當局而言，臺灣的「尊嚴」，以及兩岸的「對等」是第一位的。而中國大陸關注臺灣「國際空間」問題，主要源自於這一問題對於兩岸關係發展乃至未來的統一具有十分重要的意義。大陸方面已經體認到這一問題的重要性，並以開放的態度、積極的措施，在一個中國原則的框架下，透過兩岸協商，尋求合理解決。

　　東南亞地區是臺灣當局開展對外關係的重要區域，也是分析和探討臺灣「國際空間」問題的一個重要對象領域。冷戰時期的臺灣地區與東盟各國關

係深受美蘇爭霸態勢演變的影響。在 1970 年代以前，東南亞國家大多追隨美國、奉行「反共反華」的敵對政策，一些東南亞國家與臺灣保持著「邦交」關係和密切的軍事安全關係。1970 年代之後，隨著美國主動打開大門，尋求與新中國接近，東盟各國也紛紛轉向承認新中國，斷絕了與臺灣的「外交關係」。儘管如此，雙方的經貿關係卻有了較大提升。臺灣當局藉著雙方不斷密切的經貿聯繫，深化了與東盟各國的實質關係。

註釋

[1] 林岡：《臺灣政治轉型與兩岸關係的演變》，北京：九州出版社，2010 年版，第 21 頁。

[2] 秦治來：《國際局勢變遷視野下的新中國外交 60 年》，載《世界經濟與政治》，2009 年第 9 期，第 57-59 頁。

[3] 包括韓國、湯加、沙特阿拉伯、利比亞、南非、科特迪瓦（象牙海岸）、馬拉維、萊索托、斯威士蘭、巴拿馬、海地、哥倫比亞、哥斯大黎加、瓜地馬拉、薩爾瓦多、宏都拉斯、巴拉圭、烏拉圭、玻利維亞、尼加拉瓜、多明尼加、美國和梵蒂岡。

[4] 田弘茂：《大轉型》，臺北：臺北時報文化出版企業有限公司，1989 年版，第 267-268 頁。

[5] 林岡：《臺灣政治轉型與兩岸關係的演變》，北京：九州出版社，2010 年版，第 26 頁。

[6] 林岡：《臺灣政治轉型與兩岸關係的演變》，北京：九州出版社，2010 年版，第 26-32 頁。

[7] 所謂「較長期外交關係」的國家，指的是 1978 年前跟臺灣有「邦交」關係的國家。

[8] 年第 4 期，第 22 頁。林岡等：《臺灣當局「活路外交」評析》，載《上海交通大學學報（哲學社會科學版）》，2009

[9] 慕亞平主編：《WTO 中的「一國四席」》，北京：法律出版社，2004 年版，第 20 頁。

[10] 「務實外交」的基本內容請參閱第二章的第二節。

[11] 這 14 個國家中，包括利比里亞、塞內加爾、岡比亞、尼加拉瓜等四個多變國家。

[12] 李家泉：《李登輝主政臺灣之後》，北京：中國言實出版社，1997 年版，第 5 頁。

[13] 「烽火外交」的內容請參閱第三章第二節。

[14] 如 2002 年，臺「國防部長」湯耀明和「第一夫人」吳淑珍先後訪問美國，陳水扁則在 2001 年和 2003 年兩次大張旗鼓地過境美國，受到空前禮遇。2003 年 11 月初，陳水扁過境美國紐約時對媒體發表演說，更是美臺「斷交」以來的首創。

[15] 郭建平、王俊峰：《試析兩岸關係戰略機遇期》

[16] 《連戰三赴 APEC 協商和善意成臺灣參與國際事務根基》

[17] 《世界衛生大會今日開幕 臺灣首以觀察員身分參加》

[18] 《國家統一綱領》，臺灣「行政院大陸委員會」網站，1991 年 2 月 1 日。

[19] 《臺海兩岸關係說明書》，臺灣「行政院大陸委員會」網站，1994 年 7 月 1 日。

[20] 《「中華民國總統」李登輝一九九五年四月八日「國統會」上談話》，載邵宗海：《兩岸關係：兩岸共識與兩岸歧見》，臺北：五南圖書出版有限公司，1998 年版，第 525-526 頁。

[21] 《「中華民國」第 12 任「總統」馬英九先生就職演說》，「中華民國總統府」網站，2008 年 5 月 20 日。

[22] 中華人民共和國國務院臺辦、新聞辦：《臺灣問題與中國的統一》，1993 年 8 月 31 日。

[23] 江澤民：《為促進祖國統一大業的完成而繼續奮鬥》，載《人民日報》，1995 年 1 月 31 日。

[24] 《中國共產黨總書記胡錦濤與中國國民黨主席連戰會談新聞公報》，載《人民日報（海外版）》，2005 年 4 月 30 日。

[25] 胡錦濤：《攜手推動兩岸關係和平發展、同心實現中華民族偉大復興——在紀念〈告臺灣同胞書〉發表 30 週年座談會上的講話》，載《人民日報》，2009 年 1 月 1 日。

第二章 李登輝時期臺灣地區與東盟各國的關係

　　1988年1月，蔣經國病逝，「兩蔣」統治臺灣的「強人政治」時代正式結束。李登輝繼任「總統」，揭開了臺灣政治史上長達12年之久的「李登輝時代」。在這十二年間，李登輝繼續推動臺灣的「政治民主化」，推行「政權本土化」，島內政治生態發生了重大變化。隨著李登輝權力的穩固以及臺灣「民主轉型」的推進，臺灣當局逐漸軟化了其在一個中國原則上的立場，並向「兩國論」靠攏，在國際上大搞「務實外交」。在此背景下，臺灣地區與東盟各國的實質關係有了進一步的強化。

▋第一節 李登輝時期的大陸政策

　　李登輝執政之初，蔣經國培養的國民黨政治精英如俞國華、李煥、郝伯村等人仍在臺灣政壇上占據要津，對李登輝的權力和地位造成牽制。[1] 出於鞏固權力基礎的需要，李登輝基本延續著蔣經國時期的大陸政策，堅持「一個中國、中國必將統一」的主張，還派其親信蘇志誠與大陸有關人士多次祕密接觸，承諾奉行「一個中國」的既定原則。[2] 1988年2月，李登輝在繼任「總統」後不久召開的記者招待會上表態，國民黨「只有『一個中國』而沒有『兩個中國』的政策」，[3] 將繼續蔣經國時代所奉行的大陸政策，堅持「三民主義統一中國」，對大陸繼續堅持「不接觸、不談判、不妥協」的做法。同年7月，李登輝在國民黨十三大上強調，「任何分裂國土的主張都是全民的公敵，為民族大義所不容，為國家法令所不許」，「反對狹隘的地域觀念和任何分離意識」。[4] 1990年5月，李登輝在就職演說中表示：「臺灣與大陸是中國不可分割的領土，所有中國人同為血脈相連的同胞。當此全人類都在祈求和平、謀求和解的時刻，所有中國人也應共謀以和平與民主的方式，達成國家統一的共同目標。」[5] 1990年6月28日，李登輝在「國是會議」開幕致辭時表示：「中國統一則是所有中國人一致的願望。……中國必須統一，也必將統一。」[6] 不僅如此，李登輝當局還採取了一系列旨在緩

和兩岸緊張局勢,增進彼此溝通的措施。例如,宣布結束「動員戡亂時期」,制定「國家統一綱領」,通過「臺灣地區與大陸地區人民關係條例」,以海基會作為兩岸官方交流的「白手套」等。1991年2月制定的「國家統一綱領」確認了大陸和臺灣都是中國的領土,兩岸應該在一個中國原則下,摒除敵對狀態,和平解決一切分歧和爭端,促成國家統一。[7]

與此同時,李登輝當局也強調臺灣的「主體性」和「主權地位」。其基本策略是承認中央政府對大陸的主權,目的在於強調所謂的「臺灣主權」,將「臺灣主權」和大陸主權相區隔,以此提高臺灣的政治地位。主要表現是,臺灣當局在不同時期先後提出了「一國兩府」、「一國兩體」、「階段性兩個中國」等不同主張,但共同點是尋求兩岸關係中的「對等」原則,「在互惠中不否定對方為政治實體」。而對「政治實體」的解釋是,「可以指一個國家、一個政府或一個政治組織」。1993年11月,臺經濟部門負責人出席西雅圖亞太經合組織第五屆年會時拋出了「以一個中國為指向的階段性兩個中國政策」的消極言論。至於「一個中國」的含義,《臺海兩岸關係說明書》中明確規定一個中國是指歷史上、地理上、文化上和血緣上的中國。[8] 李登輝則認為,「一個中國是將來的目標,現在不存在」,「在國家統一後,才有一個中國」。顯然,臺灣當局以歷史的一個中國和未來的一個中國來否定現實的一個中國;以一個中國的歷史的、文化的、地理的、血緣的等非政治性內涵來迴避否定一個中國的法理性、政治性內涵即主權屬性。不僅如此,李登輝還在多種場合提及「中華民國在臺灣」。「中華民國在臺灣是一個民主的主權獨立的國家」,「中華民國在臺灣,不但存在而且四十多年來持續地成功發展」等等。

1996年,李登輝連任臺灣地區領導人後,隨著在國民黨內地位和政治權力的進一步加強,其在偏離一個中國原則的道路上越走越遠。在1996年的就職演說中,李登輝繼續強調所謂「中華民國」本來就是一個「主權獨立國家」,臺灣沒有必要也不可能採取所謂「臺獨」路線。李登輝當局還以各種方式阻止兩岸民間經貿往來的發展,阻擾兩岸實行「三通」,提出了「戒急用忍」政策,對臺商投資大陸設置各種「警戒線」。1996年,李登輝在國統會第十一次全體會議上致辭時宣示:「我們的大陸政策,必須以根留臺灣、

加強建設、充實國力為出發點，戒急用忍，行穩致遠，逐步實現國家和平統一的終極目標。」[9] 在社會文化教育領域，則大搞「臺灣化」，推動「臺灣認同」，強調要建立「以臺灣為主體」的「新臺灣文化運動」，透過修改中小學教科書，灌輸「臺灣本土意識」。1999年5月，李登輝發表了《臺灣的主張》一書，書中自詡代表臺灣民眾的觀點，提出應將臺灣定位為「在臺灣的中華民國」，「是一個主權獨立的國家」。不僅如此，還提出了分裂中國的「七塊論」。同年7月9日，李登輝在接受德國媒體採訪時，公然向世人宣稱，「1991年修憲以來，臺北已將兩岸關係定位為國家與國家，至少是特殊的國與國關係，而非一合法政府、一叛亂團體，或一中央政府、一地方政府」。[10]「兩國論」的提出，將李登輝的「臺獨」立場昭然於天下，對兩岸關係的發展形成了重大衝擊，也給亞太地區和平帶來了諸多不確定因素。

　　從上分析可知，在臺執政12年的時間裡，李登輝的大陸政策經歷了較大幅度的變化，總體特徵是：從遵從兩蔣時期的「統一中國」立場，到強調「兩岸分裂分治」，再到提出「兩國論」，逐步暴露出其分裂祖國的野心和路線。[11] 在看待一個中國原則問題上，李登輝當局從對一個中國原則的陽奉陰違轉變為對一個中國原則的迴避否認、動搖倒退。[12] 不僅如此，李登輝當局還放棄了具有「一個中國」意味的「漢賊不兩立」的傳統思維，大搞「務實外交」，推動臺灣問題「國際化」，爭取國家社會對兩岸的「交叉承認」和臺灣更大的「國際生存空間」。

第二節 李登輝的「務實外交」

一、「務實外交」的內涵、特點與目標

　　隨著臺灣「民主化」進程的開啟與「政權本土化」的推進，李登輝當局已經沒有必要刻意渲染「反共戡亂」的迷思，也沒有必要堅持與大陸「勢不兩立」的立場，因此很快就提出了「務實外交」。從字面上看，所謂「務實外交」強調的是，「外交」要基於現實可行性而非道德準則之上。用李登輝的話來說，就是臺灣的「外交」要「重利輕名」、「捨名求實」，認為過去推行的「漢賊不兩立」政策妨礙了臺灣的對外關係發展，置臺灣在國際上於

不利之地。李登輝聲稱「冷戰結束後,中華民國要趕快走出去,占一個有利位子」,「要有尊嚴,有國格地走進國際社會,否則會困死在這個小島上」。[13] 宣稱臺灣在國際場合採取的政策是「賊立漢也立,你來我也來,你來我不走,你走我不走」,[14] 要和大陸「和平競爭、平等共處」。簡單地講,「務實外交」就是「要人家知道我們的存在。存在就有希望,存在就必須發展」,臺灣要以靈活的策略爭取在國際上生存發展的空間。[15]「務實外交的意義是即使沒有正式的邦交,也還是派出代表; 沒有政務可做,也還是可以進行經濟、文化等各種交流。」

李登輝的「務實外交」具有如下特點:第一,在強調「中華民國是一個主權獨立的國家」的前提下,謀求所謂的「雙重承認」。臺灣當局聲稱在發展與其他國家的關係或國際活動中,「已不再考慮中共因素」,今後如果有國家願意與其「建交」或「復交」,將不再要求以與中國斷交為前提,如能相互承認,即使不「建交」也可以,如果其「邦交國」與中國建交,臺灣當局將予以承認。1991 年 7 月,臺灣「行政院新聞局」在美國《紐約時報》刊登廣告,首次提出臺灣「願意接受其他國家暫時性的雙重承認」。1993 年 11 月,臺灣當局提出「以一個中國為指向的階段性兩個中國政策」。1994 年 7 月,臺灣當局在其發表的《兩岸關係說明書》中,聲稱臺灣和大陸應該像東西德一樣都參加聯合國,提出在與外國的關係上要搞「雙重承認」,在國際組織上搞「一國兩席」和「雙重代表制」。

第二,鞏固與「邦交國」的關係,擴大與「非邦交國」的實質關係。隨著「邦交國」數量的急劇減少,臺灣當局將鞏固已有的「邦交國」作為推行「務實外交」的基本依靠力量。臺灣當局領導人每年都要到中南美洲、非洲等地區進行活動,甚至不惜血本,允諾進行投資和提供貸款,以此來鞏固「邦交」。1998 年 1 月,中國和南非建交後,臺灣當局便把「固本」作為對非洲和拉美「外交」的首要任務。與此同時,臺灣當局還謀求同中國建交國發展實質關係,透過發展經貿關係,不擇手段地與中國建交國來往,互設代表機構並使之升級具有「官方」職能,同時加大對各國議會的工作,將「國會外交」作為「務實外交」的重要渠道,以此來影響各國政府的對臺政策。美國、日本、歐盟和東南亞國家都是臺灣當局發展實質關係的重要國家和地區。

第三，不遺餘力地鼓噪參與聯合國和其他國際組織。1988年李登輝上臺便提出設立「海外經濟合作發展基金」，試圖依靠經貿實力重返國際組織，擴大國際參與。不僅一改過去不與大陸同時參與政府間國際組織的先例，而且以「個案處理」和「民間團體」的方式參與在大陸舉行的國際會議。「盡速重返聯合國」被列為其「外交工作」的首要目標。臺灣當局不僅攻擊聯合國第2758號決議是「冷戰時期的產物」，而且，從1993年起，還每年鼓噪其「邦交國」向聯合國大會提案，要求將臺灣「參與聯合國」問題列入聯大議程。

可以看出，李登輝的「務實外交」與蔣經國的「實質外交」不同，具體表現在：「實質外交」仍然限定在一個中國原則框架內，而「務實外交」則以追求「階段性的兩個中國」為目標；「實質外交」仍有「漢賊不兩立」的遺緒，不追求國際社會的「雙重承認」，而「務實外交」則不排除並且追求國際社會的「雙重承認」；與「實質外交」不同的是，「務實外交」允許臺灣參加國際組織，包括聯合國和其他政府間國際組織，允許臺灣領導人出訪，進行「元首外交」，允許臺灣的「非邦交國」高官訪問臺灣。[16]綜合來看，「務實外交」的目標主要有三：一是在國際上宣傳「中國分裂、分治的事實」，使臺灣問題「國際化」；二是確保「中華民國」的主權，打破「外交孤立」，拓展臺灣的「國際生存空間」；三是要求中央政府承認其「政治實體」地位，並尋求建立兩岸平等關係。

二、「務實外交」提出的背景

第一，國際背景。

（1）1980年代末、1990年代初，東歐劇變、德國統一以及蘇聯解體，國際格局由美蘇主導的兩極向多極化方向發展。世界各國或地區都力圖在新舊秩序的交替進程中尋找自己的位置。臺灣當局認為這是拓展臺灣「外交」空間的有利時機，應該尋求機會突破現狀，發展與其他國家的關係。[17]李登輝提出「務實外交」的目標就是要在國家和地區間關係面臨調整和重組的背景下，為臺灣的「國際空間」尋找出路。

(2) 冷戰結束前後，國際上分裂主義運動猖獗，刺激了「臺獨」勢力及其活動。超級大國蘇聯隨著1990年波羅的海小國的獨立而解體為15個國家。1992年，南斯拉夫社會主義共和國因斯洛文尼亞、克羅地亞、波斯尼亞-黑塞哥維那、馬其頓的獨立而解體。捷克斯洛伐克也被分裂為捷克和斯洛伐克兩個主權國家。這些獨立運動的「成功」，刺激了謀求分裂中國的李登輝當局。李登輝提出「務實外交」的目的就是要在國際上製造「兩個中國」、「一中一臺」。

　　(3) 冷戰結束，兩極格局結束，但和平與發展這一時代主題並沒有改變。在國際關係中，軍事對抗和意識形態矛盾的影響和作用下降，而經濟因素的作用則得到了更多的重視。世界各國和各地區都將精力集中在發展經濟，並在對外交往中將獲取經濟利益作為重要目標。經濟外交這一形式在國際關係中得到了蓬勃發展。在這一時代背景下，臺灣當局也依靠臺灣強大的經濟實力、雄厚的外匯儲備來開展對外活動。1989年底，臺當局成立了「海外經濟合作發展基金」，基金數額10億美元。1996年7月，這一基金改名為「國際合作發展基金」，基金額度增加到20億美元。臺灣當局建立該基金的目的在於以經濟實力為後盾，透過基金的運作來拓展「外交空間」，增進對外關係。

　　(4) 蘇聯的解體，使得1970年代初建立在聯合反蘇基礎上的中美戰略關係開始出現了動搖。國際共產主義運動轉向低潮，西方反華勢力則推行「西化」、分化中國政策，對中國進行「和平演變」。臺灣當局堅持頑固的「反共」立場，認為時局對其「拓展國際活動空間」有利，以為有機可乘；認為西方國家全面檢討對中國的政策，對臺灣的「務實外交」將產生「正面而積極的影響」，是推動「務實外交」的大好時機。[18] 因此，臺灣當局在國際社會高唱「民主、自由、人權」的口號，意圖透過打「民主牌」來擺脫國際孤立的困境。李登輝曾宣稱：「環顧世局，由於東西方兩大陣營冷戰的技術，國際政治趨向多元發展，新的國際秩序則仍有待建立。但從蘇聯的政經改革、德國的統一、東歐共產專政的瓦解，都在說明，共產主義已經走到窮途末路。所有的共產國家，均面臨著不改弦更張，就徹底失敗的命運。」[19]

（5）某些國家為了自身利益，或出於遏制中國的考慮，也願意加強同臺灣的關係，這也有助於臺灣「務實外交」的實施。

第二，島內因素。

（1）李登輝執政後，「政權本土化」速度加快，本土政治精英成為臺灣政治權力的主導力量。在本土利益的驅使下，臺灣當局制定的內外政策都以「臺灣利益優先」、「臺灣生命共同體」為主要準則。「務實外交」的提出，表明了臺灣當局已經將臺灣利益置於整個中國的利益之上，在一個中國原則上出現了動搖。

（2）臺灣在近代歷史上曾受到過日本 50 年的殖民統治。1940 年代，國民黨敗退臺灣後，並未給予臺灣民眾平等的政治權利，而是事實上的省籍歧視，從而加重了臺灣民眾的失望和反抗情緒。1960、1970 年代的臺灣經濟奇蹟使得臺灣人擁有了一種自我實現價值的「成就感」。李登輝上臺後利用臺灣民眾的這一願望，聲稱要向國際社會推銷「臺灣經驗」，回饋國際社會，並與島內外「臺獨」分子合作，將臺灣民眾的這種「出頭天」願望和「成就感」意識轉移到追求臺灣「國際生存空間」問題上來。這也是李登輝認為其推行「務實外交」具有重要民意基礎的原因。因此李登輝強調要以「新觀念、新做法」，用「更靈活、更富彈性的態度處理對外關係」，將以所謂的「國家利益」來決定臺灣的對外政策，力促臺灣「重返國際社會」，「絕不劃地自限」，而要在國際上「全面出擊、重點突破」，特別是「升高並突破目前以實質關係為主的外交關係」，「對於第一線的國際組織，我們能維持國家利益的話，我們可以參加」。[20]

（3）李登輝當局把「務實外交」作為推行分裂主義路線的目標與手段。「外交政策」和大陸政策是臺灣當局對外政策的一體兩面，兩者相輔相成，密切相關。隨著權力地位的逐漸穩固，李登輝不斷暴露出分裂主義真面目。在兩岸關係上，李登輝強調「分裂分治」，要求大陸承認臺灣的「主權獨立國家」的地位；在國際上，主張「雙重承認」，謀求加入聯合國等國際組織，要求世界各國和國際組織承認臺灣的「主權獨立國家」的地位，企圖在國際

上造成「兩個中國」或「一中一臺」的政治現實。[21]「務實外交」就是李登輝當局在國際上分裂中國的主要手段和方式。

三、「務實外交」下的臺灣地區與東盟各國的政治安全關係

冷戰後，東南亞國家都承認了中國大陸，而與臺灣斷絕了「外交」關係，只保留科技、文化等非官方關係。但臺灣當局並不甘於此，積極在東南亞地區從事「務實外交」，試圖加強與東盟各國的實質關係。主要表現在：

（一）積極進行「度假外交」。臺灣地區領導人以所謂的私人身分，以「度假」為名，前往與臺灣沒有邦交關係的國家進行訪問。1989年，李登輝以「來自臺灣的總統」的名義，訪問了東南亞國家新加坡，其後又訪問了泰國、菲律賓等，會見這些國家的領導人；1994年、1995年，又先後訪問了東盟各國泰國、印尼、菲律賓等，從事「度假外交」。

（二）從事「經援外交」，以經促政。李登輝當局推行兩次「南向政策」，[22] 以經援為手段，加強與東盟各國的實質關係，尋求突破臺灣的「外交困境」。臺灣當局不僅引導臺商投資東盟各國，而且也加大了對東盟各國的經濟援助（見表一）。臺灣當局以加強與東盟各國的經貿關係為由，與東盟各國互設機構。目前，東盟十國中，除了緬甸、老撾、柬埔寨[23]外，其餘7國都與臺灣互設了代表處。[24] 不僅如此，臺灣當局還更換了其駐各個東盟各國的代表機構，加上「臺北」二宇，以彰顯其為「獨立政治實體」。臺灣當局派駐在各國的人員也是職業外交官，因此代表機構已具有「半官方」性質（見表二）。

表一：李登輝時期臺灣對東盟各國的經濟援助表

國家	援助時間與內容
菲律賓	1994年：2350萬蘇比克灣工業區開發案第一期款項；1000萬中小企業轉融資；500萬食品加工暨農業機械轉融資。1998年：1500萬蘇比克灣工業區開發案第二期款項。
印尼	1994年：2000萬巴淡島港口設施；1000萬農林企業貸款。1996年：1050萬棉蘭工業區開發。1999年：派遣技術團，協助5項計畫：「畜產計畫」、「水產養殖計畫」、「大豆計畫」、「園藝作物農業經營計畫」、「食用菇產銷計畫」。
越南	1994年：850萬河內工業區開發；1500萬內中小企業工業融資貸款；1000萬內至海防5號公路拓建；500萬農業發展。1998年：850萬河內工業區開發。
泰國	1999年：派出技術團，與泰國技術合作，協助執行兩項計畫：「皇家計畫」與「泰北園藝及森林計畫」。

資料來源：臺灣「國際合作發展基金會」各年年報

表二：臺灣與東盟各國互設的機構情況表

國家	臺灣駐該國機構的原名稱與現名稱	該國駐臺灣的機構原名稱與現名稱
菲律賓	太平洋經濟文化中心駐馬尼拉辦事處(1975.10.8)；駐菲律賓臺北經濟文化辦事處(1990.3.7)	亞洲交易中心(1976.3.16)；馬尼拉經濟文化辦事處(1989.12.20)
馬來西亞	駐吉隆坡遠東貿易旅遊中心(1974.8.3)；駐馬來西亞臺北經濟文化中心(1988.6.27)；駐馬來西亞臺北經濟文化辦事處(1992.7.13)	馬來西亞友誼及貿易中心(1987.11.1)
泰國	駐泰國遠東商務處(1992.8.1)；駐泰國臺北經濟貿易辦事處與駐泰國臺北經濟文化辦事處(1999.10.13)	泰國貿易經濟辦事處(1992.8.7)
汶萊	駐汶萊遠東貿易文化中心(1978.9.27)；駐汶萊臺北經濟文化辦事處(1996.7.1)	汶萊貿易旅遊代表處(2002.10)
越南	駐越南臺北經濟文化辦事處和駐胡志明市臺北經濟文化辦事處(1992.11.15)	駐臺北越南經濟文化辦事處(1993.7.10)
印尼	駐雅加達中華商會(1972.7.4)；駐印尼臺北經濟貿易代表處(1990.1.19)	駐臺北印尼商會(1971.6.1)；駐台北印尼經濟貿易代表處(1995.1.1)
新加坡	「中華民國」駐新加坡商務代表團(1969.3.6)；駐新加坡臺北代表處(1990.9.30)	新加坡駐臺北商務代表處(1979.8.1)

註：筆者根據歷年「中華民國外交」年鑑整理而成。

（三）臺灣與東盟的軍事安全關係也有所增強。臺灣與部分東盟各國多次舉行軍事演習，如與新加坡在軍事上的大型合作項目「星光計劃」已經實施二十餘年。1995 年 4 月，雙方首次聯合進行了代號為「海獵 5 號」的大型反潛軍事演習；1996 年 1 月底，新加坡等東盟各國還參加了臺軍舉行的「海鯊行動」演習；菲律賓和臺灣 1996 年 4 月達成「擴大軍事交流」共識和「敦邦專案」非正式協議等。軍方互訪和接觸較為頻繁。1995 年以來，李登輝向來訪的新加坡三軍總長授勳，新加坡空軍參謀長等東盟各國軍事官員先後祕密訪臺，謀求加強軍事合作；1995 年臺派出海軍前往東盟三國新加坡、菲律賓、印尼進行軍事交流與合作；1996 年又派該艦隊前往新加坡進行訪問。

▌第三節 第一次「南向政策」

「南向政策」又稱為「南進政策」。1993 年 7-8 月間，臺灣前「經濟部長」江丙坤對東南亞國家越南、新加坡進行了「考察」。之後，江丙坤提出了「南進政策」，主張將東南亞國家作為今後臺灣對外投資和貿易的重點地區。同年 11 月，臺灣「經濟部」正式推出了《「南進政策」說帖》。《說帖》強調：這一政策的實施是為了減少臺灣對大陸的市場依賴。作為全球布局的重要部分，臺灣當局將協助臺資企業在東南亞建立「海外生產基地」。[25]「南進」是一項既有利於東南亞國家也有利於臺灣的政策。臺商對東南亞的投資能夠促進東南亞國家的經濟發展和繁榮，而臺灣也可以藉此加強與東盟各國的實質關係，進而增強臺灣在亞太地區的地位。[26] 後來臺灣當局考慮到「南進」一詞有經濟擴張之嫌，有可能會引起東南亞國家的猜疑和反感，於是將「南進政策」改稱為「南向政策」。在李登輝時期，「南向政策」共實施了兩次，1994-1996 期間，臺灣當局推行了第一次「南向政策」。

一、第一次「南向政策」提出的背景與目的

1994 年 3 月，臺灣當局正式啟動第一次「南向政策」，「行政院」頒布了《加強對東南亞地區經貿工作綱領》。臺灣當局之所以在 1994 年前後提出「南向政策」，主要有以下幾方面的背景和目的：

第三節 第一次「南向政策」

第一,「南向政策」的首要目的是冷卻臺商到大陸投資的熱潮,降低臺灣對大陸的經貿依存度。或者說,臺商的「大陸投資熱」是此項政策頒布的直接誘因。1980年代,臺商的主要投資對象和目的地是東南亞地區,臺灣與東南亞國家的經貿關係發展迅速。但大陸自1978年改革開放以來,經濟增長迅速,特別是1992年鄧小平的「南方談話」既向世界宣布了中國堅持改革開放的決心,也吹響了加快改革開放步伐的號角。大陸政局穩定,經濟持續發展,投資環境日臻完善,成為東亞乃至世界最具發展潛力的經濟體,吸引了諸多外商前往投資。1987年臺灣當局開放大陸探親後,臺商紛紛奔赴大陸投資,從1988年開始,已形成多次投資熱潮。1988年,臺灣中部地區的出口加工業的廠商開始奔赴大陸投資設廠,掀起了第一次浪潮。1991年,除了中小企業外,許多知名的大中型企業財團和股票上市公司也開始奔赴大陸投資,投資門類則從勞力密集和傳統型產業轉移到資本密集和技術密集產業,掀起了第二次浪潮。1993年臺商赴大陸投資的態勢更見兇猛,熱潮不輟。[27] 1992年,臺商在大陸的投資金額已經達到80億美元,而到了1993年更是達到128億美元。[28] 而相比而言,臺商在東南亞的投資卻顯著減少。從經濟上看,海峽兩岸經貿合作的良好互動,對兩岸人民特別是臺灣人民極為有利,然而臺灣當局卻視之為「威脅」。臺灣海關根據兩岸進出口貿易額得出結論,臺灣對大陸的依存度已高達20%,遠遠超過了臺灣當局規定的10%的警戒線,臺灣當局認為這會帶來極大的政治風險,也會有損於臺灣在未來兩岸談判中的地位和資本。因此臺灣當局一方面說,臺灣在大陸沒有貿易代表處,沒法保障臺商在大陸的權益,要求臺商「不要把所有雞蛋放在同一個籃子裡面」,要「根留臺灣」、「心留臺灣」;另一方面則提出「南向政策」,鼓勵臺商前往東南亞投資,以「南向」來抑制「西進」。「鼓勵臺商到東南亞投資,一來可以避免或減緩臺商將資金轉向大陸,二來可以降低對大陸的經貿依存度」。[29]

第二,臺灣當局透過實施這一政策,鼓勵和推進臺商赴東南亞投資,促進雙方的經貿關係,以經促政,進一步發展雙方的實質關係。臺灣與東南亞國家的經濟互補性為「南向政策」的實施提供了可能。東南亞地區與臺灣地緣相近,人口眾多,資源豐富,潛在市場龐大,勞力充沛,勞工低廉,適合

密集工業的發展。而且東南亞國家大力鼓勵外來投資，積極改善投資環境，放寬政策限制並給予優惠政策。臺灣前「經濟部次長」楊世緘認為，如果當局能協助島內企業前往東南亞地區投資，將有四大效果。第一是將部分東盟各國打造成臺灣前往大陸投資的中轉站，取代 1997 年後香港的地位；第二是有利於增強臺灣企業的實力，擴大規模，增強競爭力；第三是在東盟各國建立生產基地和銷售據點，為臺灣分享東盟自由貿易區的紅利做準備；第四是對東南亞投資能加強與東盟各國的經貿聯繫，進而增強臺灣在亞太區域的地位。[30]

第三，臺灣當局推出「南向政策」的目的還在於參與國際分工和地區政治經濟組織。冷戰結束後，區域集團化趨勢日益明顯。東盟在 1990 年代初倡議建立東盟自由貿易區。這意味著區外產品進入東盟市場將受到嚴格限制。因此臺灣當局認為提前介入東南亞市場是十分必要的。與此同時，東盟也在致力於地區安全合作，東盟地區論壇就是這一努力的成果。臺灣當局害怕被排斥在亞太安全合作體系之外，四處遊說，力圖加入該地區的所有政治和經濟組織。臺灣前「經建會」主委蕭萬長 1994 年 1 月在新加坡表示，臺灣願意參加東南亞的所有地區性組織、國際組織以及論壇和諮商會議。臺灣當局推出「南向政策」，就是藉此將臺灣與東南亞諸國聯繫起來，在經濟上和政治上與東南亞國家「結盟」，並融入亞太安全體系，借助東盟抗衡大陸，進而達到臺灣當局「擴大生存空間」，爭取「雙重承認」，維持兩岸「分裂分治」和分裂祖國的目的。[31]

二、第一次「南向政策」的舉措與成效

臺灣當局為了順利推行首次「南向政策」，採取的措施主要有：一是成立相關的組織機構，頒布工作綱領。1993 年，「南進專案小組」和「亞洲臺灣商會聯合總會」在臺灣「經濟部」成立，主要職責是對「南向政策」進行具體規劃和制定實施細則。後又成立了臺灣與新加坡、臺灣與越南的投資合作小組，以及臺灣與印尼合租開發巴厘島的工作小組等，分別負責推動臺灣與東南亞各國的投資事宜。臺灣多次與東南亞國家舉行「部長級工作會議」，推動臺灣與東南亞國家的經貿關係進一步發展。1994 年 3 月，臺灣當局制定

了《加強對東南亞地區經貿工作綱領》，明確指出，「南向政策」的目標是協助臺灣企業轉移生產線到東南亞國家，以作為海外生產基地，並以部分東南亞國家取代 1997 年以後香港的地位，作為大陸投資的中繼站；加強臺灣與東盟各國的實質關係，增進臺灣在該地區的關鍵地位等等。總體而言，「南向政策」有兩大目標：一是加強臺灣與東南亞國家之利益聯結與互賴關係，二是舒緩大陸對臺灣政經平衡機制，提高臺灣相對於大陸的「自主性」。[32]《綱領》提出的具體工作計劃要點有：調查研究東南亞地區的經貿動態，跟蹤臺灣與東盟各國經貿關係的發展，並及時研究相應對策；推動臺灣廠商和東南亞廠商建立企業聯盟，推動東盟各國建立臺商投資服務中心，保障臺商的經濟利益，加強彼此的投資和技術合作；充分發揮海合基金的作用，加強臺灣與東盟各國的經貿關係，增進彼此的實質關係。[33]

二是臺灣地區領導人親自出訪，全力推動「南向政策」。1994 年初，李登輝、連戰分別到馬來西亞、新加坡、菲律賓、印度尼西亞、泰國進行所謂的「度假外交」，竭力向東南亞國家推銷「南向政策」，並分別與東盟各國簽訂「投資保障協定」與「避免雙重課稅協定」（見表三）。臺灣當局利用東南亞國家急需資金的願望，對各國提出「慷慨」的經濟援助。李登輝在進行「度假外交」時提出對印尼、越南、泰國等 1.3 億美元的援助性貸款計劃。「海外合作發展基金」則計劃向越南、菲律賓、印尼等國家提供 1.4 億美元的融資貸款和技術援助。臺灣當局還在東盟四國印尼、泰國、馬來西亞、越南的臺商重點投資地區，設有臺北學校，供臺商子女就讀。

三是制定多項鼓勵措施，以「黨營」、「公營」企業帶動民營企業。對前往東南亞投資的企業和商人提供支持，給予方便和優惠政策，如延長臺商到東南亞招募勞工代訓時間，增加對臺商的資金協助；臺灣銀行可到東南亞各國設立分行或辦事處，以此提高臺商的投資熱情；專門確立「黨營」事業的投資計劃，增加國民黨控股公司對東南亞的投資，如將國民黨控股的七大公司之一悅升昌公司的投資額從 10 億新臺幣增加到 20 億。在對東南亞地區投資的臺灣企業中，國民黨「黨營」和「公營」企業占據了非常大的比重，是投資主力之一。

表三：臺灣與東盟各國簽署的各項經濟協議

協議名稱	國家	簽署日期
投資促進備忘錄	越南	1993 年 7 月 29 日
投資保障（證）協定	新加坡	1990 年 4 月 9 日
	印尼	1990 年 12 月 19 日
	菲律賓	1992 年 2 月 28 日
	馬來西亞	1993 年 2 月 18 日
	越南	1993 年 4 月 21 日
	泰國	1996 年 4 月 30 日
避免雙重課稅及防杜逃稅協定	新加坡	1981 年 12 月 30 日
	印尼	1995 年 3 月 1 日
	馬來西亞	1996 年 7 月 23 日
	越南	1998 年 4 月 6 日
	泰國	1998 年 10 月 30 日
	菲律賓	2002 年 5 月 29 日
國際空運所得稅協定	泰國	1984 年 6 月 30 日
貨品暫准通關證協定	新加坡	1990 年 4 月 9 日
	菲律賓	1998 年 8 月 19 日
	馬來西亞	2004 年 7 月 5 日

註：筆者根據臺灣「經濟部」投資業務處網站上的相關資料整理而成。

　　應該說，在李登輝當局的推動下，第一次「南向政策」幫助促進了臺灣企業在東南亞的投資。從 1994 年到 1996 年這三年期間，臺灣在該地區的累計投資額為 127.74 億美元。而同期臺灣企業在中國大陸的投資額僅為 98.31 億美元。這與 1992-1993 年的情形相反。1992-1993 年，臺灣在大陸的投資額 93.04 億美元，而在東南亞的額度僅為 25.84 億美元（見表四）。當然，應該看到，臺商對大陸投資的減少與大陸的經濟政策調整和兩岸關係的不穩定有關聯。1994 年，大陸在經濟上和金融上採取了緊縮政策，並對產業、稅收等政策做了調整，影響了臺灣企業在大陸的投資。而 1995 年兩岸關係因李登輝訪美出現了緊張局勢，也影響了臺商對在大陸投資的期待和信心。

表四：1992-1996 年臺灣在大陸和東甫亞地區的資本投資

(單位：億美元)

國別、地區別	1992 年	1993 年	1994 年	1995 年	1996 年
新加坡	0.09	0.70	1.01	0.32	1.64
泰國	2.91	2.10	4.75	18.11	27.41
馬來西亞	2.28	1.34	3.89	5.77	3.08
印尼	5.63	1.31	24.88	5.67	5.35
菲律賓	0.09	0.05	2.68	0.14	0.07
越南	5.30	4.04	3.65	11.49	7.83
東南亞地區合計	16.30	9.54	40.86	41.50	45.38
大陸：協議投資額	55.43	99.63	53.95	58.49	51.41
批准投資額	33.26	59.78	32.37	35.09	30.85

說明：本部分數據資料來源於王慕恆：《臺灣當局的「南向政策」評析》，載《臺灣研究集刊》，1999 年第 1 期，第 37 頁。

　　1996 年 11 月 4 日，臺「經濟部」為增進與東南亞國家的經貿關係，以期能早日進入東盟自由貿易區，特地將《加強對東南亞地區經貿工作綱領》延長 3 年，將東南亞地區納入臺灣發展亞太營運中心的腹地。[34] 但在 11 月 29 日，臺灣「經濟部長」王志剛表示：「為配合政府推動十大新興產業，促進國內經濟成長，國營事業對外的投資計劃全面暫時凍結。」[35] 這就意味著在金融危機爆發前，臺灣因為本身經濟發展的考量，停止對外投資活動。第一次「南向政策」終止。

第四節 第二次「南向政策」

　　第二次「南向政策」的開啟源於金融危機的爆發。1997 年 5 月，亞洲金融危機爆發，東南亞國家的經濟遭受重大創傷，臺灣當局將此視為重大機會，再次著手推動「南向政策」，加強與東南亞國家的經貿聯繫。

第二章 李登輝時期臺灣地區與東盟各國的關係

一、亞洲金融危機對東盟各國與臺灣地區的影響

　　1997年7月，金融危機首先在泰國爆發，後蔓延至整個東南亞地區和東亞地區。雖然此次危機的波及面已經遠遠超過東南亞地區，但東南亞的泰國、馬來西亞、菲律賓、印尼等國是遭受損失最大的國家。東南亞金融市場動盪不已，股市暴跌，外資出逃，貨幣擠兌和銀行破產倒閉，物價不斷上漲，通貨膨脹嚴重，失業率不斷上升。而且，也引起了該地區的政治動盪以及社會暴亂。[36]

　　相對於東南亞國家而言，臺灣這個被稱為「淺碟式的海島型經濟」，卻經受住了此次危機的考驗，成為受影響最輕的地區之一。1997年，臺灣的股市波動幅度較小，股價指數非但沒有下降，反而上揚了1254點，漲幅高達18.1：；臺幣的貶值也較東南亞國家要小，僅為15.8：。與東盟各國不同，臺灣島內並沒有發生過大型企業倒閉或金融機構的擠兌風潮。全年經濟高增長、低通脹，經濟增長率為6.8%，而通脹率僅為0.9%。[37]

　　總之，在1997年金融危機中，臺灣經濟和東南亞經濟的表現截然不同。東南亞經濟遭受了重創，元氣大傷。而臺灣經濟則經受考驗，繼續發展。之所以如此，主要有三方面原因：首先，臺灣經濟體質相對健康，產業結構較為合理。臺灣沒有巨額外債，1997-1998年約為1億美元，占GDP的比率約為0.02%，可以稱得上是「零外債」，不需要償還很多外債而衝擊經濟穩定。臺灣的經濟制度比東南亞國家要好，雖然也存在一些不足。銀行的不良債務不到5%，外匯儲備充足，大約為850億美元左右，這是臺灣抵抗金融風險的重要資本和心理防線。產業結構較為合理，自1980年代以來，臺灣產業結構調整步伐加快，一些勞力密集型企業紛紛被淘汰，新興科技產業得到了大力發展，具有較強的競爭力。

　　其次，臺灣實行較為穩健的宏觀政策。臺灣擁有一套具有「國家壟斷資本主義」的性質的混合經濟體制。面對金融波動，臺灣當局都進行了積極干預，充分發揮「公營」、「黨營」企業的作用，結合民營大企業的實力來支撐股市、穩定經濟。始終採取「穩定先於發展」的策略，採取多種措施穩定

物價和金融市場。並且，根據貨幣、物價等經濟指標情況調節存款準備率，以降低銀行經營成本，穩定市場。

最後，比較理想的外部環境與機遇因素。如國際原油價格穩定與偏低，避免了經濟的波動與物價的上漲。房地產市場保持平穩，正處於低潮期。歐美經濟較為景氣，也有助於減少金融危機對臺灣的不利影響。[38]

總而言之，亞洲金融危機對臺灣和東盟各國產生了不同的影響，東盟各國遭受重創，臺灣雖受影響但並未「元氣大傷」。這就為臺灣當局重啟「南向政策」，擴展臺灣與東盟各國經貿關係提供了難得的機遇。

二、第二次「南向政策」的啟動

第一次「南向政策」雖然因為島內因素在 1996 年終止，但是它的成效在一定程度上證明了「南向政策」是可行的。然而，1996 年臺海危機過後，兩岸關係又回歸了穩定，臺商對大陸的投資熱潮有增無減。儘管李登輝當局推出了旨在阻止兩岸經貿交流的「戒急用忍」政策，對臺商投資大陸設置種種「警戒線」，但事實上並未阻止臺商在大陸和東南亞投資的基本格局態勢。這勢必引起了臺灣當局對「臺灣安全」的擔心。

1997 年 5 月爆發的金融危機，為臺灣當局再次推行「南向政策」提供了契機。東南亞經濟遭受的重創與臺灣經濟平穩度過危機形成了鮮明對比。在臺灣當局看來，相較於臺幣的貶值幅度，東南亞國家的貨幣貶值幅度要大得多。這有利於在東南亞的臺資企業降低生產成本，從而增強產品的出口競爭力； 東南亞國家深受金融危機的重創，經濟復甦急需境外資金，為此將擴大投資優惠政策，吸引外資； 東南亞企業面臨破產的困境，有利於臺資企業以低廉價格進行兼併，壯大臺資企業，獲取更多利潤。

在此背景下，李登輝當局重啟了「南向政策」。1998 年初，臺灣「經濟部」制定了《加強對東南亞及澳新地區經貿工作綱領》，將「南向政策」的目標對象從東南亞地區擴展到了澳大利亞、新西蘭等地。2 月，規劃出了支援東南亞的方案。主要內容有：促進臺灣與東盟各國的雙邊貿易，加強臺商對東盟各國的投資，擴大與東盟各國的金融合作，採取措施解決臺商「融資

難」問題。3月，臺灣決定成立「東南亞投資公司」，計劃籌集200億美元，對東南亞國家的產業公司進行重點投資。臺灣「行政院」則通過了《加強與東南亞經貿關係實施計劃》。具體措施主要有：(1) 臺灣「中央銀行」對其海外分支機構每年提供2000萬美元，以緩解臺商融資的困難。(2) 臺灣的進出口銀行擴大辦理出口融資及海外投資業務，並由「行政院」開發基金會提供專款。(3) 成立東南亞經濟研究所，收集、研究與東南亞地區經貿投資有關的資訊，盡快與菲律賓、泰國、馬來西亞簽訂避免雙重課稅協定。(4) 透過「國際合作」促進東南亞地區的金融穩定。[39]

為推動第二次「南向政策」的實施，臺灣主要官員也相繼出訪東南亞。如1998年元月，時任臺灣「副總統」連戰，「經建會」主委江丙坤都率團赴東南亞國家進行「考察」，探討經濟交流合作。「行政院長」蕭萬長則訪問菲律賓、印尼、馬來西亞。與前一次「南向政策」主要鼓勵製造業廠商去東南亞投資不同的是，此次「南向政策」主要是鼓勵臺商收購和兼併東南亞的當地企業。

三、第二次「南向政策」的成效

臺灣當局原計劃將此次「南向政策」的實施期限設定在1999年底。但隨後的東南亞形勢發展使得臺灣當局決定提前終止「南向政策」。這是因為，隨著東南亞金融危機的進一步發酵，一些東南亞國家惡劣的經濟狀況，附帶引發了較為嚴重的政治、社會動亂，尤其是臺商投資相對較多的印尼爆發了排華暴亂，威脅到臺商的生命安全。1998年9月，馬來西亞也由於經濟問題引發政治危機。於是，臺灣「國貿局」在1998年9月24日發表新聞稿表示，「南向政策」因應國際經貿情勢變動，以符合廠商與「國家」的利益；現階段加強對東南亞國家的工作重點是提供廠商諮詢、分析進出口衰退原因、擴大提供輸出保險、加強辦理輸出轉融資；同時與東盟各國共同推動經濟和技術合作領域的工作，爭取成為東盟對話夥伴，並參與相關組織的活動，以強化和東盟各國經貿關係。「鑑於東南亞地區政經形勢不穩定，並恐有進一步擴大的趨勢，政府將不再鼓勵國內廠商到東南亞投資，因應國際經貿形勢的變化，適時調整『南向政策』。」臺灣「經建會」主委江丙坤在臺灣「立法

院」也指出,「南向政策」具有階段性。現在並非是推動臺商去東南亞地區進行直接投資的階段,而是應該協助在東南亞地區的臺商平穩度過金融危機。[40] 由此看出,臺灣當局的第二次「南向政策」實施不到一年便「夭折」了。

此次「南向政策」的成效可以從臺灣「經濟部」投資審議委員會公布的數字中看出。數據表明,臺灣在東南亞各國的資本投資除了馬來西亞和越南之外,都有較大幅度的縮減。以東南亞金融危機後一年和危機前一年相對比,臺灣在東南亞地區的資本投資額縮減了78%;與此相反,臺灣在中國大陸的資本投資額卻增長了78%(見表五)。

表五:臺灣在東甫亞地區和中國大陸的投資比較(1996.7-1998.6)

(單位:百萬美元)

國別、地區別	1997年7月-1998年6月		1996年7月-1997年6月		金額增長率%
	件數(件)	金額(百萬美元)	件數(件)	金額(百萬美元)	
泰國	71	284.90	64	2181.70	-87
馬來西亞	58	499.00	78	297.20	+68
菲律賓	19	7.40	20	11.60	-32
印尼	66	306.70	81	3380.30	-91
越南	71	254.50	53	171.30	+49
東南亞地區合計	285	1352.50	296	6042.10	-78
中國大陸	834	2081.84	426	1168.41	+78

註明:本表格數據資料來自汪慕恆:《臺灣當局的「南向政策」剖析》,載《東南亞》,1999年第2期。

可見,1997年的東南亞金融危機並沒有給臺灣當局提供一個推行「南向政策」的更好機會。儘管東盟各國貨幣貶值幅度要大於臺幣,有利於臺商企業的產品出口,但東南亞地區經濟的不穩定,匯率波動幅度較大,物價高漲,生產成本也增大。這使得臺商對到東南亞投資更多地保持一種觀望態度,而不敢貿然付諸實踐。這是導致第二次「南向政策」失敗的重要原因。

本章小結

　　李登輝上臺後，大力推動臺灣的「政治民主化」和「政權本土化」，鼓吹「臺灣生命共同體」，將臺灣意識向要求臺灣「獨立主權」的方向引導，島內政治生態發生重大變化。在兩岸關係上，李登輝當局弱化一個中國原則，淡化統一訴求，迴避政治談判，朝分離方向邁進，公開提出「兩國論」，衝擊兩岸關係。對於兩岸民間要求擴大經貿、文化交流的壓力，卻逆勢操作，實行「戒急用忍」政策，干擾兩岸正常的民間交流。李登輝在十二年執政時期的大陸政策可以概括為對統一只說不做，對「獨立」只做不說。[41] 在國際上，李登輝大搞「務實外交」，謀求臺灣在國際社會與主權國家相對等的地位，重返國際組織，並透過「度假外交」、「金援外交」，與一些國家發展實質關係，進而尋求國際社會的「雙重承認」。

　　李登輝時期，臺灣當局與東盟各國的關係突破了非官方的限制，臺灣地區領導人實現了對東盟各國的訪問，互設代表機構並提升代表機構的層級。憑藉雄厚的經濟實力，李登輝當局還積極推動了兩次「南向政策」。一方面藉「南向」抑「西進」，阻遏臺商赴大陸的投資熱潮；另一方面則加強與東盟各國的經貿關係，以經促政，藉此推進雙邊政治關係的提升。這一時期是臺灣與東盟各國發展實質關係最有成效的時期。

註釋

[1] 張文生：《臺灣政治轉型與分離主義（1988-2000）》，北京：九州出版社，2012年版，第80頁。

[2] 林岡：《臺灣政治轉型與兩岸關係的演變》，北京：九州出版社，2010年版，第182頁。

[3] 中國社科院臺灣研究所編：《回顧與展望——論海峽兩岸關係》，北京：時事出版社，1989年版，第361頁。

[4] 沈駿主編：《當代臺灣》，合肥：安徽人民出版社，1990年版，第326頁。

[5] 《開創未來——邁向中華民族的新時代》，臺灣「行政院新聞局」輯印，1992年版，第7頁。

[6] 版,第25頁。《統一是中國唯一的道路——李總統登輝先生言論選粹》,臺灣「行政院新聞局」輯印,1990年

[7] 《國家統一綱領》,臺灣「行政院大陸委員會」網站,1991年2月1日。

[8] 《臺海兩岸關係說明書》,臺灣「行政院大陸委員會」網站,1994年7月1日。

[9] (臺灣)《中國時報》,1996年10月22日。

[10] 「李『總統』接受德國之聲專訪」,「中華民國總統府」網站,1999年7月9日。

[11] 王為:《臺灣地區政治研究》,北京:世界知識出版社,2011年版,第179頁。

[12] 孫岩:《臺灣問題與中美關係》,北京:北京大學出版社,2009年版,第243頁。

[13] 國臺辦:《中國臺灣問題》,北京:九洲圖書出版社,1998年版,第187-192頁。

[14] 李家泉:《李登輝主政臺灣之後》,北京:中國言實出版社,1997年版,第5頁。

[15] 臺灣正中書局主編:《存在、希望、發展——李登輝先生「生命共同體」治國理念》,臺北:正中書局,1993年版,第45頁。

[16] 陳啟懋:《中國對外關係》,臺北:中華歐亞基金會,1999年版,第312-313頁。

[17] 轉引自《臺灣當局的所謂「務實外交」》。

[18] 國臺辦:《中國臺灣問題》,北京:九洲圖書出版社,1998年版,第187-192頁。

[19] 《統一是中國唯一的道路——李總統登輝先生言論選粹》,臺灣「行政院新聞局」編印,1991年版,第105頁。

[20] (臺灣)《中央日報》,1988年1月30日、7月8日。

[21] 張文生:《臺灣政治轉型與分離主義(1988-2000)》,北京:九州出版社,2012年版,第100頁。

[22] 兩次「南向政策」的具體內容請參閱本章第三、四節。

[23] 臺灣原在柬埔寨設置「駐金邊臺北經濟文化辦事處」,但在1997年,柬埔寨洪森總理指責朱浙川代表處涉及該國內政,下令撤離。

[24] 代表處的主要職能是:「以拓展經貿投資、學術文化、教育科技、農漁業及勞務合作等多方面之實質關係為主軸,並透過促進高層政要互訪及建立制度化雙邊諮詢管道,加強與各國之全方位交流合作關係。」參見《「中華民國」年鑑2006年》,臺灣「行政院新聞局」編輯出版,2008年2月,第331頁。

[25] (臺灣)《中時晚報》,1993年11月9日。

[26] (臺灣)《工商時報》,1993年11月10日。

[27] 林長華:《國際資本流動規律與臺灣當局的「南向政策」》,載《臺灣研究集刊》,1994年第2期,第46頁。

[28]（臺灣）《中央日報》，1994年2月15日，第2版。

[29] 宋鎮照：《建構臺灣與東南亞新世紀關係：南向發展之政經社場域策略分析》，臺北：海峽學術出版社，2006年，第106頁。

[30] 轉引自修春萍：《「南向政策」與兩岸關係》，載《臺灣研究》，1994年第4期，第21頁。

[31] 李義虎主編：《政治賭博中的臺灣》，北京：中國友誼出版社，1999年版，第334頁。

[32]（臺灣）《國家政策雙週刊》，1994年第81期，第10頁。

[33]（臺灣）《經濟日報》，1994年1月15日。

[34]（臺灣）《聯合報》，1996年11月5日。

[35]（臺灣）《自由時報》，1996年11月30日。

[36] 羅晉京：《東南亞金融危機後中國與東盟關係的新發展》，載《東南亞縱橫》，2007年第8期，第8-10頁。

[37] 王建民：《臺灣經濟何以挺過東南亞金融風暴的衝擊？》，載《臺灣研究》，1998年第3期，第54頁；張遠鵬：《亞洲金融危機對臺灣經濟的影響》，載《當代亞太》，1999年第4期，第25-29頁。

[38] 王建民：《臺灣經濟何以挺過東南亞金融風暴的衝擊？》，載《臺灣研究》，1998年第3期，第54-62頁。

[39]（臺灣）《工商時報》，1995年3月5日；汪慕恆：《臺灣當局的「南向政策」評析》，載《臺灣研究集刊》，1999年第1期，第38頁。

[40]（臺灣）《經濟時報》1998年9月25日。

[41] 林岡：《臺灣政治轉型與兩岸關係的演變》，北京：九州出版社，2010年版，第197頁。

第三章 陳水扁時期臺灣地區與東盟各國的關係

　　2000年3月，民進黨候選人陳水扁以微弱優勢贏得了臺灣地區領導人選舉，臺灣島內實現了首次政黨輪替。2004年，陳水扁獲得連任，在臺灣共執政八年。在這期間，陳水扁當局頑固堅持「臺獨」路線，否認「九二共識」，衝撞一個中國原則，限制兩岸經貿交流，致使兩岸關係停滯不前、危機不斷。在對外關係上，陳水扁當局大搞「烽火外交」，對國際社會普遍堅持的「一個中國」政策框架構成嚴重挑戰，臺灣與東盟各國的關係也深受影響。

第一節 陳水扁時期的大陸政策

　　陳水扁時期的大陸政策帶有強烈的「臺獨」色彩。民進黨在八年執政期間，將維護臺灣的「獨立主權」置於兩岸關係的位階之上，否認「九二共識」，限制兩岸民間交流。2000年陳水扁執政初期，為了鞏固權力、避免兩岸軍事衝突和應付美方壓力的需要，在推動「臺獨」上有所收斂，對大陸擺出一副尋求和解的姿態。比如，陳水扁在第一任期的就職演說中做出了「四不一沒有」的承諾。[1] 2000年12月31日，又在《跨世紀的講話》中倡議透過兩岸經貿文化的統合來建立兩岸之間的政治互信，進而尋求實現兩岸永久和平、政治統合的新架構。[2] 關於兩岸經貿往來，陳水扁提出開放金門-廈門「小三通」，終結李登輝時代的「戒急用忍」政策，對兩岸經貿交流採取「積極開放，有效管理」的政策。陳水扁指出，過去政府依循「戒急用忍」的政策有當時的背景及其必要，未來我們將以「積極開放，有效管理」的新視野⋯⋯為臺灣新世紀的經貿版圖做出宏觀的規劃，並且逐步加以落實。之所以鬆綁「戒急用忍」政策，是因為兩岸同時加入世界貿易組織，低關稅與資本的自由流通，勢必衝擊臺灣現有經濟秩序，因此必須以「積極開放，有效管理」的政策取代。[3]

　　但仔細分析一下，陳水扁所做的「四不一沒有」承諾，是從可能產生的負面效果，採用排除的手段來說明其大陸政策，並非正面回答了中美雙方對

陳水扁政策的憂慮。從邏輯上講，不會宣布「獨立」是否就等於一定要走向統一？不更改「國號」，是否就表示願意接受「中華民國」或「中華人民共和國」？不推動「兩國論」入「憲」是否就是決定要遵守現有的「憲法」？不推動更改現狀的「統獨公投」是否就表示一定會維持現狀？沒有廢除「國統綱領」與「國統會」的問題，是否一定會執行「國統綱領」或召開「國統會」呢？顯然，「不做什麼」並不等於「要做什麼」，而且在「不做什麼」的前提下還有「只要中共無意對臺用武」的條件，這種「有意」或「無意」的解讀更是因人而異，因需而定，隨意性很大。因此，所謂的「四不一沒有」承諾並不會對陳水扁以後的政策行為構成任何的拘束限制作用。[4]

更為關鍵的問題是，陳水扁當局拒絕承認「九二共識」，導致兩岸關係無法正常發展。眾所周知，「九二共識」存在的歷史事實是不容置疑的。根據大陸方面的表述，「九二共識」是指海峽雙方都堅持一個中國的原則，努力謀求國家統一；但在事務性商談中，不涉及一個中國的具體政治含義。而臺灣方面的版本是：在海峽兩岸共同努力謀求國家統一的過程中，雙方均堅持一個中國的原則，但對於一個中國的含義，認知各有不同；為尋求這一問題的解決方案，雙方各自以口頭方式說明立場；臺灣方面認為一個中國指的是「中華民國」，其「主權」包括整個中國，但治權目前僅限於臺澎金馬。臺灣是中國的一部分，但大陸也是中國的一部分。由此觀之，雖然雙方在「誰代表中國」問題上存在爭議，但彼此對一個中國原則是有共識的：一個中國既是未來的目標，也是一個涵蓋大陸和臺灣的法理上的框架。同時，大陸方面堅持雙方在一個中國原則問題上的共識，臺灣方面則強調雙方對一個中國政治意涵的不同認知。[5] 可以說，「九二共識」既堅持了一個中國原則，又展現了雙方平等協商的精神和求同存異的務實態度，打破了兩岸僵局，有效推動了兩岸關係的發展，是兩岸關係健康發展的政治基礎和基本保證。[6] 陳水扁上臺後，儘管在 2000 年 6 月 27 日會見美國基金會訪臺團時，一度承認「九二共識」，但又很快否認了這一說法。由於陳水扁當局否認了「九二共識」，那麼兩岸關係發展缺少了政治基礎，進而其提出的再多再好的「善意」、「和解」政策，也就毫無價值了。

第一節　陳水扁時期的大陸政策

　　經過兩年的「政權鞏固期」後，陳水扁很快便違背了他在選舉前後的有關承諾，如「一旦當選將停止參加民進黨的一切活動」、「四不一沒有」等，在 2002 年 8 月初接替謝長廷擔任民進黨主席，並重彈「兩國論」的老調，公開宣稱海峽兩岸是「一邊一國」。「臺灣是我們的國家，我們的國家不能被欺負、被矮化、被邊緣化以及地方化。臺灣不是別人的一部分；不是別人的地方政府，別人的一省，臺灣也不能成為第二個香港、澳門，因為臺灣是一個主權獨立的國家。簡言之，臺灣跟對岸中國一邊一國，要分清楚。」「如果有需要，臺灣現狀的改變要經由公民投票。」[7] 陳水扁的「一邊一國」論直接挑戰了一個中國原則和國際社會普遍堅持的「一個中國」政策，進一步激化了緊張的兩岸局勢。

　　「臺獨」立場徹底暴露後，陳水扁在 2003 年大肆炒作「公投」議題，2004 年連任後又拋出「憲改」、「正名」、「廢統」、「入聯公投」等議題，致使兩岸關係危機不斷。一是「正名」運動。陳水扁大力宣揚「臺灣人不是中國人」，下令拆除公共場所帶有「統一中國」和「反對臺獨」等字樣的標語口號。臺教育部頒布文件，要求臺灣的「中國文化大學」、「中國醫藥大學」、「中國技術學院」、「中華大學」等 9 所以「中國」、「中華」打頭的學校改名。5 月，「中國石油公司」、「中國造船公司」等企業相繼改名為「中油」、「中船」等。陳水扁當局利用行政資源，透過在社會、文化各領域進行「去中國化」、「去蔣化」運動，進行所謂的「為臺灣正名」，來塑造「臺灣意識」。二是終止「國統會」和「國統綱領」。1990 年代初期成立的「國統會」和制定的「國統綱領」是臺灣方面研究和諮詢有關國家統一大政方針的重要機構和主要依據，也是檢驗民進黨上臺後是否搞「臺獨」的一個重要指標。2000 年，陳水扁迫於壓力做出了在他的任期內，沒有廢除「國統會」、「國統綱領」的承諾。但陳水扁卻對「國統會」、「國統綱領」採取了弱化、擱置並另起爐灶的政策。2006 年，陳水扁提出要認真地考慮廢除「國統會」和「國統綱領」的問題。在美國的壓力下，陳水扁玩起了文字遊戲，以「終止」取代「廢除」。2 月，正式宣布終止「國統會」和「國統綱領」的運作。三是「公投」、「制憲」。「臺獨」勢力一直將「公投」、「制憲」作為實現臺灣「獨立」的基本途徑。陳水扁上臺後，在其第一任期內實現了

「公投立法」的目標。2004 年，為爭取連任，陳水扁強調臺灣的主體性，煽動臺灣民眾對大陸的敵意，故意將針對大陸的「防禦性公投」與「總統」大選綁在一起，承諾若當選，將於 2006 年「催生臺灣新憲法」，及 2008 年卸任前制定出一部新「憲法」。2007 年又極力推動「入聯公投」，以爭取「深綠選票」。四是緊縮兩岸經貿政策。2004 年連任後，陳水扁聲稱，「積極開放、有效管理」仍是兩岸經貿發展的基本原則，但重點不是開放，而是管理。2006 年，陳水扁將「積極開放、有效管理」，更改為「積極管理、有效開放」，作為未來兩岸經貿政策的新思維和新作為。所謂「積極管理、有效開放」的意思是，政府的角色必須「積極」負起「管理」的責任，才能「有效」降低「開放」的風險。[8]

陳水扁對抗大陸的政策，惡化了兩岸關係，對臺海穩定與亞太和平造成了嚴重威脅，遭到了包括東盟各國在內的所有愛好和平的國家反對。針對臺灣當局執意推動的「入聯公投」，新加坡政府認為，這一舉動是「挑釁」和「不負責任的」，不符合臺灣的長遠利益，只能增加海峽局勢的緊張，減少臺灣的「國際空間」，使得臺灣甚至更加孤立，也將在整個地區造成嚴重後果，危及亞太地區的和平與穩定。新加坡政府表示反對。[9] 馬來西亞外長賽哈密表示，馬來西亞政府只承認「一個中國」即中華人民共和國，並奉行聯合國有關決議；而「一中一臺」顯然就是搞「兩個中國」的政治動作，這違背聯合國關於一個中國的決議。臺灣不是馬來西亞的「邦交國」，馬來西亞不承認「兩個中國」或「一中一臺」；臺灣當局推動的「入聯公投」，危害臺海穩定，馬來西亞政府表示反對。[10] 很顯然，臺灣當局在兩岸關係上的冒險行動，也對臺灣與東盟各國的關係產生了不利影響。

第二節 陳水扁的「烽火外交」

一、「烽火外交」的提出

陳水扁不僅在兩岸關係上採取與大陸對抗的政策，而且還將這種對抗延伸到國際舞臺上，進行所謂的「烽火外交」。「烽火外交」是由陳水扁當局的「外交教父」邱義仁提出，後又被其更改為「攻擊性外交」。邱義仁認為，

第二節 陳水扁的「烽火外交」

臺灣無論在軍事、武力、經濟實力及「邦交國」，都不可能和大陸正面競賽。為了爭取臺灣在「外交」上更大的迴旋空間，有更多的談判籌碼，臺灣應該一改過去被動的守住「邦交國」，主動到世界各國去點火進行攻擊性的「外交」。臺灣應該主動出擊，和別人交朋友，一是為了「讓中國也得花力氣守」，「爭取臺灣更大的談判籌碼及迴旋空間」。二是如果臺灣主動爭取朋友，這個朋友還可能再介紹更好的朋友。如果臺灣的「外交」只為了守住 24、25 個「邦交國」，這將是必敗的策略。陳水扁當局的「烽火外交」，其基本特點是：以民粹主義手段操弄對外關係，以意識形態決定「外交」政策，將對外關係置於兩岸關係的位階之上，四處點火，以攻為守，企圖使大陸疲於應付。

「烽火外交」與「務實外交」，既具有共性，也有差別。共同點在於，兩者都將臺灣的對外關係置於兩岸關係的位階之上，都是為了爭取更多的「邦交國」，擴大臺灣參與國際活動的範圍和程度，提升臺灣在國際社會上的能見度。區別在於：前者目的是為了建立「臺灣共和國」，是要在國際上製造「一中一臺」；後者則是為了讓國際社會看到並承認「中華民國」的存在。但實際上，民進黨當局勢單力薄，根本沒有能力突破現行的「一個中國」政策框架。在國際社會普遍遵守「一個中國」政策的格局和中國大陸綜合實力不斷提升的背景下，更沒有多少國家願意充當民進黨當局的攻擊性武器而得罪大陸。陳水扁明知「烽火外交」不可為，但又為何要推行「烽火外交」呢？顯然，「烽火外交」的目的並非在於實現「外交」突破，而是為了民進黨的一己私利，而置兩岸關係、臺灣民眾和區域和平於不顧。具體來說：一是用挑釁大陸、激怒大陸的方式來迫使大陸採用強烈極端的言行，以「得罪」臺灣民眾，進而影響兩岸關係。二是將兩岸關係推向國際社會，塑造臺灣被「打壓」的形象，以獲得更多的支援民進黨當局的輿論，讓民進黨當局在國際舞臺上得以充分的曝光亮相。三是以「外交」受到「打壓」的方式，激發臺灣極端的民粹意識，形成白色輿論恐怖，以此制約反對力量，對馬英九和國民黨予以重大打擊。四是刺激在美國的民進黨當局的政治夥伴，形成在國會制約美國行政機構的力量，降低和壓制美國國務院對「臺獨」的打擊力度。[11]

從實際效果來看，臺灣當局的「烽火外交」也是徹底失敗的。在陳水扁執政期間，臺灣「外交預算」大量增加，但臺灣的「國際空間」越來越窄。臺灣也被國際社會視為「麻煩製造者」。據統計，1993年，「外交」預算只占島內生產總值（GDP）的1.11%，2008年增為1.82%，但臺灣的「邦交國」數目卻由1999年底的29個，一路下滑到2008年的23個。[12]總之，「烽火外交」不但沒有提高臺灣的國際地位，而且還嚴重削弱了臺美、臺日之間的互信，被國際社會視為「麻煩製造者」。

二、「烽火外交」下的臺灣地區與東盟各國的政治關係

陳水扁當局對東南亞地區非常重視，聲稱臺灣的對外政策重點要放在東南亞國家，要提升臺灣與東南亞的關係。[13]但在陳水扁執政時期，臺灣與東盟各國的政治關係發展並不順利，效果也不明顯。主要是因為：第一，東盟各國都堅持奉行「一個中國」政策，並不願意和臺灣建立正式的「外交」關係，政治關係發展的空間並不多。特別是隨著中國大陸實力的增強以及中國 - 東盟自由貿易區的建立，東盟各國更願意分享中國大陸經濟發展的成果，而不願因為與臺灣發展更密切關係而得罪中國大陸。第二，陳水扁當局以「臺獨」意識形態決定的「烽火外交」，對於堅持「一個中國」政策的東盟各國而言，是一個「危險品」。東盟各國並不願意在兩岸關係上冒險，對於臺灣當局的「外交攻勢」，更多的是抵制，而非歡迎。

在陳水扁的八年期間，臺灣與東南亞國家的關係非但沒有改善，反而有所惡化。陳水扁當局也上演了一場場「外交鬧劇」。比如2002年，呂秀蓮以「度假」名義前往印度尼西亞訪問，抵達雅加達的首日，被印尼拒絕入境。呂秀蓮在機場停留兩三個小時，後轉往巴厘島度假。之後又搭乘包機硬闖雅加達哈林國際機場，與印尼在野黨見面，但並未見到印尼政府官員。儘管臺灣當局自稱呂秀蓮的印尼之行是一次重大的「外交突破」。但據媒體披露，就在呂秀蓮偷偷潛回雅加達的當天，印尼總統梅加瓦蒂召開緊急內閣會議，決定向呂秀蓮發出「逐客令」。而在呂秀蓮返臺當天，菲律賓總統阿羅約下令封鎖領空，嚴防呂秀蓮降落「過境」。呂秀蓮的「度假外交」被臺灣媒體譏笑為「闖關外交」。2002年12月，陳水扁希望出訪東南亞國家，並將此

第二節 陳水扁的「烽火外交」

次訪問定名為「人道關懷落實南向政策之旅」，行程包括印尼巴厘島和日惹省，也遭到印尼外交部的拒絕。[14] 由此可以看出，印尼、菲律賓等東南亞國家並不願意與民進黨當局發展政治關係。臺灣和新加坡的關係也多次因意識形態問題而出現狀況。2004年9月，新加坡外長楊榮文在聯合國批評「臺獨」會導致兩岸戰爭，數日後臺灣「外長」陳唐山形容新加坡是「鼻屎國家」，「臺新關係」跌入谷底。

儘管如此，陳水扁當局爭取發展與東盟各國的圖謀並未放棄。比如2005年10月，陳水扁出訪返航時候因「龍王」臺風的影響，決定轉飛印尼巴厘島，印尼副總統卡拉特別以電話向陳水扁表達歡迎和致意。陳水扁在下榻飯店接見印尼國會議員，民進黨當局和印尼的關係走出2002年以來的關係低潮。[15] 民進黨當局還透過其他方式來加強臺灣與東盟各國的關係，主要有：

一是「政黨外交」。民進黨打著「自由」、「民主」的旗號，參與籌組了所謂的「亞洲自由民主聯盟」。這一聯盟中也包含有東盟各國菲律賓、泰國、馬來西亞等國家的政黨組織。民進黨試圖與這些政黨組織建立所謂的「民主自由之鏈」，增強民進黨及臺灣當局在東南亞地區的影響。[16]

二是「勞工外交」。臺灣擁有眾多的來自東盟各國泰國、印尼、菲律賓等的勞工。對民進黨當局而言，這些外國勞工可以成為臺灣對外交往的有利籌碼。臺灣當局根據東盟各國配合臺灣政策的程度來設定輸入外勞配額的大小。對於配合工作做得比較好的東盟各國，臺灣當局就多設定配額數量；而對於「不聽話」的東盟各國，則減少外勞輸入名額。例如，2002年，臺灣當局以泰國不發函邀請臺灣官員出席為由，採取了緊縮泰勞名額、停發泰勞簽證等報復措施。

總之，東盟各國大體上都能堅持「一個中國」政策，對於陳水扁當局在兩岸關係和對外關係上採取的冒險行動，都表示了不安與反對。臺灣與東盟各國的政治關係並沒有太多進展。但也有個別國家領導人出訪臺灣，被臺灣當局視為「臺灣少見的重大外交突破」。2004年7月，新加坡副總理兼財政部部長李顯龍率領龐大的政、商、軍代表團，祕密抵臺活動，分別與陳水扁、

游錫堃、蘇貞昌、「美國在臺協會臺北辦事處處長」包道格等人會面。中國政府對李顯龍訪臺表示了強烈抗議和不滿。

第三節 「新南向政策」

陳水扁當局也重視對東南亞國家的投資。2002 年 7 月 29 日，陳水扁在「亞洲臺灣商會聯合總會」年會上重提「南向政策」，呼籲臺商投資東南亞。陳水扁聲稱，大陸市場只是臺灣全球布局的一部分，不是臺灣對外市場的唯一，也不是全部，更不是最後。臺灣不應過度期待大陸市場，在臺灣經濟的全球布局中應該重視對東南亞的投資，過去講「南向政策」，現在是投資「東南亞政策」。[17] 他要求臺商要致力於東南亞投資，當局則做好政策配合，做臺商的後盾。臺灣「經濟部次長」施顏祥也聲稱，東南亞地區一直以來都是臺灣對外投資的重點地區，臺灣廠商赴東南亞投資，將更好地利用當地廉價的工資製造成本，作為臺灣外銷基地。東南亞人口眾多，是值得臺灣深耕的內需市場。[18]

一、「新南向政策」提出的背景與目的

與李登輝時期的「南向政策」相似，陳水扁呼籲臺商投資東南亞的首要目的也是為了冷卻臺商赴大陸的「投資熱」。據外貿部統計，2000 年大陸批准臺資項目 3108 家，合約臺資 43.7 億美元，實際利用臺資 25.4 億美元；2001 年，則分別達到了 4214 家，72.7 億美元，33.7 億美元，同比增長 36.2%，73.1% 和 32.8%。為此，臺灣當局重新推行「南向政策」，鼓勵臺商赴東南亞投資。

第二個目的在於試圖擺脫臺灣經濟日益邊緣化的困境。進入新世紀，東亞區域經濟整合進程加快，其主要標誌是中國 - 東盟自由貿易區開啟了建設進程。臺灣經濟面臨著日益嚴重的邊緣化困境。受全球經濟不景氣和陳水扁當侷限制兩岸經貿政策的影響，臺灣經濟表現乏力，2001 年更出現了幾十年來首次的負增長（-2.18%），而大陸經濟增長速度仍維持在高水平階段。2001 年全球貿易排名顯示，2001 年臺灣的貿易總額為 2301 億美元，比上一

年減少了 20.2%，衰退幅度居 20 大貿易體之首，先後被西班牙及新加坡超過，落到第 16 名；而大陸則是 20 大貿易體中經濟成長最快的，2001 年的貿易總額為 5098 億美元，比 2000 年增長了 7.5%，居世界第六位。陳水扁提出「南向政策」，意在推動臺灣與東南亞國家簽署 FTA，試圖以此加入東亞區域經濟整合進程，緩解東亞區域經濟浪潮帶給臺灣經濟的壓力。

最後，2002 年以來，東南亞國家的經濟發展開始步入正軌，為陳水扁當局推行「南向政策」提供了機會。2001 年，全球經濟環境總體低迷，作為出口導向型的東盟各國經濟受此影響普遍比較疲軟。2002 年，美國經濟趨向好轉，外貿產業的需求逐漸復甦，帶動了東盟各國經濟趨向佳境。在 2002 年第一季度，東盟各國經濟表現獲得改善，第二季度的經濟表現則更顯穩健。新加坡在第二季度的經濟增長率為 3.9%，一掃過去連續四個季度的負增長「陰霾」，馬來西亞經濟的增長率也從第一季度的 1.1% 上升到第二季度的 3.9%。泰國、菲律賓、印尼在第二季度的增長率則高達 5.1%、4.5% 和 3.5%。在東盟各國經濟開始向好發展的背景下，陳水扁當局推出了「新南向政策」，鼓勵臺商赴東南亞投資。

二、「新南向政策」的主要內容

第一，陳水扁當局主導推動「新南向政策」。陳水扁當局在 2002 年 8 月制定了行動綱領草案，計劃由當局在融資、租稅、輔導等方面幫助鼓勵臺商到東南亞國家投資。主要是對東南亞的海外投資融資、貨品輸出融資等業務予以支持協助；積極尋求與東盟各國簽訂避免雙重課稅等協定，來減輕臺商海外投資的負擔；建立在東南亞地區的臺商經營的網站，協助臺商跟蹤、收集和研究商業情勢，並提供給臺商參考。[19] 臺灣當局還為此提出了八大配套措施，以加強東南亞經貿投資。八大措施分別是：加強雙邊資訊產業交流合作、建立東南亞經貿投資總入口網站、解決臺商投資困難、協助臺商建立東南亞行銷通路、經世貿組織架構協助廠商尋求商機、建立東南亞勞工引進臺灣協商機制、推動雙邊「部長」級經貿合作會議。2002 年 9 月設立「東南亞投資貿易訪問團」，並將層次從「次長級」提升為「部長級」，邀請工業總會等工商團體及大企業負責人，共同赴越南、馬來西亞、印尼、泰國等地

訪問。臺經濟部門要求上述訪問應該遵守三原則，即：徹底瞭解臺商面臨困難所在；臺商需要當局哪些幫助；加強蒐集東南亞地區的投資貿易資料，提供給臺商參考，以擴大對東南亞的經貿活動與服務。

　　第二，以東南亞五國為重點對象。臺灣當局將新加坡、越南、馬來西亞、印尼、菲律賓確定為此次「南向政策」的重點對象。據臺灣媒體報導，如「中鋼」、臺塑旗下的興業公司、豐泰企業、南紡等 10 家臺灣企業決定對越南增加 12.2 億美元的投資，這其中，最大的項目當屬「中鋼」決定投資建立的年產量為 100 萬噸的冷軋廠項目。[20]

　　第三，積極尋求與東盟各國簽署雙邊 FTA。如前所述，中國－東盟決定在 10 年建成自由貿易區，這使臺灣當局倍感壓力，深感臺灣經濟將面臨邊緣化的危險。為此，臺灣當局積極尋求與東南亞國家進行協商談判，推動臺灣與部分東盟各國自由貿易協定的簽署，試圖以此為突破口加入東亞區域經濟整合進程，避免臺灣經濟的進一步邊緣化和孤立化。臺灣當局宣布將巴拿馬、新加坡、美國、日本和新西蘭作為優先談判和簽署 FTA 的國家。[21] 其中，東盟各國是臺灣尋求洽簽 FTA 的重要對象，陳水扁當局希望以此融入區域經濟一體化進程，透過提升與東盟各國的實質關係，提高臺灣在區域經濟和安全中的地位和作用。

表六：陳水扁時期臺灣對東甫亞的經濟援助表

國家	援助時間與內容
菲律賓	2003年：與臺灣路竹會舉辦海外義診。2005年：與羅慧夫顱顏基金會、長庚醫院顱顏中心合作，為23名唇顎裂患者義診，並捐贈 Our Lady of Peace 醫院所需之復建設備。2006年：與菲律賓盲人科技建構學會(ATRIEV)合作，進行 APEC 數位機會中心計畫，超過5000人次完成訓練。短期志工1名，協助 APEC 數位機會中心計畫的電腦教學。
印尼	2002年：派遣技術團，協助執行《農業經濟經營計畫書》、《印尼 PE 山羊乳肉兩用發展計畫書》。2003年：派遣海外志工2名，從事中文教學工作。2004年：外交替代役男1名，從事畜產工作；派遣海外志工1名，從事華文教學工作。2005年：臺灣之愛——聯合援助南亞賑災募物資活動。2006年：與印尼資訊科技聯盟(FTI)合作，推動 APEC 數位機會中心計畫書。
越南	2005年：高級醫務人員5名來台訓練。2006年：合作推動 APEC 數位機會中心計畫，超過3500人次完成訓練。
泰國	2002年：派遣技術團，配合泰國皇家基金會，協助執行「泰北園藝及農產加工發展計畫書」。2003年：與臺北醫學大學社會工作服務隊合作，至清萊省華人難民村義診。派遣海外志工4名，從事中文、電腦、商科教學工作。2004年：海外志工7名，從事中文、電腦、商科教學工作。2005年：泰緬邊界難民營學前教育方案計畫。34所學校，3700名+學童，180名幼教老師，7名訓練員受惠。派遣志工7名，從事中文、電腦、商科教學工作。2006年：長期志工9名，從事中文、電腦、商科教學工作
緬甸	2002年：海外志工4名，從事僑教工作。2004年：與臺灣國際奧比斯(ORBIS)防盲救盲基金會合作，進行眼科醫療服務。

資料來源：臺灣「國際合作發展基金會」各年年報。

三、「新南向政策」的效果評估

鑑於大陸實力的日漸強大和地區影響力的提升，與1990年代相比，東盟各國對於「一個中國」政策的執行更加嚴格，僅願意在貿易、投資、觀光及勞工等事務上與臺灣發展關係，而在政治上採取低調與迴避的做法。這一時期，陳水扁當局與東盟各國簽署的比較重要的協議有：2002年5月29日，臺灣地區與菲律賓簽署了《避免雙重課稅及防杜逃稅協定》。2005年12月，臺灣地區與菲律賓簽署了《臺灣加工出口區與菲律賓蘇比克灣/克拉克經濟特區間之經濟走廊瞭解備忘錄》。臺灣地區與東盟各國就農漁業合作、勞工合作等方面召開多次會議，並簽署多項協議。2002年9月5日，在臺北舉行

臺越第一屆勞工會議。2003 年 10 月 19 -21 日，第四屆臺越農漁業合作會議在越南河內召開。2002 年 12 月，臺灣與泰國官方簽署「臺、泰勞工直接聘僱協定」。2003 年 7 月 24 日，臺泰農業合作會議在臺北召開。2004 年 12 月 17 日，與印尼簽署《勞工備忘錄》。

對於陳水扁當局鼓勵臺商投資東南亞的政策舉動，東盟各國主要是從經濟的角度來考慮和回應。只要有利於東盟各國的經濟發展和民生改善，東盟各國不但不會拒絕，反而會表示歡迎。儘管如此，陳水扁推行的「南向政策」前景並不樂觀，效果也不理想。這主要有以下幾方面原因。首先，進入新世紀以來，大陸和臺灣的經濟依賴程度進一步加深，特別是 2002 年，大陸成為臺灣的第一大出口市場，超過美國。2002 年上半年，臺灣對大陸的出口依存度達到 24.3%，高出美國 3.3 個百分點。而與之形成對比的是，臺商在東南亞的投資額度大幅減少。這實際上已經表明，臺商的選擇是在大陸，而非東南亞。臺灣當局推行「南向政策」是在逆向操作，非但不能支持臺灣企業的成長，反而會削弱臺灣企業的競爭力。

其次，2001 年中國成功加入世貿組織後，總體投資環境要比東南亞國家好。中國經濟依然保持著高增長勢頭，成為拉動地區經濟增長的重要引擎。而東盟各國的經濟雖有所起色，但仍面臨很多困難，制約著臺商在該地區的投資。比如東盟各國的不良債務比率較高，這就導致銀行不願意借貸給企業，從而嚴重限制企業的擴大再生產和調整產業結構，進行產業升級。21 世紀初期臺商赴大陸的投資，主要以高科技企業為主。而原先赴東南亞投資的臺灣的高科技企業，也開始將重心轉移到大陸。不僅僅是臺灣的企業，日本、韓國的企業也開始轉移陣地，瞄準中國大陸的商業機會，壯大自身實力。

最後，臺灣欲與東盟各國簽署 FTA 的圖謀短期內不可能實現。陳水扁重提「南向政策」的主要目標之一就是要推動與東盟各國簽署自由貿易協定。但眾所周知，東盟各國普遍奉行「一個中國」政策，也認知臺灣只是中國的一部分，並不具備簽署經濟合作協定的資格，因此並不願意冒著得罪中國大陸的風險去迎合臺灣洽簽 FTA。更何況，陳水扁的「臺獨」言論和行動威脅

到了亞太地區的和平與穩定,臺灣被包括東盟各國的國際社會視為「麻煩製造者」,東盟各國更不可能與臺灣發展「官方」的經貿關係。

總之,陳水扁的「新南向政策」,並沒有造成阻止臺商赴大陸的投資熱潮,也沒有推動臺商赴東南亞地區的投資,更沒有實現與東盟各國簽署自由貿易協定。這一政策是一項違背經濟規律的逆向行動,對臺灣經濟的發展只能造成副作用,臺灣經濟只能面臨向下沉淪和進一步邊緣化。

本章小結

2000年臺灣島內的首次政黨輪替,給臺灣的大陸政策帶來了很大的影響。儘管陳水扁在執政初期做出「四不一沒有」的承諾,提出「新中間路線」,聲稱兩岸可以由經濟、文化統合走向政治統合,但隨著權力的鞏固,陳水扁否認了「九二共識」,鼓吹「一邊一國論」,衝撞一個中國原則。在島內,推行「公投」、「憲改」、「正名」、「入聯」等激進「臺獨」路線,在經濟上則限制兩岸交流,在文化上推行「去中國化」,導致兩岸關係危機不斷。在對外關係上,大搞「烽火外交」,攻擊性特徵明顯,以攻為守,四處點火,其目的並非為了實現「外交」突破,而是為了民進黨的一黨私利。其效果是臺「外交」預算經費大量增加,但「邦交國」卻不斷減少;臺灣在國際上的形象也嚴重受損,被國際社會視為「麻煩製造者」;臺灣地區與美日關係也嚴重受挫。

陳水扁的「臺獨」政策還對臺灣與東盟各國的關係造成了一定的衝擊。東南亞國家對陳水扁當局的危險行為,都表達了不安和反對。基於「一個中國」政策,在中國大陸經濟實力不斷增強的背景下,東盟各國沒有太多的意願去積極回應臺灣當局的「外交攻勢」,在這一時期,雙方關係並無太多進展。臺灣與東盟的經貿關係也受到了陳水扁當局的「臺獨」意識形態的影響。臺灣經濟在亞太區域中的「邊緣化」趨勢越來越明顯。

註釋

[1] 即「只要中共無意對臺用武，本人保證在任期內，不會宣布『臺灣獨立』、不會更改『國號』、不會推動『兩國論』入『憲』，不會推動改變現狀的統獨公投，也沒有廢除『國統綱領』與『國統會』的問題」。

[2] 臺灣「陸委會」網站，2000 年 12 月 31 日。

[3]《「總統」說將以積極開放有效管理規劃新經貿版圖》，（臺灣）中央社，2001 年 2 月 16 日。

[4] 同樣地，2001 年 5 月，陳水扁在出訪其「邦交國」多米尼加時，再度以這種「不會做什麼」的方式來陳述其大陸政策可能採取的走向。第一，軍售、過境美國不是對中共的挑釁；第二，「中華民國」政府不會錯估、誤判兩岸情勢；第三，臺灣不是任何一個國家的棋子；第四，政府從沒有放棄改善兩岸關係的誠意與努力；第五，兩岸關係不是零和遊戲。陳水扁提出的「不挑釁、不錯估情勢、不是棋子、不放棄誠意和努力、不是零和遊戲」的「新五不政策」，並不表示他「想做什麼」的正面思維，反映了陳水扁在推動大陸政策上，並沒有穩定及長期的正面做法。陳水扁常視兩岸形勢的短暫波折，或島內政局的一時需要，隨意加以變化或調整，讓人有無法捉摸，甚至失去信用之感。

[5] 林岡：《臺灣政治轉型與兩岸關係的演變》，北京：九州出版社，2010 年版，第 200 頁。

[6] 周志懷主編：《新時期對臺政策與兩岸關係和平發展》，北京：華藝出版社，2009 年版，第 200-201 頁。

[7]（臺灣）《聯合報》，2002 年 8 月 5 日。

[8] 2006 年《陳「總統」元旦祝詞》，臺灣「行政院大陸委員會」網站，2006 年 1 月 1 日。

[9]《新加坡反對臺灣「入聯公投」》

[10]《大馬反對臺灣當局「入聯公投」》

[11]《社評：「攻擊性外交」邱義仁高興得太早》

[12]《「外交」休兵開創「活路外交」》

[13]（臺灣）中央社，2003 年 3 月 26 日。

[14] 葉鵬飛：《臺當局手段與目標錯置的「外交」——看陳水扁取消印尼之行》，http://unn.people.com.cn/GB/channel2567/2573/2575/200212/20/235252.html

[15]《臺灣印尼走出三年前互批陰霾》，載（臺灣）《自由時報》，2005 年 10 月 3 日。

[16]（臺灣）中央社，2004 年 3 月 4 日。

[17] 臺灣《中國時報》,2002 年 7 月 30 日。

[18] 轉引自馮邦彥等:《臺灣當局「南向政策」透視》,載《暨南大學學報(哲學社會科學版)》,2003 年第 6 期,第 2 頁。

[19] (新加坡)《聯合早報》,2002 年 8 月 17 日。

[20] (新加坡)《聯合早報》,2002 年 10 月 21 日。

[21] (新加坡)《聯合早報》,2002 年 8 月 31 日。

第四章 馬英九上臺以來臺灣地區與東盟各國的關係

　　2008年初，以中興之姿在臺灣地區領導人選舉中獲勝的馬英九，帶領國民黨重新回到執政舞臺，結束了紛擾不斷的陳水扁政權。臺灣經歷了亨廷頓所說的「二次政黨輪替」，從「民主轉型」階段邁入了「民主鞏固」階段。[1] 馬英九以58%的選票在選舉中勝出，不僅表明了臺灣民眾對改善政府管理的渴望，也顯示了很多選民厭倦了陳水扁8年執政期間兩岸關係一直處於敵對的狀況。[2] 馬英九的上臺，為兩岸關係由政冷經熱、軍事對抗不斷升溫向和平穩定發展方向轉變創造了有利條件，也給臺灣發展與東盟各國的關係提供了新的思維。

第一節 馬英九時期的大陸政策

　　馬英九上臺後，摒棄了李登輝、陳水扁時期的對抗大陸的兩岸政策，積極主張改善和發展兩岸關係。這與臺灣的主流民意相一致。國民黨憑藉超過50%的得票率，控制了「立法院」四分之三以上的席位，在臺灣地區領導人選舉中又獲得決定性的勝利，反映了臺灣人民對民進黨謀求「臺獨」、對抗大陸路線的唾棄。馬英九的大陸政策具體表現為：

　　首先，遵守現有的「一中憲法」，承認「九二共識」，維持「不統、不獨、不武」的現狀。「九二共識」是兩岸關係正常發展的政治基礎。只有承認「九二共識」，兩岸關係的和平發展才有保障。馬英九在就職演說中表示，他執政後將遵循臺灣主流民意的「不統、不獨、不武」理念和「中華民國憲法」架構，維持臺海現狀，並在此基礎上，發展互利互惠的兩岸關係。馬英九還承認和肯定「九二共識」，並表示將在此基礎上推動兩岸協商的重啟。[3] 馬英九宣稱，「九二共識」就是1992年海峽兩岸就「一個中國、各自表述」（「一中各表」）所達成的共識。換言之，兩岸雙方都接受「一個中國」的原則，但對「一個中國」的含義，可以各自口頭表述。「對北京而言，『一中』是指中華人民共和國；對我們而言，『一中』則是指中華民國。雙方立場、認

知都不同，但雙方都不否定對方的存在，也不否定各自表述的方式；這就是 1992 年的共識。」他強調。「如果對方說不行，只有一個中國，沒有各自表述，對不起，那我們不談了，因為沒法談。」[4]

其次，公開否定李登輝的「兩國論」和陳水扁的「一邊一國」論，強調依據「中華民國憲法」，「中華民國」當然是「主權獨立」的「國家」，「主權」及於整個中國，治權僅限於臺澎金馬。李登輝的「兩國論」和陳水扁的「一邊一國論」，完全否定了「兩岸同屬一中」的法理與事實，給兩岸關係造成了重大危機。為此，馬英九承認中華民族，認為兩岸爭議並非在於主權爭議。在就職演說中，馬英九較少使用「本土化」、「福摩薩」等具有刺激性的字眼，而使用「成員」、「樂土」等較為中性的詞彙，稱對岸為「中國大陸」，而非「中國」。這與陳水扁時期製造兩岸對立的做法完全不同。2008 年 8 月，馬英九在回答媒體提問時指出，兩岸的關係應該不是「兩個中國」，而是處於一種「特別的關係」。這是由雙方的「憲法」所決定的。[5]

第三，主張海峽兩岸「和解休兵」，使臺灣在「務實」和「尊嚴」原則下，與大陸協商臺灣的「國際空間」問題。李登輝的「務實外交」、陳水扁的「烽火外交」並沒有達到擴大臺灣「國際空間」的「外交」目標。馬英九認識到要妥善解決臺灣「國際空間」問題，不能脫離兩岸關係，因此主張首先實現兩岸的「和解休兵」。即兩岸應該停止在「邦交國」問題的惡性競爭，不挖對方的「邦交國」，同時能夠堅持人道原則處理對方人民的相關事務，創造兩岸雙贏的局面。與李登輝、陳水扁撇開大陸去解決臺灣「國際空間」問題不同的是，馬英九主張兩岸平等協商解決。

第四，實行立足於民生的積極、務實和開放的兩岸經貿發展政策，推動兩岸經貿、文化、人員往來。由於民進黨當局實行對抗大陸的政策，臺灣經濟始終未能獲得與大陸經濟合作共榮的機會，也未能融入到東亞區域經濟整合，面臨邊緣化和孤立化的困境。早在競選期間，馬英九就指出，臺灣經濟要發展，不能將大陸排除在外。他批評民進黨把大陸排除在外，根本是鴕鳥心態。他若當選一定盡速推動兩岸海空直航，加速開放大陸觀光客赴臺，鬆綁對大陸投資 40% 限制。[6] 2008 年 7 月，馬英九上臺後不久即啟動兩岸直

航,迅速推動兩岸「三通」,放寬大陸赴臺觀光旅遊,簽署兩岸經濟合作協定等,[7]臺灣經濟由此獲得了新的發展動力。

馬英九當局的和解政策,得到了大陸方面的積極回應,兩岸關係出現了重大而又積極的進展,呈現出「大發展、大合作、大繁榮」的生動景象。[8] 具體表現為:

一是兩會協商機制重啟。海協會和海基會在 2008 年 6 月重啟了協商談判,並取得了豐碩成果,簽署了《兩岸包機會談紀要》和《關於大陸居民赴臺旅遊協議》。11 月,在臺灣進行第二次協商,最終達成了《空運協議》、《海運協議》、《郵政協議》和《食品安全協議》等四項協議,兩岸「三通」由此基本實現,推動了兩岸經濟關係的正常化。迄今兩會共進行了七次會談,簽署了 16 項協議(見表七)。這些協議促進了兩岸各領域的交流合作邁向機制化、規範化的軌道,增進了兩岸同胞的福祉,為兩岸同胞帶來了實實在在的利益。

二是兩岸高層互動頻繁。馬英九上臺當月,中國國民黨主席吳伯雄訪問大陸,與胡錦濤總書記舉行會談,雙方表達了推動落實「兩岸和平發展共同願景」的意願表七:歷次兩會協商的基本情況和重要成果

表七：歷次兩會協商的基本情況和重要成果

	時間	地點	主要成果
第一次會談	2008.6.11－6.13	北京	簽署《海峽兩岸包機會談紀要》、《海峽兩岸關於大陸居民赴臺灣旅遊協議》。
第二次會談	2008.11.3－11.7	臺北	簽署《海峽兩岸食品安全協議》、《海峽兩岸郵政協議》、《海峽兩岸空運協議》和《海峽兩岸海運協議》。
第三次會談	2009.4.25－4.27	南京	簽署《海峽兩岸金融合作協議》、《海峽兩岸共同打擊犯罪及司法互助協議》和《海峽兩岸空運補充協議》,並就大陸資本赴台投資事宜達成共識。
第四次會談	2009.12.21－12.23	台中	簽署《兩岸標準檢測及認驗證合作協議》、《兩岸漁船船員勞務合作協定》和《兩岸農產品檢驗檢疫協議》,並就兩岸共同防禦自然災害達成共識。
第五次會談	2010.6.28－6.30	重慶	簽署《海峽兩岸經濟合作框架協議》與《海峽兩岸知識產權保護合作協議》。
第六次會談	2010.12.20－12.22	臺北	簽署《海峽兩岸醫藥衛生合作協議》。
第七次會談	2011.10.19－10.21	天津	簽署《兩岸核電安全合作協議》。

和決心,共同維護和推進兩岸關係和平發展新局面。2009年4月,馬英九提出「同舟共濟,相互扶持,深化合作,開創未來」的兩岸基本理念。國務院總理溫家寶會見錢復一行時指出,「兩岸同胞要牢牢把握兩岸關係和平發展的主題,面向未來,捐棄前嫌,密切合作,攜手並進」。[9] 同年5月,首屆海峽論壇大會在廈門舉行,全國政協主席賈慶林出席論壇活動並會見朱立倫、胡志強等人。5月25日-31日,中國國民黨主席吳伯雄再次率團訪問大陸,與胡錦濤總書記舉行第二次「胡吳會」。胡總書記針對「在新的起點上進一步推動兩岸關係向前發展」發表了六點重要意見。7月26日,馬英九當選中國國民黨主席,胡錦濤總書記致賀電並獲馬英九回覆,這是兩岸高層60年來首次直接互動。10月17日,中國國民黨舉行第十八次黨代會,胡錦濤總書記和中共中央先後發出賀電,國民黨中央、馬英九、榮譽主席連戰和吳伯雄立即覆電致謝。11月14日,胡錦濤總書記在新加坡會見中國國民黨榮譽主席連戰。胡錦濤希望國共兩黨和兩岸雙方加強對話,增進互信,多做實事,積極推動兩岸關係和平發展。與此同時,兩岸地方政府交流也蓬勃發展。

在兩岸高層和兩會協商的積極推動下，2008年以來，兩岸在經濟合作、文教交流、各界交往等方面取得了一系列重要進展。交流內容遍及政治、經貿、教育、出版、宗教、民俗、新聞傳播、民間藝術、地方特色、文藝演出等各領域。比較值得關注的有：在福建舉行的兩岸民間性質的海峽論壇、在湖南召開的兩岸經貿文化論壇、兩岸故宮博物院合作舉辦的「雍正文物特展」、在浙江舉行的兩岸農漁水利合作交流會、在臺灣舉行的「兩岸一甲子」研討會等。兩岸關係和平發展的良好局面得到了進一步鞏固與推進。[10]

第二節 馬英九的「活路外交」

馬英九提出的「活路外交」，是對陳水扁當局失敗「外交」策略的反思與修正。陳水扁8年任期內，推行「烽火外交」、「臺獨外交」，不斷衝撞一個中國原則，非但未能成功拓展臺灣的「國際空間」，反而強化了國際社會堅持「一個中國」政策的格局，同時也造成了臺灣島內經濟凋敝，居民幸福指數下降。馬英九提出「活路外交」的基本理念就是要為臺灣的「外交」尋找一條出路，希望兩岸無論是在兩岸關係還是國際場合中，都能夠和解休兵、尊重彼此、協助對方。[11]

實際上，這一想法早在幾年前馬英九就公開提出過。2006年3月23日，馬英九提出兩岸應該建立一種「國際參與的暫行架構」一詞，在此「暫行架構」下，讓兩岸找到在國際上「共存」、「共處」的辦法。[12]這種「暫行架構」，在拉丁文的含義即是「活路模式」。次年6月，馬英九將「活路外交」模式具體化為「四E」，即「Engagement（交往）、Economy（經濟）、Elasticity（彈性）、Equality（平等）」，聲稱國民黨若能執政，將和大陸談判，尋求兩岸能夠避免對立和衝撞，不虛耗資源和傷害彼此感情。[13] 2008年，馬英九在競選臺灣地區領導人選舉中進一步提出，「活路外交」有四個原則：一是維護「主權」：努力提升與「無邦交國」關係，設法建立正式「外交」關係，並在國際場合捍衛「中華民國」「國旗」、「國號」與「國歌」等代表「主權」的標幟。二是經濟實力：全球化時代，外交與經濟密不可分，經濟活動可以幫助拓展「外交」，「外交」可以維護經濟利益。必須善用經

濟實力,拓展「外交」。三是彈性務實:參加國際組織,只要符合臺灣的利益,名稱可以保持彈性。換言之,以「中華民國」名義或「臺灣」名義或其他有利於加入的名稱,都不排除。四是平等尊嚴。不管用什麼名稱參與國際活動,都要遵循平等互惠原則,堅持臺灣尊嚴。馬英九希望透過這一模式,兩岸將來不管在雙邊關係或國際組織的參與,都不必衝撞,互相消耗資源,反而可以各盡其能,齊頭並進,共同貢獻國際社會。這是一種「三贏」的做法,不僅兩岸得利,國際社會也均樂見。[14]馬英九對外關係思維和政策的彈性、靈活和務實性,為處理兩岸在國際上的互動留下了可以討論的空間。2008年9月4日,馬英九視察「外交部」時進一步闡述「活路外交」的理念與策略,他表示:「『活路外交』、『外交休兵』成功的基本要素是兩岸具有一定共識,願意發展雙方關係。如果我們能擱置爭議、建立互信並且求同存異的話,這是一個雙贏局面。」「關鍵是兩岸關係是不是有互信與共識,如果在雙邊關係上發生意外,當然會影響到兩岸關係的繼續發展……如果臺灣在國際社會上進一步孤立,兩岸關係就不能夠獲得發展。這兩者之間已經變成相互依存的關係。」[15]

可以看出,與李登輝、陳水扁不同的地方在於,馬英九將兩岸關係的位階置於對外關係的位階之上,即「活路外交」的開展以兩岸「外交休兵」為前提。臺灣要拓展「國際空間」,就必須先改善兩岸關係,而要改善兩岸關係,就必須接受兩岸在1990年代達成的「九二共識」。基於上述邏輯,馬英九上臺後,認同中華民族、承認「九二共識」,與大陸的對臺政策相銜接,兩岸關係出現了和平發展的積極態勢。在臺灣對外關係上,馬英九也表現出了「務實」、「靈活」的原則,主要表現在:

第一,在「邦交國」問題上,以鞏固「邦交」為重點。馬英九呼籲海峽兩岸停止在「邦交國」問題上的惡性競爭,希望兩岸以「九二共識」為基礎實現「外交休兵」。為此,馬英九當局摒棄「金援外交」,提出臺灣的對外援助應該做到目的要正當、過程要合法、執行要有效。在出訪「邦交國」時,馬英九表現較為低調,以避免刺激大陸,影響兩岸關係和平發展。

第二，在非「邦交國」問題上，將重建美臺互信作為重點。在陳水扁8年任內，陳水扁的瘋狂舉動如「入聯公投」、「公投制憲」等，損害了美國的亞太利益，進而削弱了臺美之間的互信。為此，馬英九上臺後，多次向美國強調，不會單方面挑戰臺海現狀，並尋求改善兩岸關係，而兩岸關係的改善不會影響美國與臺灣的關係。在過境美國方面，馬英九強調「單純過境」，「過境就是過境，沒有其他隱藏的意圖」，並未要求過境美國東岸城市及高規格接待，向美國表達了其重建「臺美互信」的決心和能力。

第三，以「彈性」、「務實」的態度爭取加入一些國際組織，參與國際活動。馬英九認為，兩岸在國際場合應該協助彼此，加強合作。對於參與國際活動問題，只要有利於臺灣的利益，符合臺灣的尊嚴，都可變通名義參與進去。在聯合國問題上，馬英九當局不再強調「一步到位」「重返」或「參與」聯合國，而以「有意義參與聯合國專門機構」為主軸，如世界銀行、國際貨幣基金組織等。在大陸的協助下，2008-2011年，國民黨榮譽主席連戰連續四次出席了APEC年度經濟領袖會議，為臺灣歷年來與會層級最高的代表。2009年至今，臺灣連續3年以觀察員身分出席歷年世界衛生大會WHA，這是臺灣38年來首度參與聯合國體系下的正式活動。[16] 2009年7月，臺灣成為世界貿易組織「政府採購協議」（GPA）成員，臺商已獲得近8.3億美元政府採購商機。2010年11月，臺灣成為「國際政府資訊科技理事會」（ICA）會員，並在次年10月在臺辦理ICA第45屆年會等。截止到2011年10月，臺灣享有免簽證或落地簽證的國家（地區）總數達到124個，比2008年5月增加了70個國家（地區）。這表明馬英九當局以兩岸和解為前提的「活路外交」受到了國際社會的肯定。

總而言之，馬英九的「活路外交」就是要臺灣停止與大陸在國際社會從事惡性競爭，避免資源虛耗，同時秉持「尊嚴、自主、務實、靈活」的精神，在國際上扮演「和平締造者」的角色，藉此達成拓展「國際空間」，為臺灣經濟拓展新出路的目的。

第三節 臺灣地區與東盟各國的政經關係發展

馬英九上臺至今,並未像李登輝、陳水扁那樣提出「南向政策」,也沒有系統闡述過其東南亞政策,但這並不意味著馬英九當局不重視東南亞地區。實際上,東南亞地區是馬英九當局開展「活路外交」的重點區域之一。馬英九當局認為,臺灣在東南亞地區擁有相當經濟優勢,如何與東南亞各國簽署自由貿易協定,並與東盟建立經貿對話關係,進而參與東盟相關機制及東亞區域經濟整合,以維繫並加強臺灣在該區域內的經濟優勢與競爭力,是臺灣未來發展與東南亞國家關係的重要課題。[17]

2008年11月,臺灣「外交部」舉行了「東南亞區域工作會報」暨第一次「東南亞關係協調會議」,駐東南亞地區8位負責人及「行政院」15個相關「部會」代表出席。會議就臺灣如何參與東盟多邊機制交換意見,同時就強化臺灣與東盟各國雙邊關係進行討論,議題涵蓋政治、經貿、農業、醫療、文化等層面,最終達成四點結論。第一,2009年《東盟憲章》正式生效後,東盟將成為一更緊密之政治安全、經濟及社會文化共同體。基於東盟對臺灣戰略、政治、經濟等各方面的重要性,東盟是臺灣開展「外交」的重要對象。第二,兩岸關係的緩解為臺灣與東盟各國的合作提供更大的空間。臺灣將利用此有利情勢,集成資源,繼續拓展及深化對東南亞國家的關係,並推動參與東盟機制,以利臺灣的永續生存與發展。第三,透過本次會議,臺灣就集成對東盟工作網絡已有了良好的開端,未來臺灣除持續在經貿、農業、科技、文教等議題加強雙邊合作外,並將以更積極的作為推動對東南亞國家的雙邊關係; 在建構與東盟多邊機制合作關係方面,將在互利互惠原則下針對東南亞區域事務提出具體倡議,為該區域的和平及發展做出貢獻。第四,決定成立一智庫,配合政策需要研究東盟重要議題,並幫助政府推動對東盟的工作。根據此次會議精神,臺灣「外交部」在2009年專門成立「東盟小組」。該工作小組的長期工作目標是:除推動未來成為東盟對話夥伴外,希望利用臺灣經貿實力轉化為「外交」利基,促進臺灣與東盟在經貿、教育文化、衛生醫療及農業等多面向合作交往,逐步擴大與東盟成員國的實質關係,進而參

與東盟經濟整合,協助臺商,開拓東南亞投資市場,與東南亞國家創造雙贏局面。

馬英九當局發展與東盟各國關係的主要措施和方式有:

第一,利用經濟實力,開展「經濟外交」。臺灣在東南亞地區依然具有經濟優勢,其技術和資本依然是東南亞國家所渴望和需求的短缺資源。因此,「經貿外交」依然是臺灣在東南亞開展「外交」的重要方式。2008 年 10 月 28 日,第 3 屆臺印勞工會議在臺北舉行。12 月 15 日至 16 日,臺印(尼)二軌對話分別在印尼雅加達和萬隆舉行。2009 年 2 月,第 16 屆臺灣地區與菲律賓「部長」級經濟合作會議在臺北舉行,雙方共簽署了《標準化及符合性評估領域合作瞭解備忘錄》、《中小企業食品發展領域技術合作瞭解備忘錄》、《工業技術合作備忘錄》、《雙邊跨境數據交換備忘錄》四項合作備忘錄。5 月,臺灣「對外貿易發展協會」在新加坡籌設據點「臺灣貿易中心」(Taiwan Trade Center),並於同年 9 月 1 日正式對外營運。6 月 16 日,第 16 屆「臺灣-印度尼西亞經濟合作會議」在印尼雅加達舉行。6 月 26 日,臺灣地區與越南簽訂「駐越南臺北經濟文化辦事處與駐臺北越南經濟文化辦事處暫準通關證協定」暨該協定議定書。[18] 7 月 27 日,臺灣地區與菲律賓簽署《臺菲海關人員訓練與交流計劃瞭解備忘錄》。8 月 4 日-6 日,「第 20 屆臺泰經濟合作會議」在曼谷舉行,雙方就加強經貿投資交換意見,同意未來在關務、養鹿產業、高科技研發及商品化、數字內容產業、生技產業、APEC 及 WTO 多哈回合談判等方面進行交流合作。9 月 8 日,臺灣地區與馬來西亞在臺北召開「副部長」級經貿諮商會議。2010 年 4 月,第 7 屆臺灣地區與馬來西亞「部長級」經貿諮商會議在中斷 6 年後,於馬來西亞吉隆坡復開;同年 6 月及 9 月,臺灣「經濟部部長」施顏祥及「勞工委員會」主任王如玄分別訪問印度尼西亞。同年 10 月,「臺新部長級經技合作會議」及「臺泰工業部長會議」分別在臺北召開。10 月 19 日,臺灣地區與新加坡簽署「駐新加坡臺北代表處與新加坡駐臺北商務辦事處有關消費商品安全資訊協議」。2011 年 2 月 21 日,臺灣地區與新加坡簽署「在臺北之民航局與在新加坡之民航局間航空運輸協定」。

第二，積極謀求參與東亞區域合作。如何改變臺灣經濟邊緣化和重振長期處於低迷狀態的臺灣經濟是馬英九當局面臨的一個十分緊迫的問題。而擺脫臺灣經濟邊緣化的困境，是確保臺灣經濟成長的重要步驟之一。馬英九上臺後除了改善兩岸關係、活絡兩岸經貿關係外，還積極尋求參與亞太經濟合作。馬英九強調：臺灣要加強與主要貿易夥伴的關係，對亞太區域合作持積極參與態度，全面融入東亞區域經濟整合，為東亞的和平與繁榮做出自己的貢獻。[19] 對此，馬英九當局主要採取「10+3+1」和雙邊「自由貿易區」兩種方式推動臺灣參與東亞區域合作。馬英九在競選「總統」時指出：「身為亞太地區的成員，我們願意積極參與地區經濟整合。我們肯定並重視東盟迄今的成就，希望將來能分別簽訂自由貿易協議，最後達成『東盟10+3+1』的目標。」對於馬英九提出的「10+4」的設想，臺灣媒體給予了積極評價，認為加入東亞區域合作是防止臺灣被邊緣化的重要措施。一位臺灣學者指出，以模型試算，若能實現「10+4」，對臺灣實質經濟增長率 GDP 的正面效果最大，可提高 0.58 個百分點。[20] 在簽署《海峽兩岸經濟合作框架協議（ECFA）》（見附錄）之後，臺灣當局強力推動與東盟各國洽簽經濟合作協議。2010 年 8 月 5 日 -12 月 16 日，臺灣地區與新加坡代表處進行了「臺新經濟合作協議」的可行性研究，並將協議名稱定為「臺新經濟夥伴協議」（ASTEP）。新加坡成為 ECFA 簽署後的第一個與臺灣展開洽簽經濟合作協議的國家。2011 年 3 月，臺灣地區與菲律賓就共同進行臺菲「經濟夥伴協議」之可行性研究及洽簽「臺菲刑事司法互助協議」達成共識，並將盡速推動相關安排。

第三，努力開展民間交往。彈性、務實是馬英九的「外交」特色。馬英九認為，臺灣的對外活動應該不拘泥於形式，只要能夠拓展「國際生存空間」，就應該放手去做，「重面子更重裡子」。臺灣當局非常重視民間活動在發展臺灣「外交」中的作用。臺灣「外交部」將民間「外交」活動概括為「三民外交」，即「民主、民間和民意」，又叫「全民外交」。具體而言，就是「結合臺灣民間充沛的活力與資源，揮灑出我『外交』的光明願景。在『民主』方面，將我民主理念和成就充分傳達給國際社會；『民間』的概念，在於強調『外交部』和民間團體全面建立誠摯的夥伴關係，共同合作拓展對

外關係的多元空間；『民意』部分，則為『外交』政策的制定和執行必須不斷體察民意，儘量與民意相結合。『三民』觀念具體做法包括：開設『全民外交研習班』、成立『非政府組織國際事務委員會』、籌設『外交學院』、辦理『外交替代役』、招募『外交志工』等。為結合民間力量拓展中國際參與空間，以提升臺灣國際能見度，『外交部』與國內 NGO 工作，積極推動 NGO 之國際參與、國際合作及人才培訓等工作。」[21] 鑑於臺灣與東南亞國家政府間的交往受到制約，開展民間交往，尤其是充分發揮非政府組織的作用就顯得特別重要，是臺灣對東南亞社會發展的新「外交」場域。在東南亞各國活動的臺灣非政府組織主要有社會服務、文教、宗教三大類，如佛教慈濟慈善事業基金會、臺北海外和平服務團、知風草文教服務協會。臺灣學者宋鎮照教授認為：「這些臺灣非政府組織，在東南亞當地進行的服務與援助，具有將援助觸角深延到東南亞社會，並能長期地為當地服務，這應該視為最前線的非政府組織的外交尖兵，政府當局更應該重視或推動這些實際參與援外的人道組織，也算是臺灣回饋東南亞社會或國際社會的具體做法，更是善盡國際責任和人道主義任務。」[22]

此外，馬英九還極力強調要透過軟實力來擴大臺灣在國際社會的影響和能見度，大力加強臺灣在東南亞的軟實力。馬英九認為，臺灣地理位置優越、文化資產豐富珍貴、人文素養深厚、民主制度日漸成熟、企業創新力強，社會和諧並且多元，民間組織和愛鄉僑民遍布全球等，都是臺灣的軟實力優勢。[23] 馬英九在許多場合都表示，臺灣是中華文化的正統繼承者，應善於利用這個優勢，向全世界展示中華文化的魅力，廣泛爭取國際社會加強與臺灣的文化交流與合作。

東盟各國對於馬英九當局在兩岸關係和對外關係上採取「和解」、「務實」、「靈活」的政策表示歡迎，並對其第一任期內兩岸關係的發展表示肯定。新加坡資政李光耀指出，「亞太區域對於兩岸關係和平發展均表示歡迎」，並對過去三年臺海兩岸擱置爭議，加強經貿合作、強化雙方關係的和平發展表示讚賞。新加坡主流媒體評論稱，「在馬英九的帶領下，將原先不穩定的兩岸關係轉換成臺灣連結亞太布局全球的動力，獲得國際高度評價」。[24] 在

這樣的認知下，臺灣與東盟各國在一些非政治領域的合作取得了較大的進展，人員往來日益頻繁，特別是在洽簽雙邊自由貿易協定方面取得了一定成果。

本章小結

2008 年馬英九的上臺，反映了臺灣民眾要和平、要穩定、要發展的主流心聲，對臺灣政局和兩岸關係都產生了重要影響。馬英九在「九二共識」的基礎上，維持臺海現狀，並促進兩岸關係的改善，推動兩岸經貿、人員往來的正常化、制度化。馬英九的大陸政策與大陸的對臺政策實現了較好的銜接，進而開創了兩岸關係和平發展的良好局面。兩岸高層互動頻繁，政治互信不斷建立。兩會磋商重啟，成果豐碩，造福兩岸。2012 年馬英九的成功連任，表明了臺灣民眾對其兩岸和解政策的肯定。

面對臺灣日益萎縮的「國際空間」，馬英九當局提出了以改善兩岸關係為前提的「活路外交」。其基本目標是與大陸實現和解休兵，維持臺灣「邦交國」的現狀；重建臺灣與「非邦交國」特別是美國、日本之間的互信，爭取它們的支持；與大陸協商，擴大臺灣參與國際組織、國際活動的範圍。

在兩岸和解和「活路外交」的背景下，馬英九當局利用臺灣的經濟實力，積極開展「經濟外交」，努力開展民間交往、積極參與東亞區域經濟合作，謀求與東盟各國簽署經濟合作協議，充分發揮「軟實力」的作用，推動臺灣地區與東盟各國關係的進一步發展。

註釋

[1] 美國著名學者亨廷頓提出了「兩次政黨輪替測定說」（twp-turn-overtest）。他認為從「民主轉型」（democratic transition）到「民主鞏固」（democratic consolidation），必須以「政權經過兩次民主且和平的轉移」為基本條件。

[2] 《馬英九演說力求保持平衡》，載《亞洲華爾街日報》，2008 年 5 月 21 日。

[3] 《2008 年 5 月 20 日馬英九就職演說全文》。

[4] 顯然，馬英九對「九二共識」的認知與大陸對此的認知是有差距的。大陸方面認為，九二共識是指：1992 年 12 月 13 日，海協會和海基會在香港舉行事務性商談後，雙方對一個中國的原則達成共識，兩岸均堅持一個中國原則，但對於內涵存在分歧，

則擱置下來，求同存異。可見，「一個中國」是共識，各表的是分歧。「一中各表」不能真實表達「九二共識」。參見馬慶玲等：《簡析馬英九的大陸政策》，《哈爾濱市委黨校學報》，2009 年第 5 期，第 86-87 頁。

[5]《略論法學博士在「兩岸關係」上的困惑》

[6]《馬英九：臺灣發展經濟不能離開大陸》

[7] 王俊峰：《ECFA 與兩岸關係和平發展》，載《臺灣研究集刊》，2011 年第 2 期，第 18 -24 頁。黃錦鐘：《從區域戰略觀點評析 ECFA 的「溢出效應」》，載（臺灣）《展望與探索》，2010 年第 8 期，第 50-73 頁。

[8] 郭建平：《2008 年以來臺海局勢新變化與兩岸關係新發展》，載《新遠見》，2011 年第 10 期，第 52-57 頁。

[9]《溫家寶會見錢復望兩岸攜手並進》

[10] 唐樺：《兩岸關係中的交往理性》，北京：九州出版社，2011 年版，第 50-81 頁。

[11]《2008 年 5 月 20 日馬英九就職演說全文》

[12] 全國臺灣研究會編：《臺灣藍綠政要言論編輯錄：2002.6-2006.6》，2006 年版，第 16 頁。

[13]《馬英九主張與大陸談「活路」：不衝撞大陸》

[14] 馬英九 2008「總統大選」競選網站

[15] 張五嶽：《馬「總統」訪視「外交部」並闡述「活路外交」的理念與策略》，載（臺北）《港澳情勢週報》，2008 年 9 月 6 日 -12 日，第 81-82 頁。

[16] 尹茂祥：《臺灣參與 WHA 備受各界關注》，載《臺灣週刊》，2009 年第 21 期。

[17]《「中華民國」年鑑 2009 年》，2010 年網路版，臺灣「行政院新聞局」網站。

[18]《「外交部」2009 年度施政績效報告》，臺灣「外交部」網站。

[19]《2008 年 5 月 20 日馬英九就職演說全文》

[20]《實現東協加四我 GDP 增 0.58%》

[21] 2010 年《「外交部」99 施政目標與重點》

[22] 宋鎮照著：《建構臺灣與東南亞新世紀關係》，臺北：臺灣海峽學術出版社，2006 年版，第 260 頁。

[23]《2008 年 5 月 20 日馬英九就職演說全文》

[24]《臺繼續涉外務實政策國際社會支持兩岸和平發展》

第五章 東盟各國的兩岸政策

　　面對臺灣當局頻頻展開的「政經攻勢」，東盟各國基於自身利益的發展，予以了一定的回應，雙方的政經關係都有一定的發展。總的來說，東盟各國是基於一個中國政策去發展與臺灣的關係的，其對臺政策服從於其大國平衡戰略，反映出其兩岸政策的基本特點以及對臺海問題的基本認識。

第一節 東盟的大國平衡戰略

　　大國平衡戰略是在後冷戰時期，東盟各國為維護東南亞地區的和平、穩定與繁榮而採取的基本策略。其含義主要有：一是不排斥各大國在東南亞的存在和影響；二是利用各大國之間的矛盾，從中與各大國發展關係；三是不與任何大國結盟，並努力防止某一大國在該地區的勢力過於強大，維護各大國的勢力均衡。[1] 歷史與現實表明，大國平衡戰略對於維護東南亞地區的和平穩定，確保東盟各國安全以及發展國家利益具有重要意義。

一、大國平衡戰略的背景

　　大國平衡戰略是東盟及其成員國探尋維護本地區安全、發展各國利益的努力的結果。東盟各國都是小國、弱國，一直無法自己主宰本地區的事務，東南亞地區成為區域外大國爭奪利益的「角力場」。如何處理與各大國的關係，維護自身利益成為東盟各國對外政策的重要目標。對此，東盟內部存在著三種典型的觀點。一是主張實行不結盟政策。這一觀點由印尼的蘇哈托提出，認為不結盟政策可以把大國勢力和影響限定在東南亞地區之外。但實際上也是為了實現和鞏固印尼在東南亞地區的領導權。二是主張中立化。這一觀點由馬來西亞提出，認為東盟各國應該奉行中立政策，互不干涉，也不捲入大國之間的競爭，將大國勢力排除在外。同時各大國應該對東南亞地區的中立做出保證。三是新加坡提出的大國平衡。其觀點是東南亞地區戰略地位重要，大國在此地區擁有重要利益。東盟各國沒有能力將大國勢力排斥在該地區之外。比較現實的做法是，歡迎各大國在該地區的存在和影響，東盟各國則利用它們之間的矛盾，全面發展與它們的關係，尋求勢力均衡，從而維

護該地區的和平與穩定，並實現東盟各國利益的最大化。在這三種觀點中，新加坡的大國平衡主張更接近東南亞地區的現實。東南亞地區地緣戰略位置重要，自然資源豐富，吸引著各大國在此地區展開激烈爭奪。東南亞各國都是小國，沒有一個國家有能力將大國勢力從該地區排除出去。因此印尼的不結盟政策是行不通的。同樣地，馬來西亞提出的各大國不介入本地區事務，並保證本地區中立的要求也過於理想化，實際上沒有一個大國有意願來保證本地區的中立。新加坡的大國平衡主張，正視了單純依靠東南亞國家的力量根本無法保證本地區安全，也根本無法將大國勢力排除出去的現實，主張透過利用大國間的競爭，平衡各大國在此地區的影響力，來保證東南亞地區的和平與安全。

東盟各國推行的大國平衡戰略，實際上是對冷戰後複雜的亞太新形勢的一種應對選擇。與大國相比，作為中小國家的東盟各國對國家和地區的安全十分敏感。東盟各國認為，冷戰的結束並不意味著大國在該地區競爭的減弱甚或終止。區域外大國仍將在此爭奪權力，東南亞地區的安全仍面臨著諸多不穩定和不確定的因素。儘管冷戰結束初期，美蘇（俄）力量逐漸從東南亞地區撤離，但美蘇（俄）並無意願也不可能完全放棄在該地區的利益。而且，東南亞特殊的地緣戰略地位和豐富的自然資源仍將「誘使」其他大國勢力加入到在該地區的權力爭奪。從這一背景出發，東盟各國逐漸採用了大國平衡戰略，歡迎各大國勢力在東南亞地區的存在，利用它們之間的相互矛盾，在其中周旋和協調，扮演平衡者的角色，使各大國勢力相互均衡和制約，防止出現某一大國勢力過於強大，進而維護東南亞地區的和平與穩定。東盟各國也藉此換取各大國對東盟的有利承諾，獲得各大國對東盟在東南亞乃至東亞地區事務上的主導權的認可。[2]

二、大國平衡戰略的實施

東盟各國推行大國平衡戰略的方式主要有兩種：一是多邊主義方式，創造讓各大國和東盟各國交流、溝通、合作的多邊機制和平臺。二是雙邊主義方式，積極發展與各大國的關係。具體來說，主要有：

一是東盟地區論壇。1994年成立的東盟地區論壇，是東南亞地區規模最大、影響最廣的多邊政治安全對話與合作渠道。成員國就共同關心的政治和安全問題進行及時的溝通、交流，開展建設性對話，建立了多種信任措施，並積極開展預防性外交。東盟是該論壇的主要推動者和主導者，其出發點在於透過這樣一種對話和磋商機制，瞭解並影響各大國特別是美國、日本、中國在東南亞地區的最新動向、意圖和行動，讓各大國勢力相互制衡，達到均衡狀態，最終達到由東盟來主導本區域的安全事務的目的。

二是亞歐會議。亞歐會議的召開源自歐盟和東盟都有加強彼此對話的意願。1994年，歐盟制定了新的亞洲戰略，提出要加強與亞洲國家的對話與聯繫，建立一種平等的夥伴關係。同年11月，東盟各國新加坡提出召開亞歐會議的倡議。這一倡議得到了各方的積極回應。1996年，首屆亞歐首腦會議在泰國曼谷召開，規定每兩年舉行一次。對於東盟各國而言，舉行亞歐會議，加強亞洲和歐洲主要國家和地區的對話與合作，有利於實現歐洲的資金、技術與亞洲的資源、市場、勞力的有機結合，實現「雙贏」，也有利於透過歐盟來制約美國，防止美國在該地區的勢力和影響的過分膨脹。

（三）中國-東盟自由貿易區。1997年亞洲金融危機促使東盟各國加速了自由貿易區的建設，也推動了東亞區域經濟合作的進程。中國在亞洲金融危機中「負責任」的表現，拉近了中國與東盟各國的心理距離。而美、日等國的表現則令東盟失望。東盟各國希望強化與中國的經濟聯繫，搭乘中國的經濟快車，分享中國崛起所帶來的紅利，同時也希望與中國建立自由貿易區來減少對美、日經濟的依賴程度。2001年11月，中國與東盟各國達成了將在未來十年內建成自由貿易區的目標。一年後，又簽署了《中國與東盟全面經濟合作框架協議》（見附錄），標誌著中國-東盟自由貿易區建設進程的正式開啟。2010年，中國-東盟自由貿易區正式成立，為雙邊關係的發展提供了新的經濟活力。

（四）「10+3」機制。1997年亞洲金融危機的爆發，催生了東盟十國與中、日、韓三國領導人舉行會議的機制，即「10+3」機制，而這一機制又

開啟了東亞區域經濟制度性合作的大門。在「10+3」機制中，東盟十國處於主導地位，扮演平衡者的角色，並推動著東亞區域經濟合作。

（五）與各大國之間的關係。傳統意義上與東盟各國利益關係較為密切的大國主要有美、中、日三國。東盟各國與它們的關係如下：[3]

首先，美國。冷戰結束初期，東盟內部對於東南亞地區是否需要美國的存在這一問題還存在較大爭議，但隨著中國的崛起、日本逐步向政治和軍事大國邁進，複雜的亞太形勢增加了東盟各國的不安全感。東盟各國對美國在該地區的作用逐步形成了共識，認為美國在東南亞的存在有利於該地區的和平與穩定。它們將美國看作是一個溫和的超級大國，在東南亞地區扮演著一個不可替代的、積極的角色。在經濟上，冷戰後美國依然是東盟各國最重要的經貿夥伴，對美國在資本和出口市場等方面的依賴較深。歐巴馬上臺後，宣布推動跨太平洋經濟夥伴協議計劃（Trans-Pacific Partnership Agreement，TPP），[4] 邀請包括東南亞國家馬來西亞、越南等國加入談判，並主導著 TPP 的進程。在安全方面，東盟各國借助 911 事件，2002 年與美國簽署了《合作打擊恐怖主義聯合宣言》，加強了軍事安全合作，建立了反恐聯盟。歐巴馬上臺後，高調宣布「重返亞洲」戰略，調整其對東南亞的政策，加強了與東盟各國的關係。2009 年 2 月，美國國務卿希拉里上任後的「東亞之行」，就包括東南亞地區的大國印尼，以此改善美國在伊斯蘭世界中的形象並加強與東南亞國家的合作。7 月，美國簽署了《東南亞友好合作條約》，強調美國將加強與東盟在安全保障、氣候變化等問題上的合作。希拉里還首次與泰國、越南、老撾、柬埔寨等湄公河下游國家的外長舉行會議，共同商討該地區的衛生與環境等問題。9 月，希拉里公開表示將檢討美國對緬甸政策，從以制裁為主轉向以對話為主，以改善與緬甸的關係為突破來提升與東盟各國的關係。11 月，歐巴馬與東盟十國領導人舉行首次「美國 - 東盟領導人會議」，發表《加強持續和平與繁榮夥伴關係的聯合聲明》。[5] 對於美國的「重返亞洲」戰略，亞洲國家特別是東盟各國表示歡迎，認為美國加強對亞太地區的關注，有助於該地區的穩定。儘管諸如越南、菲律賓等國家希望加強與美國的軍事合作關係來提升自身在南海問題上的「籌碼」，但大部分東盟各國並不希望美國在和平環境下對東南亞地區的軍事介入和滲透，因為

第一節 東盟的大國平衡戰略

這將加深中美的戰略互疑，稍有不慎引發兩個大國在該地區的嚴重對抗，從而導致地區的不穩定，也將迫使東盟各國在兩大國之間「選邊站」。東盟各國希望加深與美國的經貿依賴程度，能夠更多地吸引美國的投資，擴大東盟各國對美國的產品出口，這有利於東盟各國的經濟繁榮。

其次，日本。日本是東盟各國重要的經貿夥伴。日本在幫助東盟各國擺脫經濟危機困境的同時，也加強了對東南亞的經濟滲透和擴張。東盟各國歡迎日本在該地區的經濟存在。不僅如此，東盟各國還鼓勵日本在亞太地區安全事務中發揮更加重要的作用，與日本加強了在打擊海盜、預防外交、維和行動、防止核擴散等方面的合作。[6] 而對日本而言，東南亞國家距離較近，擁有豐富的石油、天然氣等能源資源，同時也是日本海上資源運輸的必經之路。因此日本也特別看重東南亞在本國能源戰略中的地位。[7] 日本在東南亞地區展開了一系列外交活動，積極地捲入該地區事務。一方面，日本力圖透過強化日美同盟確保能源通道安全。1999 年，日美簽署《周邊事態法》，將日美同盟的合作範圍擴大到南中國海和臺灣海峽。[8] 近年來，日本繼續透過日美同盟合作加緊擴大在東南亞的軍事影響力。2012 年 4 月，日本自衛隊首次參加了在菲律賓舉行的美菲定期共同軍事演習。另一方面，日本透過各種途徑積極維繫和拓展同東南亞國家的雙邊和多邊關係。日本大力開展與東南亞國家的首腦外交和其他高層的互訪活動。2011 年 9 月，野田佳彥繼任首相後不久，即與訪日的菲律賓總統阿基諾三世發表聯合聲明：「日菲兩國都認為，連接世界和亞太地區的南海的和平與穩定至為重要，需要保障南海的自由通行。為此，日菲兩國都希望儘早制定一個具有法律約束力的南海行為準則。」當月，日本外相玄葉光一郎訪問東南亞三國時，更是明確提議要透過多邊框架來解決南海爭端。日本對南海事務的公開介入，聯合東南亞國家推動南海問題的「多邊解決」，無疑將使這一問題更加複雜化。[9] 總體而言，日本發展與東盟各國的戰略意圖主要有：一是加強與東盟的外交關係，贏得對方的政治信任，尋求東盟在國際或地區焦點問題上的支持與合作，爭取成為聯合國安理會常任理事國，進而以一個政治大國的姿態為將來建立日美歐共同主導的國際新秩序創造條件；二是推動與東盟的區域經濟合作，搶占合作制高點，力圖鞏固經濟大國的地位，主導東亞一體化進程；三是透過維和、

軍事演習和打擊海盜等方式，逐步擴大在東南亞地區的軍事安全影響，為其海外派兵「正名」，為走向軍事大國鋪路；四是利用東盟對話發展壯大的疑慮及東盟有關國家與中國之間存在的領土爭端，企圖聯合東盟牽制中國等。[10]

第二節 冷戰後東盟各國的對華政策

中國是東盟實施大國平衡戰略的重要對象，東盟各國重視與中國發展關係。1990年代以來，東盟各國與中國都實現了關係正常化。印尼、新加坡、汶萊、越南先後與中國恢復或建立外交關係。東盟各國一方面注意到經濟快速發展的中國所帶來的機遇，重視中國在亞太地區發揮作用，另一方面也敏感地意識到中國崛起所帶來的經濟、軍事等方面挑戰。因此，東盟各國對華政策具有「接觸」與「遏制」的雙重特點。

一、東盟各國的中國觀

東盟各國的對華政策源於它們對中國的理解，即所謂的「中國觀」。對於東盟各國是否存在一致的中國觀，學界有不同的觀點和看法。有人認為，東盟各國不存在統一的中國觀，它們對中國的看法具有較明顯的差異性，一些國家可能比另外一些國家更多地瞭解中國，一些國家對中國持有不好的印象，而另外一些國家對中國抱有好感。[11] 儘管東盟各國的差異性不可否認，但也應該看到，東盟整體的中國觀念是存在的。東盟組織的價值觀已經成為東盟各國制定和實施對外政策的影響因素。考慮到獨自面對外部勢力的勢單力薄以及東盟各國不斷加深的相互依賴關係，東盟各國對於東盟組織及其價值觀的認同也得到了提升。

儘管東盟各國對中國的態度存在差異，但也存在著一致性的因素。這些較為一致的感知定義了中國與東盟各國的關係。比如在冷戰時期，為了能在嚴峻的政治生存環境中生存，東盟各國大都奉行追隨美國的政策，堅持反共反華，對中國採取了敵對不友好的政策。[12] 同樣地，在後冷戰時期，儘管東

盟各國行為受到多重因素影響，但這些因素的複雜性以及國家間的差異性並不排斥東盟各國存在一定意義上的整體性的中國觀。

東盟各國的中國觀受到國際體系的變化、中國的國家行為以及中國與東盟各國之間的互動等多種因素的影響，基本上處在一個不斷調整和修正的過程中。但基本內容變化不大，具體表現為兩個方面：一方面，視中國為「機遇」。冷戰結束後，多極化趨勢明顯，意識形態因素作用下降，而經濟因素地位上升。在東盟各國看來，中國雖然實行與東盟各國不同的政治體制，但中國實行對外開放政策並且積極融入世界，而非自我孤立，舒緩了雙方在意識形態方面的差異和衝突。雙方同為發展中國家，在人權問題、勞工問題、環境問題等有著相似的看法和共同的利益。中國經濟的發展對東南亞國家而言，也是一個很好的發展機遇。1997年中國在幫助東南亞國家經濟復甦方面的表現，讓東盟各國意識到了一個經濟快速增長的中國，不僅有利於推動地區經濟的發展，也有助於地區的和平與穩定。

另一方面，視中國為「威脅」。由於東盟各國與中國地理上的相近，在人口、面積上存在著巨大的差距，使得作為小國的東盟各國對中國普遍存在著一種「不安全感」。而中國經濟和國力的持續增長，更是加深了它們對中國的「疑慮」。在安全上，由於與中國在南海問題上存有爭端，東盟各國十分擔心中國會將不斷龐大的經濟實力轉化為軍事實力，並嘗試用武力解決南海問題。當然，東盟各國感受中國「威脅」的程度是不同的。比如、馬來西亞、印尼對中國比較擔心，而泰國與中國則保持著較為親密的關係。新加坡和菲律賓對中國的感受則處於變化過程中。1995年中菲美濟礁事件後，菲律賓才增加了對中國的擔心。[13] 而在經濟上，東盟各國認為中國「搶走」了原先流入東南亞地區的外國投資，並且中國的產品「擠占」了東南亞產品在世界的份額，影響了東盟各國的世界貿易和其國內經濟發展，對東盟各國構成了一種「經濟威脅」。[14]

二、東盟各國對華政策的內容

基於上述認知，東盟各國對華政策的主要內容有：

冷戰後臺灣與東盟各國關係研究
第五章 東盟各國的兩岸政策

一是接觸中國政策。東盟各國認為，中國政府所堅持的對外開放政策使得中國與世界的相互依賴關係進一步加深。冷戰後，中國加強了對周邊外交的重視，積極改善與周邊鄰國的關係，並對參與國際組織採取了積極融入的態度，在現存的國際體系中透過合作來實現自身利益。事實表明，中國是現存國際體系的「維護者」，也是「受益者」，而非「推翻者」。東盟各國歡迎中國的對外開放和經濟現代化，主張透過勸導和整合的方式，鼓勵中國融入到現存的國際體系中來。東盟各國歡迎中國在東盟地區論壇、APEC 等多邊地區合作中發揮積極作用，借助這些多邊機制和平臺積極發展與中國的關係。

冷戰結束初期，東盟各成員國與中國建立或恢復正常的外交關係，為雙邊政治、經濟關係的發展奠定了基礎。可以說，東盟與中國的關係經歷了一個跨越式的發展過程。1991 年，中國外長錢其琛出席了第 24 屆東盟外長會議。1993 年，東盟祕書長阿吉特·辛格率團首次訪華。1994 年，中國應邀加入東盟地區論壇。1996 年，中國與東盟將雙方的關係由「磋商夥伴關係」升級為「全面對話夥伴關係」，並且建立了五大平行對話合作機制，[15] 推動協商與合作。1997 年 12 月，中國與東盟各國領導人確立了「建立面向 21 世紀的睦鄰互信夥伴關係」的發展目標。2001 年 11 月，中國與東盟達成 10 年內建成自由貿易區的共識。次年簽署了《中國與東盟全面經濟合作框架協議》，開啟了自貿區的建設進程。2003 年 10 月，中國與東盟領導人宣布建立「面向和平與繁榮的戰略夥伴關係」。中國成為了第一個加入《東南亞友好合作條約》的非東南亞大國。2010 年 1 月 1 日，中國 - 東盟自由貿易區正式啟動，標誌著中國與東盟關係進入了一個深入發展、全面合作的新時期。中國 - 東盟自由貿易區的建立，有助於東盟各國搭乘中國的經濟快車，實現共同發展，也有利於在經貿合作中增進雙方的政治互信，推動雙邊關係的穩定發展。

二是制衡中國政策。作為中國身邊的小兄弟，東盟各國對於中國的依賴性要遠遠大於其他國家，不僅表現在雙方經貿層面的交往，在政治、安全領域，雙方的依賴性也在增加。同時，由於地理、歷史和文化等原因，東盟各國對中國的感受要比其他國家更真切。地理上的鄰近、國土面積和人口數量的巨大，再加上經濟實力、政治影響和軍事能力的增強，中國自然會讓東盟

各國感覺到一種壓力。東盟各國也自然而然會對中國的崛起產生疑慮和擔憂。東盟各國一方面謹慎、溫和地表達，在公開場合談論與中國關係存在的問題時，很少使用「威脅」這個詞語，更多的是用「關注」、「問題」、「挑戰」等較為中性的字眼。[16] 相較於那些別有用心鼓吹「中國威脅論」的國家而言，東盟各國更願意以比較公平的立場來看待中國。另一方面則與外部大國建立雙邊或多邊的軍事合作關係，特別是借助美國的力量來制約和平衡中國。對於2009年歐巴馬政府宣布的「重返亞太」戰略，東南亞國家總體上是表示歡迎的。正如東盟外長素林·披素萬所言：「美國是該地區唯一能為東南亞國家提供安全感的大國。」一些東盟各國如菲律賓、越南等國更是依靠美國在南海問題上頻頻製造事端，與美國進行軍事演習，加強與美國的軍事關係。

可以說，東盟的對華政策服從於其大國平衡戰略，包含在它的「多層平衡」戰略中，既重視發展與中國的政經關係，分享中國經濟的成長，又依靠外部勢力對中國進行制衡，以應對中國崛起所帶來的消極後果。換言之，東盟各國將中國視為一個重大機遇，儘管也看到了中國在某些方面的挑戰；與中國發展全方位、多層次的關係，歡迎和鼓勵中國參與到地區事務中來，一個強大的、接受規則的中國有利於東盟各國的發展和亞太地區的穩定；依靠外部大國勢力對中國進行平衡，同時也依靠中國的勢力平衡其他大國在東南亞地區的影響。[18]

第三節 東盟各國的對臺政策

從冷戰結束後臺灣地區與東盟各國關係的歷史演變來看，東盟各國的對臺政策反映了其對臺海問題的基本看法，並服從於大國平衡戰略，附屬於對華政策。主要內容有如下三方面：

第一，奉行「一個中國」政策。

1949年新中國成立後，中華人民共和國政府成為中國的唯一合法政府，理應代表中國擁有聯合國代表席位和聯合國安理會常任理事國的席位，以及擁有並行使一切合法權利。但在美國的操弄下，中國的合法席位一直被臺灣國民黨當局所占據，長達20餘年。1971年10月25日，第26屆聯合國大

會通過了第2758號決議，承認中華人民共和國政府是代表中國的唯一合法代表，決定恢復新中國在聯合國的一切權利，並將蔣介石集團的代表從聯合國及其附屬機構中驅趕出去。[19] 這一決議從政治上和法律上解決了中國在聯合國的代表權問題。世界上只有一個中國，臺灣是中國的一部分，中華人民共和國政府是代表中國的唯一合法政府，在國際上代表中國行使國家主權。這一決議明確了一個中國原則，為反對「兩個中國」、「一中一臺」、「臺灣獨立」等各種分裂活動，提供了法律的、道義的和政治的基礎，標誌著一個中國原則成為當代國際體系的一個組成部分。

東盟各國尊重聯大第2758號決議，奉行「一個中國」政策，將中華人民共和國政府視為代表中國的唯一合法政府，尊重臺灣是中國領土一部分的立場，並做出了不與臺灣發生「官方」關係的承諾。在1990年代初期，所有的東南亞國家都實現了與中國建立外交關係，與臺灣斷絕「官方」關係。在國際事務中，東盟各國也只和中國政府打交道，認為臺灣沒有權利參與只有主權國家參與的國際活動。在南海問題上，東盟各國認為臺灣不能以主權國家身分參與南沙主權爭端談判。東盟組織也一致聲明支持「一個中國」政策。2004年3月，東盟主席哈桑代表東盟首次就臺灣問題發表官方聲明「奉行一個中國政策」。11月，東盟領導人重申遵守「一個中國」政策，認為臺海和平的穩定符合本地區的利益。[20]

第二，視臺灣問題為地區問題，希望兩岸透過和平方式解決。

臺灣問題是1940年代末國共內戰的產物和延續，從本源上而言純屬中國的內政。東盟各國奉行「一個中國」政策，表明它們願意把臺灣問題看作中國的內政問題，但由於地理上的相近，文化上的相似，歷史淵源的延續，使得臺灣與東盟各國的關係長期處在一種非常微妙的狀態。東盟各國關注臺灣問題，更願意將臺灣問題看作「地區問題、亞洲問題」，希望臺海兩岸透過和平方式解決爭端。

東盟各國堅決反對李登輝、陳水扁之流的謀求「臺獨」、分裂國家的言論與行徑，反對「兩個中國」、「一中一臺」，反對「臺灣獨立」，支持中國的和平統一大業。這其中，新加坡是反「臺獨」政策最為明確、態度最為

第三節 東盟各國的對臺政策

明朗、對東盟其他國家影響最大的國家。李光耀指出：「我反對『臺獨』，因為這不僅危害臺灣，也影響整個區域的穩定；如果臺灣繼續視自己為脫離中國而獨立的『臺灣共和國』，或者申請成為聯合國的成員國，將帶來禍害。」越南也一直表達反「臺獨」立場。在2007年5月發表的《中越聯合新聞公報》中，越方重申堅定奉行一個中國政策，支持中國統一大業，支持《反分裂國家法》，堅決反對任何形式的「臺獨」分裂活動。[21] 東盟各國對於「臺獨」的危害都有清醒的認識，堅決反對「臺獨」，可以說是反「臺獨」的後院。[22]

但與此同時，東盟各國也反對中國大陸對臺動武。東盟各國嚴重關切臺海兩岸可能發生的危機和衝突。1995-1996年臺海危機期間，東盟各國雖未像美日等國表現的那樣激烈，但都對臺海衝突表達了嚴重關切。東盟各國認為，在臺灣未宣布「獨立」之前，中國大陸貿然使用武力攻擊臺灣，將坐實「中國威脅論」，成為地區安全「威脅」。此外，東盟各國十分強調美國、日本、中國的穩定關係對區域情勢的重要性，認為臺海衝突的爆發，將衝擊三者之間脆弱的平衡穩定關係，改變本地區的權力平衡。馬來西亞前國防部長賽哈密表示，倘若臺海發生戰爭，中國大陸三十多年來的經濟發展將面臨阻擾，同時也將破壞東亞成為世界經濟中心的努力。新加坡內閣資政李光耀在接受《時代週刊》訪問時指出，臺海兩岸一旦公開衝突，整個地區的投資、貿易、信心與成長的氣氛都將煙消雲散。一旦發生武裝衝突，乃至美國捲入，勢必危及地區之安全與繁榮。[23] 泰國外交部則指出，臺海一旦發生戰爭，將影響亞太地區的和平與穩定，對中共之軍事動作也感疑慮。[24] 新加坡巡迴大使許通美表示，東盟各國有一個共同的看法，即亞太地區的和平需要美、日與中國共同維持穩定的三角關係，美國應該再度肯定與中共的三項聯合公報，以及對臺灣的法律責任，同時，鼓勵臺海雙方恢復對談，以建立互信措施。[25] 總之，東盟各國認為，臺海若發生衝突，將破壞亞太地區的和平、穩定與繁榮。而且，也將引發美國與中國的軍事衝突，東盟各國將面臨著在中國和美國之間進行「選邊站」的困境。因此東盟各國歡迎並鼓勵臺海兩岸對話，希望兩岸透過和平方式解決矛盾分歧，對於2008年以來兩岸的良性互動以及兩岸關係的和平發展表示歡迎。

第三，重視與臺灣發展關係。

對於發展與臺灣的關係，東盟各國曆來非常重視。「臺灣及臺灣海峽重要的戰略地位，臺灣在技術、資金上的優勢，使得臺灣在東盟的亞太地緣戰略中占有重要的地位和作用。」[26]臺灣的資金、技術以及「民主」成就，對東盟各國而言具有較大的吸引力。因此，為獲取來自臺灣的好處，為了本國的利益，一些東盟各國在奉行一個中國政策問題上大搞「邊緣」策略，在大陸和臺灣之間搞平衡的實用主義政策。具體表現為：部分東盟各國對於臺灣當局推行的「度假外交」、「觀光外交」等各種形式的「外交」進行明裡暗裡的「默認」或支持，並且還不顧中國大陸方面的反對，派遣高官訪問臺灣。對於臺灣參與國際組織問題，一些東盟各國態度曖昧，甚至邀請臺灣參與只有主權國家才能參與的地區安全對話，如「香格里拉安全會議」。部分東盟各國為了自身利益，積極尋求與臺灣簽署自由貿易協定，而眾所周知，自由貿易協定的簽署對象只能是主權國家。當然，東盟各國發展與臺灣的關係也是制衡中國的一種手段。東盟各國利用海峽兩岸的政治對立，藉發展與臺灣的關係來牽制中國。但也要看到，在國際社會堅持「一個中國」政策格局的日益穩固，中國大陸發展迅速，影響力不斷增強的背景下，東盟各國脫離「一個中國」政策的可能性會越來越小，沒有意願與臺灣發展正式「外交」關係。

本章小結

冷戰結束後，面對錯綜複雜的亞太形勢，為主導本地區事務，東盟各國選擇了大國平衡戰略，不排斥大國勢力在該地區的存在，利用各大國之間的競爭與矛盾，來牽制大國在該地區的野心，從中實現自身利益最大化和東南亞地區的和平。大國平衡戰略是東盟各國尋求維護自身利益和地區安全的努力結果，也是應對冷戰後亞太新形勢的一種戰略選擇。為此，東盟各國主導創設了東盟地區論壇、亞歐會議、「10+3」機制等多邊合作機制，積極發展與美國、日本、中國等國家的雙邊關係。

中國是東盟各國推行大國平衡戰略的重要對象。中國經濟的發展、對外開放以及經濟現代化對於東盟各國而言都是一個巨大的發展機遇，而且雙方在人權問題、環境問題等方面具有相類似的看法和共同的利益。但與此同時，

第三節 東盟各國的對臺政策

　　由於地理上的接近，國土面積和人口數量的巨大懸殊，歷史上的不愉快經歷，東盟各國對於中國的感受是真切而又敏感的。在南海問題和經濟競爭等問題上，一些東盟各國將中國看作是一種「威脅」。對此，東盟各國一方面接觸中國，重視發展同中國的關係，歡迎中國積極參與地區事務，並鼓勵中國在多邊合作機制中發揮作用；另一方面則借助美國、日本、印度等區外大國的力量來約束和制衡中國。

　　對於臺灣問題，東盟各國奉行一個中國政策，堅決反對「臺獨」，希望臺海兩岸透過和平方式解決問題。在此基礎上，東盟各國也重視發展與臺灣的關係，在大陸和臺灣之間搞「平衡政策」，獲取經濟利益，並「以臺制華」，實現自身利益最大化。

註釋

[1] 肖歡容等：《冷戰後東盟的大國平衡戰略》，載《東南亞縱橫》，2009年第8期，第3頁。

[2] 徐立波：《試析新時期東盟「大國平衡戰略」》，載《東南亞之窗》，2006年第1期，第45頁。

[3] 東盟各國與中國的關係部分請參閱本章第二節。

[4] TPP：原是新加坡、智利、汶萊和新西蘭等4個APEC小國在2006年簽訂的一項多邊自由貿易協定。2009年歐巴馬在新加坡舉行的APEC峰會上，宣布加入TPP談判，並試圖把它改造成一個零關稅、零壁壘的高層次區域自由貿易架構。美國還拉攏了澳大利亞、祕魯、越南、馬來西亞、日本等國加入談判。

[5] 馬燕冰：《歐巴馬政府的東南亞政策》，載《和平與發展》，2010年第1期，第38-39頁。

[6] 關於冷戰後日本與東盟各國的關係，可參閱韋民：《論日本與東盟的相互認知及雙邊關係的演進》，載《國際政治研究》，2009年第1期；王光厚：《淺析中國、日本、東盟的三邊互動》，載《東南亞縱橫》，2008年第10期等。

[7] 朱曉琦：《日本能源戰略中的東南亞取向》，《太平洋學報》，2012年第5期，第64頁。

[8] 樸光姬：《日本的能源》，經濟科學出版社，2008年版，第304頁。

[9] 朱曉琦：《日本能源戰略中的東南亞取向》，《太平洋學報》，2012年第5期，第70-71頁。

[10] 喬林生：《試論新世紀日本對東盟的外交政策》，《東北亞論壇》，2006年第2期，第102-103頁。

[11] 轉引自曹雲華、唐翀：《新中國－東盟關係論》，北京：世界知識出版社，2005年版，第197頁。

[12] See Aileen S.P.Baviera，"ASEAN's Changing Perceptions of China"，China Currents，Vol.3，No.2，April-June1992.

[13] Alien S.P.Baviera，"China's Relations with Southeast Asia：Political Security and Economic Interest"，from "PASCN Discussion Paper No.99-17"，Published by Philippine APEC Study Center，pp.8-10.

[14] 轉引自曹雲華：《在大國間周旋——評東盟的大國平衡戰略》，載《暨南大學學報（哲學社會科學版）》，2003年第3期，第18頁。

[15] 即高官磋商、商務理事會、聯合合作委員會、經貿聯委會以及科技聯委會。

[16] Ian James Storey，"Living with the Colossus：How Southeast Asian Countries Cope with China"，Winter 99/2000，Vol.29，Issue4.

[18] 轉引自曹雲華、唐翀：《新中國－東盟關係論》，北京：世界知識出版社，2005年版，第225頁。

[19] 轉引自牛軍：《中華人民共和國對外關係史概論（1949-2000）》，北京：北京大學出版社2010年版，第229頁。

[20] "Deepening ASEAN-China Strategic Partnership"，Chairman's Statement of the 8th ASEAN+China Summit，Vientiane，29 November 2004.

[21] 《胡錦濤晤阮明哲 越方堅定奉行一個中國政策》

[22] 《社評：東盟成反臺獨後院 大陸致力回報》

[23] （臺灣）《自由時報》，1996年2月28日。

[24] （臺灣）《中國時報》，1996年2月28日。

[25] （新加坡）《南洋·星洲聯合早報》，1996年5月17日。

[26] 石耀鑫：《冷戰後東盟對臺戰略及其影響》，載《東南亞之窗》，2007年第2期，第24頁。

第六章 實例分析：南海問題

　　南海問題是臺灣地區與東盟各國關係中的一個重要問題。所謂南海問題是指南海海域周邊國家與地區之間圍繞南海海域和南海諸島主權歸屬而發生的爭執，可以細分為南海海域的劃分問題和南海島嶼的主權歸屬問題。就前者而言，主張方主要有中國、越南、馬來西亞、汶萊、菲律賓、印尼、臺灣等「六國七方」。而後者的主張方有中國、越南、馬來西亞、汶萊、菲律賓、臺灣等「五國六方」。可見，臺灣與部分東盟各國都是南海問題的重要「參與方」。雙方在南海問題的立場與主張存在重大差異，因此南海問題對臺灣與東盟各國的關係產生了重要影響。

▌第一節 南海問題的由來與現狀

一、南海問題的由來及其原因

　　南海自古以來就屬於中國的領土。中國是世界上最早發現、開發並經營南海各島的國家，對南海擁有無可辯駁的主權。在很長的一段歷史時期內，世界各國對南海主權屬於中國並沒有異議。1939 年日本占領了南海諸島，更名為「新南群島」，隸屬於臺灣省的高雄州。1945 年，日本投降後，南海諸島重回中國懷抱。到 1970 年代以前，雖也有少數國家對中國在南海的主權提出過異議，但包括美國、英國、法國、日本和蘇聯在內的 198 個國家的地圖，都明確將南海諸島及其附近海域劃入中國傳統海疆之內。[1] 南海問題真正作為一個主權爭端問題出現在 1970 年代。

　　1970 年代，一些南海周邊國家紛紛對南海諸島提出主權要求，並侵占了部分島嶼。南海問題由此產生。這些國家之所以覬覦南海主權，主要是因為它們看中了南海的戰略地位和豐富的自然資源。一方面，作為重要的海上通道，南海是連接太平洋和印度洋、東亞與大洋洲的「海上走廊」和「空中樞紐」，地緣戰略價值極為重要。從軍事上看，占領南海海域相關島嶼，特別是南沙群島主要島礁「就等於直接或者間接控制了從馬六甲海峽到日本，從新加坡到香港，從廣東到馬尼拉，甚至從東亞到西亞、非洲和歐洲的多條海

上通道」。[2] 這一時期，由於美國在亞太地區實行「戰略收縮」政策，南海海域航行安全問題開始凸顯，東南亞國家試圖透過占領南海島嶼，來「維護」南海海域的航行安全。另一方面，在 1960 年代末，南海海域被探明蘊藏著極為豐富的石油和天然氣資源。1968 年，一勘察報告指出：「越南沿岸之鄰近海域、南沙群島東部和南部海域蘊藏著豐富的油氣資源。」[3] 據統計，南海大陸架約有 2.1 萬立方公里的油層，與中東石油儲量相仿，開發前景十分廣闊。

除此以外，1982 年簽署的《聯合國海洋法公約》雖為世界恢復海洋秩序制定了一個清晰且普遍的、適用於沿岸國家海洋法的框架。[4] 但也給南海問題帶來了諸多消極影響。《公約》在解決海洋爭端方面存在著諸多缺陷與不足，其規定具有極強的「籠統性」與「原則化」。而菲律賓、越南等東南亞國家不僅濫用《聯合國海洋法公約》的相關規定，作為宣布對南海相關海域擁有主權的依據，還以此對中國進行惡意抗辯。當時中國國內的海權意識還較薄弱，海空軍力量薄弱，對南海諸島的控制和管理處於近乎失控的狀態，也給周邊國家以可乘之機。

從 1970 年代開始，越南、菲律賓等東南亞國家不顧中國的反對，紛紛在南海海域進行所謂的「主權宣示」並搶占島嶼，派兵進駐，與西方國家的大型石油公司肆意聯合開採石油資源，驅趕、扣押中國漁民，甚至出動軍艦撞沉中國漁船。越南方面依據其十七、十八世紀單方面的歷史資料及其從法國人處獲得的所謂「繼承權」，公然聲稱對整個南沙群島及其周圍全部大陸架擁有「主權」。越南在 1977 年發布《關於領海、毗連區、專屬經濟區和大陸架的聲明》，對南海海域提出了廣泛的要求，強調西沙和南沙群島是越南的領土。菲律賓則在 1978 年頒布第 1596 號和 1599 號總統令，將南沙群島的大部分宣布為所謂的「卡拉延群島」，並對群島和附近約 6.5 萬平方海裡的海域提出「主權」和「管轄權」主張，同時宣布建立 200 海里的專屬經濟區。1979 年，馬來西亞將南樂暗沙等 12 個島嶼劃入版圖。印尼雖未控制相關島嶼，但其專屬經濟區及相關「主權」宣示海域大大侵犯了中國在南海的合法權益。目前，越南占據了南威島、南子島等 29 個島嶼；菲律賓占據了中業島、西月島等 8 個島嶼和沙洲；馬來西亞控制了彈丸礁、南海礁等 6

個島嶼沙洲；汶萊於 1990 年 4 月派兵占領了南通礁，但未公開聲稱對其「主權」（見表八）。

表八：南海諸島的現狀

國家	地名(進駐時間)	備註
海峽兩岸駐守	太平島(1946)、永暑礁(1988)、赤瓜礁(1988)、東門礁(1988)、南薰礁(1988)、渚碧礁(1988)、華陽礁(1988)	
越南占領	南威島(1973)、鴻島(1973)、南子島(1973)、敦謙沙洲(1973)、景宏島(1973)、安波沙洲(1973)、染青沙洲(1978)、中礁(1978)、畢生礁(1978)、柏礁(1987)、西礁(1988)、無乜礁(1988)、日積礁(1988)、大現礁(1988)、東礁(1988)、六門礁(1988)、南華礁(1988)、舶蘭礁(1988)、奈羅礁(1988)、鬼喊礁(1989)、瓊礁(1989)、蓬勃堡礁(1990)、廣雅灘(1990)、萬安灘(1990)、西衛灘(1991)、人駿灘(1993)、李准灘(1993)	侵占面積40萬-50萬平方公里
菲律賓占領	馬歡島(1970)、費信島(1970)、中業島(1971)、南鑰島(1971)、北子島(1971)、西月島(1971)、雙黃沙洲(1978)、司令礁(1980)	侵佔面積42萬平方公里
馬來西亞占領	彈丸島(1977)、光星仔礁(1977)、南海礁(1979)、南通礁(1993)	侵占面積約24萬平方公里
汶萊占領	南沙東南部海域	侵占面積5萬平方公里
印尼占領	南沙西南部海域	侵占面積約為4萬-5萬平方公里

資料來源：陳喬之《冷戰後東盟各國對華政策研究》，北京：中國社會科學出版社，2001 年版，第 20-31 頁。

二、後冷戰時期南海問題的現狀

冷戰後，中國與相關國家就和平解決南海問題進行了磋商與合作，取得了一定成果。中國方面，鄧小平早在 1978 年就提出了「主權屬我，擱置爭議，共同開發」的解決原則。李鵬於 1990 年 8 月正式提出「擱置爭議、共同開發」的主張。東盟方面也認識到，儘管南海地區存在許多不安全因素，但發生大規模衝突的可能性並不大，用軍事手段解決問題是不現實的，應該透過對話

第六章 實例分析：南海問題

方式加以解決並努力建立某種行為規範。1990年1月，印尼主持召開了由東盟各國參與的「南海會議」，即「處理南中國海潛在衝突非正式討論會」。後考慮到東盟本身難以單方面解決南海主權爭議，於是東盟邀請了中國、臺灣以及越南一起參加以後的南海會議。南海會議的召開，對於增進瞭解各方的立場與主張，尋求共識、緩和矛盾具有積極的意義。2002年11月，中國與東盟各國簽署了《南海各方行為宣言》（見附錄），明確規定，「中國與東盟將致力於加強睦鄰互信夥伴關係，共同維護南海地區的和平與穩定，在主權爭議解決之前，各方承諾保持克制，本著信任與諒解的精神，不採取使爭議複雜化和擴大化的行動，如不占據無人居住的島嶼、沙洲、暗礁、珊瑚礁及其他地形地物，以建設性態度處理分歧，同時在開展海洋環保、搜尋與救助、打擊跨國犯罪等方面尋求合作的途徑。」[5] 這是各方領導人首次就南海問題做出的政治承諾，具有里程碑的意義。當然，這只是一份政治宣言，並不具備法律約束力。這是南海問題的一個方面。另一方面是冷戰後，越南、菲律賓、馬來西亞採取的一些單邊行為，使得南海問題更加複雜化、國際化。

首先，它們積極採取行動加強對所占島礁的控制和「主權」宣示，維護既得利益。從1990年代開始，越南在其占領的部分島礁上相繼建立了電視接收站、燈塔等，鼓勵漁民到南海海域作業，設立「地方政府機構」等；菲律賓重在加強對所占島嶼的巡邏，強行驅逐在島嶼附近水域作業的別國漁民，尤其是中國漁民；馬來西亞在實際占領南沙島礁後，加強對實際占領島礁的經營，尤其是加強對彈丸礁的經營，把該島建設成為潛水、捕魚和觀光的旅遊地。1994年7月與1998年5月，馬來西亞總理馬哈蒂爾曾先後兩次飛往彈丸礁。[6] 2004年4月，越南官方組織首批觀光客前往南沙群島遊覽。此次遊覽由越南國防部經濟司負責，行程則由越南軍方下屬的一家公司直接安排。[7] 越南政府以民間民意為推動力，以觀光為幌子，煽動越南民間對南沙群島的「主權」要求情緒，以此來鞏固其對南沙「主權」的陰謀。在中越菲三國在南海海域合作「止步不前」的背景下，2009年以來，菲律賓、越南等國屢次違背《宣言》的精神，採取了諸多與《宣言》精神相悖的行動。2009年2月，菲律賓國會通過《領海基線法案》，公然將中國的黃岩島與南沙群島的部分島礁劃歸為本國領土。[8] 同年4月25日，越南正式任命所謂的「黃

沙島縣」（即「西沙群島」）人民委員會主席，以「管理」這些島嶼。[9] 5月6日，馬來西亞和越南聯合向大陸架界限委員會單獨提交《南海外大陸架劃界案》。[10] 6月25日，印尼在中國南海疆界內非法扣押中國8艘漁船及船上70多名漁民。[11] 2011年9月，菲律賓召開了東盟海洋法律專家會議，提出應將南海明確劃分為無爭議區與有爭議區。其中，200海里以內的專屬經濟區屬於「無爭議區」，由主權國單獨擁有；其餘的有爭議區由爭議國合作開發。根據這一提議，中國南沙群島的「禮樂灘」就被劃歸到菲律賓的管轄範圍中去。越南也主持召開了第五屆東盟海軍司令會議，在會上強調在南海地區出現軍事衝突的可能性和東盟團結對於解決南海問題的重要性。越菲兩國此舉旨在推動南海問題國際化、複雜化，借助東盟和美日勢力來對抗中國。[12]

其次，借助美國、日本等域外力量，推動南海問題國際化。對於美日等國而言，南海是連接太平洋和印度洋的要衝，是重要的通航和能源通道。在美國宣布要確保暢通的16個世界海峽中，馬六甲海峽、望加海峽等均位於南海。每年有一半的超級油輪經過南海，運輸全球三分之一的石油供應量。美日等國在南海擁有巨大的經濟利益，這些國家的石油公司與部分東盟各國簽訂了油氣開採協議，每年產量達數千萬噸。東盟各國和美日等國之間的經濟相聯度不斷提高。東南亞地區也是美國全球反恐的重要地區之一。基於這些地緣利益、安全利益和經濟利益，美日等國對南海問題的介入也逐步加深。以美國為例，冷戰時期和冷戰後初期，美國奉行「積極中立」（active neutrality），在南海問題上不捲入、不表態。1995年中菲「美濟礁事件」後，當時的克林頓政府發表聲明，首次確認南海通行自由涉及美國的「基本利益」。對於南海爭端，美國開始從亞太地區安全的角度來審視，將其納入1997年新日美安保指針的範圍，並逐漸表現出偏袒盟國的傾向，表示如有必要將採取軍事手段維持南海航道安全。不過直到小布希時期，美國在南海爭端上的官方政策還是保持模棱兩可的立場，避免直接插手爭議。2009年歐巴馬上臺後，開始突破了「戰略模糊」立場，高調宣布「重返亞太」，其南海政策也從「積極中立」轉變為「積極干預」（active intervention）。2010年3月，美國東亞與太平洋地區事務助理國務卿坎貝爾訪問吉隆坡時，就南

海問題指出,應該透過多邊談判來解決南海主權爭議,美國在南海擁有「航行自由」和「海洋自由」等利益,支持中國和東盟各方協商通過南海地區行為準則等。[13] 7月,美國國務卿希拉里在河內舉行的第十七屆東盟地區論壇上公開發表了美國對南海爭端問題的聲明,稱美國在南海擁有「國家利益」和「國際利益」。[14] 為保證上述利益,美國支持並要求南海各方談判解決爭端問題,願意協助南海周邊各國推動有利於南海問題解決的政策努力和信心建立機制。希拉里的聲明表達了美國在南海問題上的立場與政策方向,即:美國將不遺餘力地介入到南海爭端中去,並逐步將該問題的解決納入到多變化、國際化的軌道中去。在此背景下,美國與東南亞國家的聯合軍演開始變得頻繁起來,先後與菲律賓、馬來西亞、新加坡、泰國、菲律賓和汶萊等舉行多次海上聯合演習,加強與東盟各國的政治軍事聯繫,引起了南海局勢的進一步緊張。[16]

總而言之,在後冷戰時期,部分東盟各國加大了對其非法所占南海島嶼的控制,強化了其對南海島嶼的「主權」宣示,並不斷引入美、日等域外勢力,推動南海問題的國際化、多邊化和複雜化。2009年歐巴馬政府在南海問題上採取「積極干預」的立場和政策,給本來就不穩定的南海局勢增加了更多變數。

第二節 臺灣當局的南海政策

臺灣當局對南海的「主權」主張源於中華民國時期政府對南海的主張。1949年國民黨當局敗退臺灣之後,仍聲稱「中華民國政府」是南海海域及其相關島嶼「主權」的所有者,而所持有的依據則與大陸完全一致。當然,隨著臺灣島內政治生態的變化和兩岸關係的演變,臺灣當局的南海政策也出現了多次變化。具體可劃分為以下四階段:

一、兩蔣時期臺灣當局的南海政策

1949年蔣介石敗退臺灣後,在南海問題上不斷強化「中華民國政府」在南海海域及相關島嶼「主權」的維護與主張。從1956年7月開始,臺灣當

局一直駐守太平島。臺灣海軍每隔三四個月即巡航南沙一次，運送和補給太平島南沙守備區部隊。[17]臺灣當局還在南子礁、北子礁與中業島等多個島嶼重新建立國碑，並派遣海軍艦隊在南沙海域巡視。1980年12月，將南海四個群島委託高雄市代管，並成立區公所，將四個群島納入行政體系內。對於部分東南亞國家侵占南海諸島的非法企圖和行徑，臺灣當局也積極採取行動，維護中國在南海的主權。1956年，面對菲律賓人克魯馬入侵中國南海島嶼，臺灣當局除了發表聲明，指出南海諸島歷來是中國領土，「無論就歷史、地理、法理及事實上，均系不屑爭論者」之外，還派遣軍艦到南海海域巡視，抓獲菲律賓人克魯馬，挫敗了菲律賓侵占島嶼的企圖。同年，南越海軍登陸南海諸島，並升起南越國旗。臺灣當局立即向南越政府提出嚴重抗議，並下令海軍陸戰隊向南沙群島增援，南越軍隊被迫撤出占領的南沙群島。與此同時，還對大陸維護南海權益的行動採取了一些心照不宣的配合。1974年1月，南越軍隊入侵我西沙群島，中越西沙之戰爆發。當大陸東海艦隊4艘導彈護衛艦直接穿越臺灣海峽時，臺蔣軍隊非但沒有開炮射擊，而且還打開照明燈，為大陸艦隊通過海峽提供便利。[18]1988年，中越南沙衝突爆發時，臺「國防部長」鄭為元表示，如果北京提出要求，臺灣會協助防禦南沙群島，反對第三者入侵。[19]

總之，兩蔣時期臺灣當局與大陸雖處於嚴重的政治對立，但在涉及南海主權問題上始終堅持「主權屬我」的立場，在堅持「一個中國」的前提下，維護中國對南海海域及其島嶼的主權權益。

二、李登輝當局的南海政策

李登輝上臺初期，在南海問題上採取了一些具體措施。首先，成立專門小組。1992年12月，臺灣當局正式成立「南海小組」，這是臺灣「行政院」研究南海問題的最高幕僚單位，主要功能是蒐集有關南海問題的資料資訊，研擬南海事務政策措施。1995年，隨著南海形勢的日益緊張，臺灣當局又成立了由「內政部」、「國防部」、「外交部」「部長」組成的功能性小組，以機動集合的形式，研究討論處理與南海有關的緊急問題。[20]其次，制定有關南海問題政策。1993年4月，臺灣「行政院」核定了「內政部」提出的《南

第六章 實例分析：南海問題

海政策綱領》和《南海政策綱領實施綱要分辦表》（見附錄）。《南海政策綱領》中確立了堅定維護南海主權、加強南海開發管理、積極促進南海合作、和平處理南海爭端、維護南海生態環境的五大目標。《綱領》指出，「南沙群島、西沙群島、中沙群島及東沙群島，無論就歷史、地理、國際法及事實，向為中國領土之一部分，其主權屬於中國」；「南海歷史性水域界限內之海域為中國管轄之海域，中國擁有一切權益」。《南海政策綱領實施綱要分辦表》則具體化了執行辦法，規定了臺灣南海政策的主要執行機關和協助機關。1994 年 10 月，臺灣「行政院」通過了《南海問題討論會議結論分辦表》，提出要協調「立法院」加速審議通過「中華民國領海及鄰接區法」和「中華民國專屬經濟海域及大陸礁屬法」，力圖從法律上確立南海諸島的地位，並以法律形式維護臺灣在南海的利益。[21] 再次，李登輝當局表示願意在擱置主權爭議的原則下，合作開發這一海域。1992 年 5 月，臺灣「外交部」正式表達了「以國際共同開發方式，充分運用南海資源，至於主權問題，則可避而不談」的原則與立場。[22] 1993 年 3 月，李登輝在接受專訪時，表示臺灣以共同開發資源的方式，設法消除南海潛在衝突因素。[23] 最後，在中國政府的同意下，臺灣當局還參與了非官方的「南海會議」和「南海技術工作小組會議」。總之，李登輝當局繼續主張中國在南海水域內擁有無可辯駁的主權，在堅持主權屬我的前提下主張以合作、和平方式解決南海爭端。這一主張與大陸提出的解決南海問題的基本原則較為相近。

但也要看到，與兩蔣時期相比，李登輝當局在南海問題上的立場有所倒退。李登輝將南海地區的緊張局勢與爭端責任全部推向大陸方面，並要求美日等國介入，促使南海問題國際化。1992 年 9 月，李登輝宣稱：「大陸以及其他鄰近國家在南海有著重大的經濟利益。但是，只要美國以及日本能使中方不繼續擴大在南海的軍事力量，大概就不會有太多問題。」[24] 1995 年 4 月，臺灣「警政署」的「保七總隊」在獲悉菲律賓海軍準備進入南海海域的消息後，宣布取消了其慣例進行的南沙巡邏。[25] 臺灣當局還將駐守南海的人員由軍隊改換成「海巡署」的警察。[26] 這些舉動實際上是李登輝當局偏離一個中國原則在南海問題上的具體反映。一方面試圖與大陸劃清界限，有意與大陸在南沙問題上形成分歧，在國際上彰顯出兩岸分治的事實，從而為製造

「兩個中國」服務。另一方面則為了尋求東南亞國家對其漸進式「臺獨」的支持，避免與東南亞國家在南海問題上引起糾紛。換言之，是為了甩掉南海問題這個歷史包袱，集中精力搞「臺獨」並換取東南亞國家對「臺獨」的承認。[27]

三、陳水扁時期的南海政策

陳水扁當局否認「九二共識」，追求「法理臺獨」，其南海政策也被染上了一層鮮明的「臺獨」色彩。儘管陳水扁在 2000 年上臺後不久就大張旗鼓地視察東沙群島，2005 年又作為臺灣地區領導人首次登上太平島，以顯示臺灣當局對南海「主權」的維護，但其真正目的是為了彰顯臺灣的「國際存在」，試圖以此來提升臺灣的國際地位。陳水扁當局不僅很少公開宣示「中華民國」對南海的主權，而且企圖以「臺灣」取代「中華民國」來主張南海「主權」。對於菲律賓、越南等國非法侵占南海諸島的行為，陳水扁當局不僅很少發表嚴正抗議或反對，而且命令臺灣軍方撤離太平島，改由「海巡署」駐防。陳水扁當局還不斷要求參與南海問題的多邊國際協商框架。2008 年 2 月，陳水扁即將離任時，再次登上太平島，發表了所謂的《南沙倡議》，公開聲稱在有關南海的區域安全對話和共同開發合作問題上，將臺灣排除在外，是非常不公平的，並表示臺灣願意在「主權平等」的基礎上接受《南海各方行為宣言》的內容。很顯然，南海政策已經成為陳水扁當局尋求「臺獨」的重要籌碼之一。

四、馬英九上臺以來的南海政策

2008 年初，馬英九在競選時就提出了其海洋方面的立場與政策。他將「藍色革命、海洋立國」視為政策目標，認為應跳出「重陸輕海」的原有思維，走出「第一島鏈」的地緣意識和「鎖國」思想，努力發展「海洋戰略」，積極面對海洋問題。在南海、東海的問題上，馬英九指出應改變過去民進黨時期消極的做法，確立「無主權，則無漁權」的意識，重申對固有領域與傳統海域的利益與「主權」，積極與海域問題上的爭議國進行漁業磋商與談判。「主權在我、擱置爭議、和平互惠、共同開發」是其總的政策思路。[28]

上臺後，馬英九當局採取了一些較為積極的措施。一是積極宣示「主權」。與過去採取低姿態、避免與越南和菲律賓等國發生紛爭的做法不同，馬英九認為，為重塑臺灣在南海問題上的影響力，獲取各方對「中華民國」在這一地區角色上的認同，同時確保臺灣的海上利益，就必要採取更積極的作為。對菲律賓、馬來西亞等國在涉及主權爭端上的挑釁，臺灣「外交部」都予以了嚴重抗議。2009年初，菲律賓總統阿羅約簽署「領海基線法」，公然將南沙部分島嶼和黃岩島視為菲律賓所屬島嶼。對此，臺灣「外交部」向菲政府提交抗議函，嚴正重申「中華民國」對南海海域和諸島擁有「主權」的立場。[29] 二是以「海洋部」統管臺灣一切海洋事務。臺灣在海洋事務方面，尚未建立起集海洋政策與規劃、研發、管理與執法功能於一體的「海洋部」。有關海洋環境保護、海上搜救、海上執法與犯罪防治等方面的職能分工尚不明確，「政出多門」。鑑於此，馬英九認為，作為「海洋國家」，臺灣須盡快建立統籌海上一切事務的「海洋部」，以落實海洋政策和「藍色國土」的持續發展。三是以維護與確保臺灣的「經濟主權」為目標。馬英九主張建立完整的海洋產業供應鏈，推進先進船舶技術在地化，透過高價值的海洋養殖緩解島內漁業需求，提升海洋休閒質量，同時注重培養本土專業人才。四是堅持合作開發。馬英九強調不僅應加強東沙和南海資源富有情況的調查研究、跟蹤周邊國家的政策動向，還應在實踐中適度開放南海，在太平島附近與國際保育組織合作建立「南海和平公園」，在東沙建立「南海生態保育與人文資產國際研究中心」。

可以看出，馬英九當局繼承了1990年代初《南海政策綱領》中臺灣當局對南海的主張，回到了積極維權、加強合作的政策立場上來，將維護「國家安全」視為戰略目標，把臺灣參與南海問題定位到拓展國際「生存空間」與提升「國家」影響力的高度。但也有自己的特點：一是馬英九重申「中華民國」對南海擁有「主權」，突出強調「主權在我」，只是在具體操作上，更加強調層次性。「主權」爭議可以擱置，應透過「和平互惠、共同開發」的方式維護臺灣的「經濟主權」。二是合作意識有所增強，合作對象更趨靈活性和多元化。不僅積極推進與大陸方面的共同開發與商業合作，還積極尋求與促進好南海周邊國家的合作。第三，海洋定位更高，注重組織機構建設。

策劃增設「海洋部」，在「經濟部」下設東海、南海任務小組等，為臺灣的海洋戰略提供一定的機制保障。[30]

臺灣當局的南海政策雖然受到了李登輝、陳水扁「臺獨」思想和政策的影響，但總體上也能看出一些共同點和趨勢。主要體現為：堅持對南海海域及島嶼的「主權」歸屬；在擱置爭議的前提下，尋求共同開發，以和平方式解決爭端；作為南海問題的「一方」，要求參與相關問題的談判與協商。臺灣當局的南海政策大體上與大陸的政策相一致，這是兩岸和平發展新時期在南海問題上進行合作的重要基礎和前提。

第三節　兩岸在南海問題上的合作

一、兩岸南海主權宣示基本一致

在南海主權宣示問題上，臺灣與東盟各國是根本對立的，而與大陸的南海主張基本一致，都認為中國對南海擁有無可爭辯的主權。正如臺灣「外交部」設計委員會主委劉復國指出，有關南海主權的問題，大陸與臺灣持有相同的觀點，均堅持主張南海為中國的固有領土，因此嚴格意義上講，東盟面對的是「一種對立的立場」，而不是兩種。從他人看來，大陸與臺灣的立場幾近相同，達到難以辨別的程度。[31] 這種對南海主權宣示的一致性主要體現在大陸和臺灣都認同南海斷續疆域線（見圖一）。

「南海斷續疆域線」原是由國民黨政府在1947年以未定國界線標繪的一條由11段斷續線組成的線。中華人民共和國成立後，將11段斷續線改為9段斷續線。因此，這一條線被稱為「九段線」。因其形狀為「U」形，所以也被稱為「U」形線。1992年的《中華人民共和國領海及毗連區法》，將上述南海疆域範圍予以法律化。[32] 這條疆域線，既確定了中國南海諸島的範圍與主權，又造成了中國南海疆域線的作用。自公布後，當時的國際社會不曾提出過任何異議，很多國外出版的地圖也都按此標繪，註明歸屬中國。由此可見，南海斷續線已得到國際公認達半個多世紀，對線內的島礁灘洲中國擁有無可爭辯的所有權。

第六章 實例分析：南海問題

　　海峽兩岸對斷續疆域線持有一致的看法。1980年代末，臺灣「內政部陸委會」就專門設立特別委員會，為領海和專屬經濟區劃定基線，並稱南海的大部分地區為「中國的歷史性水域」。1991年7月，臺灣「外交部」發表聲明稱，南海的四個島嶼是「中華民國」領土不可分割的一部分。在1991年和1992年印尼「南海會議」上，該立場被再次重申。臺灣有關負責人指出，U形線內的海域屬於「中華民國」的歷史性水域，儘管它沒有獲得內水的地位，但類似於《聯合國海洋法公約》中規定的群島水域。換言之，「中華民國」在U形線內不僅享有對群島的主權，還擁有對海域優先權。[33]

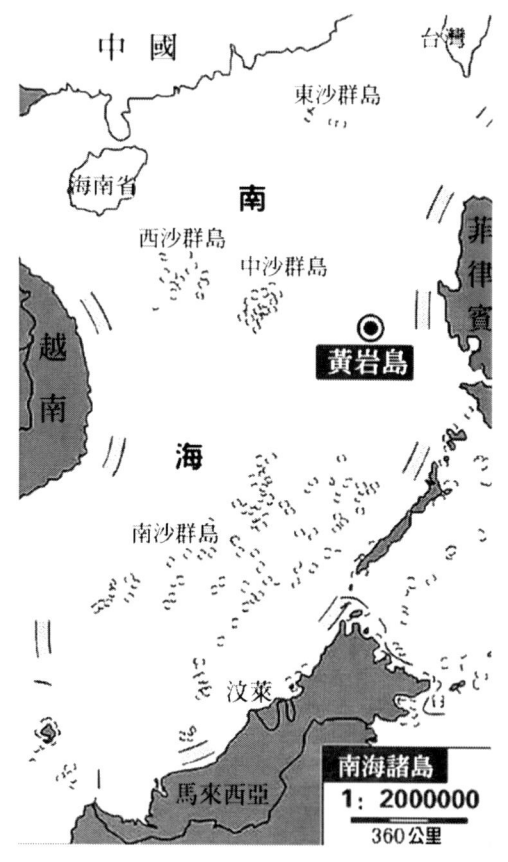

圖一：南海斷續疆域線

資料來源：http：//news.cqnews.net/special/nhwt/nhwt jushi/200903/t20090319 3104634.htm

總而言之，南海斷續線是兩岸與南海周邊國家談判時必須要堅持的一條線，是談判中最為重要的籌碼。海峽兩岸在斷續線上的認同既可以增強兩岸在南海問題上的合力，也可以對南海周邊爭議國造成一定的威懾作用。

二、兩岸南海合作的重要性與可能性

　　海洋在國家發展戰略中的地位越來越重要。在進一步開發海洋的問題上，兩岸均有深刻的認識。大陸方面提出了建立海洋強國的戰略目標，並提出了積極實施海洋開發、發展海洋產業等重要戰略決策。臺灣方面因資源匱乏，對海洋極為重視，主張進行「藍色革命」、「海洋立國」。南海戰略通道與海峽兩岸的經濟安全緊密相連、息息相關。大陸現階段能源進口的 88% 必須經過南海海域，而臺灣經濟發展所需要的原材料和 98% 的能源進口，以及絕大部分產品出口都依賴於南海航線。但是，兩岸在維護南海海權方面面臨著日益嚴峻的挑戰。南海周邊國家非法占據著部分島嶼，不斷採取措施強化對島嶼的控制，並瘋狂掠奪海底的石油、漁業等資源。[34] 與之相對，兩岸迄今為止在南沙、西沙還沒有一口油井。南海漁業占全球漁業的一成，魚類多達1500 多種，全球總共 8 個蝦產區有 5 個就在南海。多數南海島礁被外國占領的狀態，嚴重影響了兩岸漁民在該海域的正常捕魚活動，也使得中國南海的漁業資源遭到了巨大的損失。南海海域海盜事件頻發，周邊國家愈演愈烈的軍備競賽，也使得兩岸南海戰略通道安全受到嚴重威脅。這就要求海峽兩岸轉變觀念，進一步加快兩岸南海合作的步伐。

　　與南海形勢趨向緊張不同的是，兩岸關係出現了和緩。這就為兩岸南海合作創造了有利條件。2008 年國民黨上臺以來，承認「九二共識」，認同中華民族，開啟了兩岸協商與合作的大門，使兩岸南海合作具備了政治前提。特別在南海主權問題上，基於民族國家意義上的、體現共同文化基因與傳統印記的「一個中國」概念，[35] 將成為兩岸主權認同上的契合點，並由此推動雙方在各種事務性議題上開展更加充分的合作。目前，兩岸的交流與合作已經全方位展開，取得了豐碩的成果。這就為兩岸在南海的合作創造了良好氣氛，也為兩岸南海合作提供了十分有益的借鑑和參考。例如，兩岸可嘗試將已簽署的海峽兩岸海運協議經拓展後應用到南海合作上。

兩岸在南海地區事實上的存在和主權的有效行使，不僅是維護中國主權的重要象徵，還是民族利益的有效保障，是兩岸合作的基礎。多達350萬平方公里的南海大部分海域是中國的「歷史性水域」。有約150萬平方公里目前處於被他國占領的狀態，其餘的200萬平方公里海域被兩岸控制著。從1959年3月起，大陸方面就在西沙群島的永興島上設置了「西沙群島、南沙群島、中沙群島辦事處」，於1988年後開始派軍駐守南沙群島中的永署礁、赤瓜礁、東門礁等島礁，加強了對相關海域的控制與管轄。臺灣則在東沙、中沙兩群島行使「主權」，並駐守著南沙群島的最大島嶼太平島。

隨著兩岸關係的進一步改善和發展，面對南海緊張的局勢，兩岸人民要求兩岸合作維護南海主權的呼聲也日益高漲。這表明兩岸南海合作蘊含著強大的民意基礎。海峽兩岸在南海問題上持有相同的立場和基本一致的主張，完全可以攜手並進，共同承擔起維護好中華民族南海主權的責任和義務。

三、兩岸南海合作的路徑選擇

首先，兩岸應進一步增進共識。大陸方面對於南海合作一直持積極態度，而臺灣方面在此問題上一直有不同的聲音。一種觀點認為，在兩岸政治對立的態勢下，臺灣若與大陸合作，將使臺灣處於從屬、被動的地位，還會使其他聲稱國很可能拒絕與臺灣進行直接的談判；另一種觀點認為，臺灣應該將兩岸在南海問題上的合作視為海峽兩岸建立與增強政治互信的一種方式。在兩岸關係出現重大而又積極變化背景下，兩岸應該進一步增進共識。這些共識包括：南海是兩岸共有共享的南海，是中國的南海；南海權益的得與失，絕不是兩岸任何一方的得與失，關乎到整個中華民族的利益；兩岸在南海問題上的合作，將提升整個中國在南海議題上的話語權，對未來破解兩岸政治難題也有幫助作用。

其次，南海合作要具有層次性。兩岸在南海問題上的合作應包含兩個層次：一層是共同維護中國主權，一層是共同保護南海資源。對於第一點，兩岸曾有過合作。1988年，國民黨駐太平島守軍曾幫助中國南海艦隊收復被越南占領的南沙島嶼。雙方對彼此在島嶼上的「主權行使」都沒有表示過異議，而對其他南海周邊各國在南沙群島搶奪島礁並提出「主權要求」的無理行徑，

雙方也共同給予譴責、提出抗議。[36] 鑑於周邊國家在所占領的島嶼上採取措施強化「主權」，兩岸應該持續強化整個中國在南海的事實主權，在反對外國占領與干預的立場和態度上應該相互支持。關於第二點，兩岸可在南海海域漁業資源的開採與保護、石油天然氣勘探、以及維護南海海域環境及氣象研究、環境保護與汙染處理等領域進行合作。

最後，紮實做好基礎，穩固推進合作。海峽兩岸聯合繪製南海諸島的海域地圖，特別是對南海「九段線」進行法律界定，為行使管轄權提供依據；搭建兩岸關於南海問題的溝通平臺，可以在兩會架構下成立兩岸南海問題事務工作小組，由相關的產學界人士組成；加快成立各類南海合作的相關組織，推進兩岸在南海的合作開發力度，如成立「兩岸南海漁業實業公司」、「兩岸南海地質氣候研究中心」等；利用各自在南海的基地，為兩岸漁民的生產生活提供服務，充分保障兩岸漁民的合法權益等。

本章小結

東盟各國和臺灣都是南海問題的重要「參與方」。雙方在南海島嶼的主權歸屬和南海海域的劃分問題上存有重大差異，因此南海問題是地區與東盟各國關係發展的主要問題之一。

自古以來，南海就是中國領土不可分割的一部分。在很長的一段歷史時期，國際社會對於中國在南海的主權都未持有任何異議。但隨著 1960、1970 年代，南海海域蘊藏的豐富石油、天然氣資源被發現後，南海周邊的東南亞國家紛紛對南海島嶼提出主權要求，侵占了部分島嶼，與外國公司聯手開發南海的自然資源。南海問題由此產生。中國政府一直主張「擱置爭議、共同開發」，積極與東盟各國協商談判，在和平解決南海問題上取得了一定的進展。但與此同時，部分東盟各國採取行動加強了對所占島嶼的控制和「主權」宣示，而且還將美、日等域外勢力引入南海問題，推動南海問題的國際化、複雜化和多邊化，進一步增加了南海問題和平解決的難度。

臺灣當局一直主張對南海擁有無可爭辯的「主權」。兩蔣時期，臺灣當局派遣軍隊駐守南海最大的淡水島嶼太平島，強化對南海島嶼和海域的「主

權」宣示，並採取行動堅決抵制部分東南亞國家侵占南海島嶼。李登輝執政時期，也採取了一些措施來主張對南海的「主權」，如成立「南海小組」，研擬南海事務政策措施，制定《南海政策綱領》等。但與兩蔣時期相比，李登輝當局在南海問題上的立場有所倒退。陳水扁當局則尋求以南海問題作為突破口，來尋求臺灣的「主權國家地位」，其南海政策具有濃厚的「臺獨」色彩。馬英九上臺後，積極宣示「主權」，突出「主權在我」，主張透過「和平互惠、共同開發」來維護臺灣的「經濟主權」等。

面對美日等域外大國對南海問題的「積極干預」，菲律賓、越南等東盟各國的咄咄逼人等複雜情勢下，兩岸應該在南海問題上尋求合作，共同維護中國在南海的主權。兩岸對南海主權宣示的相近是兩岸合作的基礎。兩岸關係和平發展主題的確立為兩岸共同維護南海主權創造了有利條件。兩岸應進一步增進共識、紮實做好基礎，增進互信，穩固推進合作，共同維護中國對南海的主權。

註釋

[1] 李義虎主編：《政治賭博中的臺灣》，北京：中國友誼出版公司，1999年版，第348-349頁。

[2] 吳士存：《縱論南沙爭端》，海口：海南出版社，2005年版，第3頁。

[3] ECAFE，Committee for Coordination of Joint Prospecting for Mineral Resources in Asia Off-shore Areas，Technical Bulletin，1969，p.2.

[4] Helmut Tuerk，the Contribution of the International Tribunal for the Law of the Sea to International Law，Seoung-Yong Hong & Jon M.Van Dyke，Maritime Boundary Disputes，Settlement Processes，and the Law of the Sea，Martinus Nijhoff Publishers，Leiden，Boston，2009，p.254.

[5] 《南海各方行為宣言》

[6] 林正義主持：《南海情勢與中國應有的「外交」國防戰略》，臺北：「行政院研究發展考核委員會」，1996年編印，第52頁。

[7] 張明亮：《「9.11」以來南中國海形勢綜述》，載《東南亞研究》，2006年第3期，第46-47頁。

[8]《中國外交部就菲律賓國會通過「領海基線法案」發表聲明》
[9]《越南舉行儀式任命西沙群島地區「主席」》
[10]《中國抗議馬來西亞越南聯合提交外大陸架「劃界」》
[11]《印尼無理扣押 75 名中國漁民 稱中國船隻非法捕魚》
[12] 師小芹：《新的較量之地：國家、地區和全球視野中的南海問題》，載《和平與發展》，2011 年第 6 期，第 24-25 頁。
[13] PressAvailabilityin KualaLumpur，Malaysia
[14] 希拉里指出：航行自由與航道安全、海洋洋面與天空共有空間的使用以及合法商業行為不受阻礙等屬於「國家利益」的範疇；東南亞國家與韓國、日本、印度等東盟地區論壇的參加國和其他域外國家在南海地區的利益屬於「國際利益」的範疇。
[16] 鄧凡：《美國干涉南海問題的政策趨勢》，載《太平洋學報》，2011 年第 11 期，第 83-84 頁。
[17] 江淮：《太平島——見證南海百年滄桑》，載《世界知識》，2009 年第 7 期，第 67 頁。
[18] 鄭劍：《孤島殘夢——國民黨在臺灣的日子裡》（下卷），北京：群眾出版社，1997 年版，第 396 頁。
[19] Far Eastern Economic Review，May5，1988，p.26.
[20]「南海小組」和「功能性小組」的功能和任務是不同的，前者負責臺灣當局關於南海政策綱領和例行性、靜態事務的處理；而後者負責處理突發性、動態重大的問題和事件。
[21] 李義虎主編：《政治賭博中的臺灣》，北京：中國友誼出版公司，1999 年版，第 355 頁。
[22]（臺灣）《世界日報》，1992 年 5 月 28 日。
[23]（臺灣）《聯合報》，1993 年 4 月 1 日。
[24] 戎振華、鄒琿：《現實困境與未來調整：臺灣南海政策評析》，載《艦船兵器》，2004 年第 1 期，第 80 頁。
[25] 黃光國：《民粹亡臺論》，北京：中國友誼出版公司，1997 年版，第 143-146 頁。
[26] 陳欣之：《南沙主權糾紛對臺海兩岸關係的意義與影響》，載（臺灣）《問題與研究》，1999 年第 7 期，第 27 頁。
[27] 馬纓：《兩岸關係中的東南亞因素》，載《東南亞研究》，2002 年第 3 期，第 8 頁。
[28] 馬英九、蕭萬長：《海洋政策：藍色革命海洋興國》，第 3 頁。

第六章 實例分析：南海問題

[29]《臺灣當局召集菲律賓代表就南海問題提出抗議》

[30] 林紅：《論兩岸在南海爭端中的戰略合作問題》，載《臺灣研究集刊》，2010年第1期，第68-69頁。

[31] 劉復國：《當前區域性南海問題對話合作機制》，臺灣「中央研究院」亞太區域研究專題中心：《亞太研究論壇》，2003年第19期，第40頁。

[32] 李金明：《海峽兩岸在南海問題上的默契與合作》，載《臺灣研究集刊》，2010年第5期，第7-8頁。

[33] Kuan-Ming Sun，"Policy of the Republic of China towards the South China Sea：Recent Development"，Marine Policy，vol.19，No.5，1995，p.403.

[34] 從1990年代開始至今，南海周邊國家已經在該海域鑽井多達1000餘口，發現200多個含油氣構造和180多個油氣田，年石油產量超過1億噸，天然氣產量超過1000億立方米。

[35] 林紅：《論兩岸在南海爭端中的戰略合作問題》，載《臺灣研究集刊》，2010年第1期，第69頁。

[36] 戎振華、鄒琿：《臺灣南海政策探析》，載《艦載武器》，2004年第1期，第80頁。

第七章 臺灣參與東亞區域經濟整合

　　區域經濟整合，又稱為「區域經濟一體化」，可以劃分為「功能性整合」和「制度性整合」。前者是指區域內國家間越來越頻繁的經濟貿易投資活動，描述的是市場機制下區域市場的自然整合。後者強調借助政府的協商與談判，對本區域的市場進行人為的引導，透過區域內國家間的制度性安排有效促進區域的貿易、投資和經濟合作。[1]

　　東亞[2]區域經濟的功能性整合早在1950、1960年代就已開始並取得了實質性進展，而制度性整合則是在1997年亞洲金融危機之後。進入21世紀，基於自由貿易區的東亞區域經濟一體化更是得到了東亞各國的積極推動。東亞區域的制度性整合由東盟主導，是一種以東盟為驅動的地區主義模式，即一群弱小國家安排一系列程序規範，並說服該地區大國接受並適應這些規範。[3]儘管有學者認為，在這一模式中，東盟各國不能調動成員國尤其是大國全身心投入地區一體化事業，東盟各國薄弱的領導能力無法形成組織凝聚力以及東盟施展平衡外交刺激了大國的明爭暗鬥，影響了大國間在東亞一體化議題上的合作，因此強調東亞地區主義需要大國領導。[4]但客觀事實是，東盟至今依然是推動東亞區域制度性整合的主導者。

　　因此，透過發展與東盟各國的關係來參與以東盟為主導的東亞區域經濟整合，是臺灣當局「東南亞外交」的一個重要的戰略考慮。臺灣當局試圖透過與東盟各國簽署自由貿易協定來謀求參與東亞區域經濟整合，以此來扭轉臺灣經濟邊緣化的趨勢與困境，並藉此拓展臺灣的「國際空間」。臺灣地區謀求參與東亞區域經濟整合和發展與東盟各國關係是相輔相成、互相促進的兩個方面。這為兩岸關係和平發展帶來了新的變數，也成為大陸方面必須認真應對和妥善處理的一項現實課題。

第一節 臺灣在東亞區域經濟整合中的作用

一、東亞區域經濟整合及其成就

1950 年代末、1960 年代初期，東亞區域經濟的功能性整合，即市場引導型的區域經濟一體化開始啟動。東亞各國（地區）的經濟騰飛時序表現的錯落有致，形成了以日本為「雁首」，「亞洲四小龍」（韓國、臺灣、中國香港、新加坡）為第二梯隊，東盟各國和中國緊隨其後的梯隊型發展形態，被稱為「雁行模式」或「雁陣模式」，共同創造了舉世矚目的「東亞奇蹟」。冷戰結束後，中國經濟的快速發展，扮演著「世界工廠」、「世界市場」的重要角色，成為區域經濟新一輪增長的主要推進器。東亞區域內貿易、投資快速增長，產業分工模式繼續深化，東亞區域經濟的功能性整合進一步推進。

東亞區域經濟的制度性整合不僅遠遠落後於其功能性整合，而且還落後於歐美等地區經濟的制度性整合。但推動東亞區域經濟整合制度化的想法早已有之。1950 年代，就出現過了「太平洋共同體」的呼聲。1990 年，馬來西亞總理馬哈蒂爾也提出過「亞洲經濟集團」的設想，但遭到美國的強烈反對，被包括美國在內的 APEC 構想取代。[5] 東亞區域經濟的制度化整合進程非常緩慢，直到 1997 年東亞金融危機發生後，東亞國家才真正意識到區域內相互合作的重要性。可以說，1997 年的亞洲金融危機給東亞區域經濟的制度性一體化建設提出了更高的要求，也由此成為東亞區域經濟制度性整合的重要轉折點。1997 年 12 月，東盟九國（當時柬埔寨尚未加入）邀請中國、日本、韓國參加紀念東盟成立 30 週年大會，共同商討金融危機的應對策略和合作大計。這次非正式會議成為了深化東亞區域經濟合作的中心會議，開始了東亞區域經濟制度性整合建設的第一步，將經濟整合區域由東南亞地區擴展到東亞地區，並由此衍生了東亞「10+3」的合作框架。此後，東亞區域經濟制度性整合又取得了突破性進展。主要表現在：

首先，東盟自由貿易區的建立。1991 年 10 月，東盟經濟部長部正式提出建立東盟自由貿易區。1992 年，第四屆東盟首腦會議決定在 1993-2008 年 15 年內建立東盟自由貿易區。1994 年，東盟決定將自由貿易區建立的時間

提前到 2003 年,而後又決定再提前一年。2002 年 1 月 1 日,東盟 6 個老成員率先啟動自由貿易區。[6] 東盟自由貿易區的建立經歷了從特惠貿易安排到自由貿易區的發展過程,也經歷了成員國由 6 國增加到 10 國的擴大過程,經濟合作由最初的貨物貿易逐步發展到貨幣貿易、投資和其他合作領域。2003 年,東盟各國決定將在 2020 年建成「東盟共同體」,用以推動東盟區域一體化的進程。2007 年,東盟首腦會議決定將建立「東盟共同體」的時間提前到 2015 年,並正式簽署了《東盟憲章》和《東亞經濟共同體總藍圖宣言》,為東盟經濟一體化和政治整合提供了法律框架和具體措施。

其次,3 個「10+1」區域經濟整合已顯雛形。2001 年 11 月,中國與東盟各國領導人宣稱十年內建成自由貿易區(FTA)的目標。次年 11 月,雙方簽署了《中國與東盟全面經濟合作框架協議》,標誌著中國 - 東盟自由貿易區的建設進程開始啟動。2004 年底,雙方又簽署了《貨物貿易協議》與《爭端解決機制協議》,使自由貿易區的建設進入到實質性的執行階段。在雙方於 2009 年 8 月 15 日共同簽署《中國 - 東盟自由貿易區投資協議》之後,2010 年 1 月 1 日,中國 - 東盟自由貿易區正式建立。相比較而言,日本、韓國各自與東盟的自由貿易區建設要滯後一些。2003 年 10 月,日本與東盟簽署了《日本 - 東盟全面經濟夥伴關係框架協議》,韓國則是在 2005 年 12 月與東盟簽署《東盟 - 韓國雙邊自由貿易框架協議》。至今,日本 - 東盟自由貿易區已經啟動,而東盟 - 韓國自由貿易區也即將建成。這是東盟分別與中、日、韓三國朝著建設經濟聯盟邁出的重要一步,標誌著東亞區域經濟整合的深化。

第三,「10+3」東亞自由貿易區正在積極構建。十餘年來,「10+3」機制推動著東盟各國與中日韓三國擴大和深化在各個領域尤其是經濟領域的交流與合作,促進了 13 個國家的經濟合作與融合。[7] 隨著 3 個「10 +1」自由貿易區的逐步建立,建立一個統一的「10 +3」東亞自由貿易區的基礎條件已經成熟,前景也十分誘人。[8] 當然,由於受到各國間經濟發展水平不一、經濟整合中主導權的爭奪以及歷史問題的影響,東亞自由貿易區的建立還有很長的路要走。[9]

此外，地區內的國家間積極簽署雙邊自由貿易協定，推動經濟整合。2002 年，日本與新加坡簽署了《日本 - 新加坡新時代經濟連攜協定》。中國與新加坡也簽署了自由貿易協定。還有次區域經濟合作也在如火如荼地展開。如大湄公河次區域合作、東北亞圖們江次區域合作、東盟「成長三角」等。總的來說，東亞區域經濟的制度性整合儘管起步較晚，但也取得了不少成績。「10+3」機制成為區域合作的主流，「10+1」等的多樣化合作補充完善了區域經濟整合的內容，由此帶來了東亞地區務實發展的良好態勢。[10]

二、臺灣在東亞區域經濟整合中的作用演變

回顧臺灣經濟的發展史以及東亞區域經濟整合的進程，我們可以發現這樣一個規律：從 1950 年代到 20 世紀末期，臺灣經濟的發展與東亞區域經濟的功能性整合幾乎是同步的，並且臺灣是東亞區域經濟功能性整合的重要參與者和推動者，對於「東亞奇蹟」的創造發揮了較為重要的作用。主要體現在：首先，從 1950 年代到 80 年代，臺灣是區域內承上啟下的「貿易代工者」。1950 年代，臺灣當局先是採取了多重匯率、高關稅、進口配額等進口替代政策，保護島內輕工業發展。之後又採取出口擴張政策，透過簡化多重匯率制度，減少進口限制，獎勵民間和外商投資，設立出口加工區，促進外銷企業的發展壯大。[11] 臺灣的企業從日本進口生產資料，向美國出口工業品，形成了生產上依賴日本、市場上依賴美國的「三角貿易」關係。日本是臺灣最大的進口市場，美國則成為臺灣最大的出口市場。1970-1982 年，美國和日本市場在臺灣對外貿易市場的總體比重高達 50%，其中美國占 37%，日本為 13%。日、臺、美「三角貿易」是臺灣對外貿易的基本模式，臺灣是其中的代工者，在東亞「雁行模式」中居於中間位置。臺灣由此踏上了「經濟奇蹟」之路。從 1962 年到 1971 年間，臺灣工業出口年增長率為 17.3%，經濟增長率也超過 10%。[12] 憑藉持續快速增長的經濟，臺灣與香港、新加坡、韓國獲得了「亞洲四小龍」的美譽。

其次，從 1980 年代中期到 20 世紀末期，臺灣是區域內承上啟下的「跨境投資人」。到了 80 年代中期，臺灣加工出口經濟達到頂峰，臺灣經濟進入後工業化時期，面臨著快速升級和轉型的壓力。臺灣當局及時調整政策，緊

跟美、日，在日本的產業技術外溢的帶動下，適時進行產業升級，產業重點和方向由以紡織和石化為主導轉變為以技術層次高、附加值高的新興電子資訊工業為主導，服務業的地位也得到了提升。與此同時，臺灣的對外投資實現了跨越式發展。投資區域主要集中在亞洲地區，以東南亞國家和大陸為主。1987-1991年，臺灣在東南亞地區和大陸的投資總比重為58.9%，東南亞和大陸分別占52.8%和6.1%；1998-2000年，這一比重達到了66.13%，東南亞和大陸分別占12%和54.13%。大陸成為臺灣對外投資的中心地區。其間，臺灣對外投資的產業結構也有所調整和提升。1980年代中後期，臺灣的產業結構以勞動密集型產業為主，到了90年代初期，轉變為以資本密集型的石化產業為主，再到90年代後期，則以技術密集型產業為主。臺資企業的大規模對外投資，為大陸地區和東南亞國家的發展提供了寶貴的資金技術支持和先進的管理經驗，從而推動了東亞區域經濟的功能性整合。

但與此形成鮮明對比的是，在1997年開始加速推進的制度性整合中，臺灣卻不能加入到這一進程中去分享東亞區域經濟制度性整合的巨大紅利。臺灣經濟已經面臨著邊緣化的困境，競爭力遭到削弱。這從21世紀初期臺灣經濟的表現就可以看出。新世紀初期，由於受到美國IT泡沫破滅引發的全球經濟危機的影響，2001年臺灣對外貿易的增長率下跌17.2%，失業率卻由2000年的2.99%驟然升至2001年的4.57%。臺灣經濟的衰退暴露出臺灣經濟單一、經濟體制脆弱的問題。這也表明，臺灣在區域經濟制度性整合中的「缺席」，將大大削弱其在功能性整合中的地位。

三、臺灣經濟的邊緣化及其原因

從上述分析可以得知，在東亞區域經濟整合，特別是制度性整合中，由於海峽兩岸持續的政治對立，臺灣被排除在區域經濟整合與經濟一體化範圍之外，未能融入到東亞區域合作的潮流中，其經濟被孤立與邊緣化。

表九中的數據顯示，在臺灣的對外貿易格局中，東亞市場具有十分重要的地位，所占比重超過50%。這其中，AFTA板塊、「10+1」板塊、「10+3」板塊、中日韓板塊和CEPA板塊都在臺灣對外貿易中占有一定的份額。儘管這些數據的得出，僅僅是鬆散組合狀態下各貿易往來數據的簡單相加，但東

亞區域經濟整合必然會產生「貿易創造」和「貿易轉移」的效應，[13] 對臺灣在東亞市場的貿易份額的消極性影響將更大。臺灣的產品由於無法享受到優惠的稅收政策，企業經濟成本上升，在東亞市場的競爭力將減弱。與臺灣具有貿易競爭力的韓、日、中國大陸，將依據自由貿易優惠取代臺灣的優勢地位，壓縮臺灣產品在東亞的市場空間。實證模式顯示，當經濟整合所涵蓋的經濟體越多，且參與的經濟體與臺灣的貿易依賴程度越高時，臺灣若被排除在外，則將面臨的負面影響愈大。模擬結果發現「東盟10+3」的組合，將使臺灣實質 GDP 減少 0.15% 的負面衝擊；3 種「東盟10+1」的組合使臺灣實質 GDP 減少 0.14% 的負面衝擊。但若臺灣獲準加入「東盟10+3」，則透過貿易創造效果使臺灣實質 GDP 提升的幅度最多，達 0.58%；其次為兩岸若簽署 FTA，臺灣實質 GDP 提升的幅度達 0.5%。[14]

表九：臺灣在東亞地區貿易的分布格局 單位：億美元；%

	2003年度		2004年度		2005年度		2006年度		2007年度		2008年度	
	總額	比重	總額	比重	總額	比重	總額	比重	總額	比重	總額	比重
對外貿易總額	2714.3	100.0	3511.3	100.0	3810.5	100.0	4267.2	100.0	4659.3	100.0	4960.8	100.0
東亞地區	1480.7	54.6	1719.6	49.0	1920.5	50.4	2152.9	50.5	2347.3	50.4	2483.3	50.1
AFTA板塊	340.9	12.6	439.9	12.5	480.4	12.6	539.6	12.6	594.8	12.8	640.8	12.9
「10+1」板塊	804.1	29.6	971.3	27.7	1117.7	29.3	1305.5	30.6	1499.1	32.2	1623.6	32.7
「10+3」板塊	1318.9	48.6	1719.6	49.0	1920.5	50.4	2152.9	50.5	2347.3	50.4	2483.3	50.1
中國大陸、日韓板塊	978	36.0	1279.6	36.4	1440.2	37.8	1613.3	37.8	1752.5	37.6	1842.5	37.1
CEPA板塊	625.0	23.0	883.52	25.2	998.9	26.2	1158.5	27.1	1302	27.9	1459	29.4

資料來源：「臺灣關稅總局」，http：//www.moeaboft.gov.tw

應該承認，臺灣不能參與東亞區域經濟整合，有其客觀原因。眾所周知，東亞區域經濟的制度性整合是以主權國家簽署雙邊或多邊的自由貿易協定、建立自由貿易區為重要基礎和主要形式的。作為東亞區域的重要經濟體，臺灣並不具備「主權國家」地位，自然不能與其他主權國家簽署自由貿易協定。但是，也要看到，如果臺灣與大陸方面在「九二共識」政治基礎上進行友好

第一節 臺灣在東亞區域經濟整合中的作用

協商,做出適當安排,臺灣是可以參加到東亞區域經濟整合的浪潮中去的。中國香港、澳門地區就是因為與大陸簽署了更緊密經貿關係安排,分享到了大陸經濟發展的成果以及避免經濟的「邊緣化」。因此臺灣經濟邊緣化,責任完全在於李登輝、陳水扁當局的錯誤政策。它們推行的「分裂祖國」路線阻礙了臺灣經濟的發展,也阻斷了臺灣經濟融入東亞區域經濟整合的可能性。

冷戰結束後,世界經濟一體化、區域經濟集團化同時並行不悖地快速發展。東亞地區經濟更是顯示出前所未有的活力,這其中,中國大陸經濟的發展特別引人注目,成為東亞經濟發展和地區穩定的重要驅動器。中國大陸在東亞乃至世界經濟中的地位日益重要。在此背景下,順應時代潮流,加強與大陸的經濟依賴來分享大陸的經濟發展成果,是臺灣無法迴避而又不可逆轉的歷史潮流。但李登輝當局在權力鞏固之後,逐漸偏離了一個中國原則,走向了分裂祖國的錯誤道路。在兩岸經貿政策上,李登輝也徹底拋棄了「以大陸為腹地」的經濟發展政策,轉而提出了限制臺商西進大陸投資的「戒急用忍」政策,對臺商赴大陸投資設置種種人為障礙。李登輝還大搞「務實外交」,試圖在國際上製造「兩個中國」、「一中一臺」,不僅危害了兩岸關係的發展和臺海局勢的穩定,而且也衝擊了兩岸在1990年代初期建立的政治互信,加劇了兩岸的政治對立。

在2000-2008年民進黨執政時期,臺灣當局更是無心也無力推動臺灣經濟的發展。這主要是因為:首先,民進黨雖獲執政權,但「朝小野大」的政治格局使得島內政治鬥爭異常激烈。為鞏固政權,陳水扁當局集中力量進行政治鬥爭,力圖在各類選舉中獲得優勢地位,忽視經濟發展和社會的穩定。其次,有關經濟問題的決策上,受政治立場和政黨利益的影響,往往缺乏理性。陳水扁當局頒布的很多經濟發展規劃方案,都難以符合世界潮流,無法滿足臺灣經濟自身的需要。特別是實行限制兩岸經濟貿易往來的政策,致使臺灣經濟難有實質性的發展。第三,經濟管理體制運作效率不高。初次上臺的民進黨當局,不僅缺乏執政的經驗,而且沒有專門的財經人才。臺灣財經部門人員的組成非常不穩定,導致有關經濟貿易政策的實施缺乏連貫性和一致性。一系列官員頻繁被更換,無助於推動與執行相關經濟貿易政策,更難以有效應對不斷下滑的島內經濟局勢。

因為陳水扁當局推行對抗大陸，追求「獨立」的內外政策，所以他在臺灣的經濟發展策略上謀求盡可能避開與大陸的合作，拉大兩岸之間的「安全距離」，減輕臺灣經濟對大陸經濟的依賴程度。[15] 由於臺灣當侷限制兩岸交往的政策，兩岸直接「三通」遲遲不能實現，資本貨物無法暢通雙向流動，增加了臺商成本費用，加大了商業風險，影響了競爭力。外商在臺的營運基地因此紛紛撤離臺灣，在臺的美國商會、歐洲商會人數也日益減少，本土企業為了生存與發展，也紛紛外移尋找出路。臺灣當局提出的口號與目標如建立「亞太營運中心」、「亞太運籌中心」等紛紛破產。臺灣的一些產業如金融業、旅遊業和交通港口業的發展空間也受到了限制。以高雄港為例，高雄港是亞太地區最為優良的天然港口之一，集裝箱吞吐量規模曾居世界第三。但由於臺灣經濟形勢惡化，兩岸「三通」不能實現，影響了高雄港在世界海港中的地位。高雄港先後在 2002 年被韓國釜山港超過，2003 年被上海港超過，2006 年又被深圳鹽田港超過，地位一再下降。

　　總之，李登輝、陳水扁當局推行不符合歷史發展潮流和兩岸關係發展規律的政策，只能使臺灣經濟越來越邊緣化和孤立化。而要擺脫這一困境，臺灣當局只能重新回到「九二共識」，採取兩岸和解政策，並與大陸積極協商，才能實現臺灣經濟發展與大陸經濟發展以及東亞區域經濟整合的銜接，臺灣經濟才有出路。

第二節 臺灣謀求參與東亞區域經濟整合的策略

　　臺灣經濟是外向型經濟，自然不能與區域經濟的發展潮流相脫節、相背離。對於冷戰後區域經濟一體化的潮流，臺灣當局是有所認識的，並採取了一些策略與措施，但效果甚微。主要有：第一，實施「亞太營運中心計劃」，增強臺灣經濟的實力和吸引力。1993 年，李登輝當局提出推動臺灣成為亞太營運中心的設想。經過兩年的論證，1995 年 1 月，臺灣當局通過了《發展臺灣成為亞太營運中心計劃（1995-2005）》，作為「跨世紀的經濟建設藍圖」。臺灣當局力圖透過建設亞太營運中心，來改善島內的投資和經營環境，吸引國際跨國公司來臺投資或設立區域營運總部，利用跨國公司的科技和資金推

動島內產業升級並共同合作開拓亞太市場。臺灣當局計劃建設六大功能中心：高附加值的製造與研究中心、海運轉運中心、航空轉運中心、金融中心、媒體中心和電信中心。但由於受到臺灣自身實力的限制，特別是臺灣當局阻礙兩岸關係正常發展，使得這一計劃的實施失去了大陸市場的支撐。一些跨國公司由於擔心臺海局勢的不穩定，對投資臺灣「望而卻步」。[16]

第二，推行「南向政策」。東南亞國家歷來是臺灣當局發展關係的重要對象。在李登輝、陳水扁時期，臺灣當局共先後推行了三次南向政策，其目的一方面是為了冷卻臺商投資大陸的熱潮，另一方面則是為了提升與東南亞國家經濟的相互依賴度，藉此參與東南亞區域一體化進程，為未來的東亞區域經濟整合打下基礎。但如同前幾章所分析的那樣，三次「南向政策」效果並不理想。再加上東盟各國奉行「一個中國」政策，臺灣當局試圖參與東南亞地區一體化的圖謀並沒有得逞。

第三，積極與主要經貿夥伴簽訂自由貿易協定。早在1990年代後期，臺灣當局與新加坡就開始洽簽FTA，並一度取得進展。後因大陸公開反對，臺灣當局簽署FTA的圖謀並未得逞。民進黨上臺後，也重視推動洽簽自由貿易協定，將日本、新加坡、美國等臺灣的主要貿易夥伴確定為優先洽談對象。陳水扁當局還以「中國經濟威脅論」為由，呼籲美、臺、日三方簽署FTA。臺「行政院」成立推動FTA項目小組，鎖定美國、新加坡、日本、新西蘭等國家為簽署對象，將新加坡作為洽簽FTA的首個東盟各國，認為臺灣實現與新加坡簽署FTA的目標，將對其他國家形成示範效應，吸引其他東盟各國與臺灣洽簽自由貿易協定。而新加坡對於簽署FTA也比較重視，但陳水扁當局堅持以「主權國家」的身分與新加坡進行自由貿易協定的談判，遭到了新加坡的抵制和反對，雙方談判並沒有多大進展。馬英九贏得2008年臺灣地區領導人之後，對與有關國家談判簽署FTA抱持積極態度，希望能與新加坡重啟自由貿易協定的談判，並準備以更靈活的方式處理臺灣對外合作的名稱問題。[17] 海基會董事長江丙坤也指出，東盟各國是臺灣優先考慮談判並簽署自由貿易協議的對象，而在東盟各國當中，以新加坡為首要目標對象。[18] 新加坡方面也表現出積極態度，馬英九在2008年選舉中獲勝後，新加坡立即表示，繼續奉行「一個中國」政策，在此基礎上發展與臺灣的良好關係。

第四，積極謀求參與東亞區域經濟整合機制。從經濟利益上而言，臺灣需要加入東亞區域經濟整合。但臺灣當局又一直希望藉此來拓展臺灣的「國際空間」，尋求在國際上製造臺灣是「主權國家」的事實。在美日等國家的支持下，也在大陸的協調下，臺灣在 1991 年就加入了 APEC，2002 年又加入了 WTO 等國際經濟組織。但臺灣當局利用這些平臺和參加會議的機會，從事了一些不利於祖國和平統一的活動，導致兩岸關係緊張並削弱了大陸在臺灣參與國際組織方面的支持力度。馬英九一直以來積極推動臺灣參與東亞區域經濟整合，早在競選 2008 年臺灣地區領導人期間，就提出了「10+3+1」設想，尋求機會推動臺灣融入到「中國、日本、韓國 - 東盟自由貿易區」的合作機制，分享區域經濟整合的「紅利」。在馬英九看來，「經濟被孤立是要命的」。2009 年 12 月，馬英九在「全球金融風暴後臺灣與東盟各國加強經濟合作及策略」國際研討會上致詞時表示，亞太地區大概只有朝鮮及臺灣地區沒有與其他國家簽定自由貿易協議（FTA），臺灣必須更努力參與這波區域經濟整合，不希望臺灣被進一步孤立或邊緣化。[19] 與李登輝、陳水扁不同的是，馬英九在推動臺灣參與區域經濟整合時採取了更加務實、靈活的策略，強調首先推動兩岸簽署經濟合作協議，希望以此減少臺灣與其他國家簽署此類協議的阻力，讓臺灣的經濟盡速與世界經濟接軌。[20]

2012 年 2 月，在獲得連任後，馬英九在「2012 天下經濟論壇」宣示連任後的四大具體目標，其中第四項目標就是要繼續擴大區域經濟連結。他認為，跨太平洋經濟夥伴協議（TPP）已是最新趨勢，勢必成為亞洲經濟核心。臺灣與大陸簽署 ECFA 還不夠，還必須 10 年內加入「泛太平洋夥伴關係協定」，避免臺灣在區域經濟整合中被邊緣化。臺灣要創造條件加入，比如推動經濟自由示範區，先從高雄開始，一步步建構條件，讓臺灣更自由化。[21]

第三節 大陸的對策思考

臺灣參與東亞區域經濟整合尤其是與有關國家簽署 FTA 的問題，是一個包含著經濟、政治、外交意涵的複雜而又敏感的問題。一方面，臺灣經濟邊緣化導致臺灣經濟不景氣，進而使得島內民眾的生活水平下降，影響島內民

生。作為同為中華民族的一份子，大陸不但不能漠視，而且還要出謀劃策為臺灣民眾謀福祉。這就意味著解決臺灣參與東亞區域經濟合作問題具有爭取臺灣民心、體現兩岸「命運共同體」思想的重要意義，值得大陸方面認真思考並努力解決。另一方面，臺灣參與東亞區域經濟整合又不單純是一個經濟問題。自由貿易協定的簽署只能在主權國家之間進行。若兩岸未進行充分協商達成原則性共識，而允許臺灣與其他國家簽署FTA，那將在國際社會上造成臺灣是「主權國家」的印象。更何況，臺灣當局就是有意透過參與東亞區域經濟整合，與有關國家簽署FTA等方式來拓展臺灣「國際生存空間」，提升臺灣在國際社會的參與度和能見度，發揮政治影響力。早在1990年代初期，基於對臺灣經濟發展和人民福祉的考慮，在取得與APEC原則性共識後，中央政府允許臺灣以適當身分參與APEC。但遺憾的是，臺灣當局屢次藉該平臺製造事端，嚴重影響兩岸在APEC的良性互動與政治互信。例如1993年11月，臺灣官員在西雅圖APEC會議上公然提出「以一個中國為指向的兩個中國政策」，直接挑戰一個中國原則，造成惡劣影響。

因此，大陸在解決臺灣參與東亞區域經濟整合問題上面臨著困境。一方面，臺灣當局將臺灣經濟邊緣化歸咎於大陸的「孤立」與「打壓」。這很容易讓臺灣民眾對大陸產生反感甚或敵意，不利於大陸方面爭取臺灣民心。因此為了臺灣民眾福祉和拉近臺灣人民與大陸人民的「心理距離」，大陸方面面臨著幫助臺灣參與東亞區域經濟整合的壓力。但另一方面，讓大陸方面不放心的是，臺灣當局利用這個機會，謀求臺灣的「國際生存空間」，在國際上製造「兩個中國」或「一中一臺」。

臺灣參與東亞區域經濟合作，是臺灣經濟生存發展的需要，也符合包括臺灣同胞在內的中國人民的利益。而且，臺灣參與東亞區域經濟整合是一種不可避免的趨勢。以往由於臺灣當局推行「臺獨」政策，不承認「九二共識」，兩岸敵對氣氛較為濃厚，大陸基於維護一個中國原則，對於臺灣尋求與東亞地區有關國家簽署雙邊自由貿易協定予以反對。但2008年以來，兩岸關係已經出現了重大而又積極的變化。馬英九當局在兩岸關係上採取「和解」政策，承認「九二共識」，並與大陸簽署了ECFA，兩岸經貿往來進一步制度化、正常化。兩岸間的政治互信也有所累積，並形成了良性互動。在此新形

勢下，臺灣與有關國家簽署FTA，我們就應該選擇有條件允許。若持續反對，勢必影響兩岸關係的和平發展氣氛，也會激起臺灣民眾對大陸的「反感」。如果無條件允許，則可能會引發連鎖反應，臺灣將紛紛與世界各國或地區簽署FTA。因此我們應該有條件允許臺灣參與，而允許的條件，則需要認真考慮。

與此同時，應該體認到，臺灣參與東亞區域經濟整合問題屬於臺灣「國際空間」問題中重要議題之一。因此對這一問題的解決，必須遵守解決臺灣「國際空間」問題的一些基本原則，主要有：

一是一個中國原則或體現一個中國原則的「九二共識」。兩岸應該明確一個中國的基本前提和中國統一的基本選項。臺灣參與東亞區域經濟整合問題應該在一個中國原則框架下解決，而不應導致「兩個中國」、「一中一臺」，不會有任何導致國家主權分裂和領土不完整的事變可能。中國主權和領土完整不容分割，這是大陸堅定不移的立場，也應是兩岸中國人的共同責任。歷史已經表明，臺灣任何單獨尋求「國際空間」，甚至挑戰一個中國原則的企圖過去從未成功過，今後也不會成功，這是否定不了並且必須正視的事實。李登輝、陳水扁之流在島內外進行的「臺獨」冒險行為，不僅沒有撼動一個中國原則，反而在國際上強化了各國普遍奉行的一個中國政策，壓縮了「臺獨」空間。不僅如此，也使臺灣失去了寶貴的發展機遇，經濟下滑，民生拮据。[22]

二是個案處理原則。如前所析，東亞區域經濟整合涉及多個方面，有多國經濟集團的經濟整合，有雙邊自由貿易區的建立，有次區域合作與開發。因此在探討臺灣參與東亞區域經濟合作或整合時，不應該採用「一攬子」的解決辦法，而應堅持區別對待，個案處理原則，具體區隔和界定。比如，大陸應該反對臺灣參與東盟自由貿易區的經濟合作。這是由於東盟自由貿易區的合作已經從經濟領域向政治、安全領域擴展，走向東盟共同體。臺灣沒有資格參與。而對於臺灣試圖加入「10+3」機制問題，應該在堅持實現大中華經濟整合之後，即大陸和臺港澳的經濟整合之後再討論。而對於次區域的經濟合作，可有條件允許臺灣參與。[23]

三是兩岸平等協商原則。歷史、法理與現實都表明，臺灣參與東亞區域經濟整合的問題，單靠臺灣自身的力量並不能夠得到解決，而是需要透過兩岸協商、談判才能夠合理解決。沒有兩岸的平等協商，缺少大陸的一些必要協助，臺灣參與東亞區域經濟整合問題將沒有解決路徑。兩岸協商的關鍵性問題是：如何處理臺灣參與東亞區域經濟整合與兩岸經濟整合的關係問題。對此，胡錦濤總書記曾在紀念《告臺灣同胞書》發表30週年座談上提出了大陸的政策立場，即提倡兩岸應該首先建立更加緊密的經濟合作機制，這一機制的建立對提升臺灣經濟的競爭力和發展空間，兩岸經濟的相互促進、共同發展具有重大意義，同時又有利於探討兩岸經濟共同發展同亞太區域經濟合作機制相銜接的可行途徑。由此觀之，大陸的思路是要將兩岸經濟整合與臺灣參與東亞區域整合相連接。馬英九當局對此問題的策略是，兩岸先簽署相關的經濟合作機制，然後在與東亞甚至全球範圍內的國家或經濟體簽署自由貿易協定。對兩岸經濟整合的重視是兩岸在此問題上的契合點。但對於大陸而言，應注意將臺灣參與東亞區域經濟整合與海峽兩岸經濟整合分開處理，以避免問題的複雜化。不要讓臺灣有如下錯誤認知，認為只要海峽兩岸簽署經濟合作協議，臺灣就可以順利實現與其他國家簽署FTA的目標，融入到東亞區域整合中去。比較穩妥的做法是，應該將臺灣參與東亞區域經濟整合納入臺灣參與國際活動的範疇來處理，而不是放在經濟合作領域來處理。[24]

第四節 ECFA與兩岸關係和平發展

2010年6月29日，海基會董事長江丙坤和海協會會長陳雲林在重慶簽署了《海峽兩岸經濟合作框架協議》（Economic Cooperation Framework Agreement，ECFA）。2010年9月12日，在兩會完成換文協議後，ECFA正式生效。ECFA的簽署與生效，順應了海峽兩岸和平發展的時代趨勢和兩岸人民的共同意願，有利於海峽兩岸最大限度地實現經濟優勢互補、互利雙贏，共同應對日益複雜動盪的國際經濟環境。同時，標誌著海峽兩岸經貿合作步入制度化軌道，由此兩岸關係和平發展的態勢開始了新的征程，為臺海局勢最終走出冷戰陰影提供了有利氛圍。

一、從和平發展的確立到 ECFA 的頒布

ECFA 的簽署，是兩岸近 30 年來交流成果的集中體現，也是兩岸經濟關係發展到和平發展階段的生動體現。1970 年代末，中國大陸實行改革開放政策，發表《告臺灣同胞書》，確定「和平統一」的大政方針。三十年來，海峽兩岸關係不斷得到改善與發展，特別是兩岸經貿關係有了快速增長，為世人矚目。但由於眾所周知的原因，兩岸經貿呈現出單向、民間、極不平衡的發展格局，[25] 嚴重抑制了兩岸經濟關係的生機與活力。如何實現海峽兩岸經貿關係正常化、健康化、制度化和自由化，成為海峽兩岸社會各界越來越關注的重要問題，也日益成為海峽兩岸關係發展中迫切需要解決的問題。

海峽兩岸關係發展進程中，肩負著民族歷史使命的兩岸政界、學界、商界有識之士不斷探討破解矛盾、消除障礙、整合資源，最終實現中華民族的復興之路。2005 年 4 月 29 日，中國共產黨總書記胡錦濤與到訪大陸的中國國民黨主席連戰在北京舉行會談並達成實現《兩岸和平發展共同願景》的五點共識，指出要「促進兩岸經濟全面交流，建立兩岸經濟合作機制，促進兩岸展開全面的經濟合作，建立密切的經貿合作關係」。[26] 2007 年 10 月召開的中國共產黨十七大，將「和平發展」正式作為中共中央新一代領導集體推動兩岸關係發展的主題，[27] 強調要「牢牢把握兩岸關係和平發展的主題，真誠為兩岸同胞謀福祉、為臺海地區謀和平」，並就兩岸同胞維護建設「共同家園」、「命運共同體」和不斷開創兩岸關係發展新局面，提出了前瞻性的建議主張。[28]

2008 年初，馬英九在競選「總統」期間，提出兩岸應該協商「綜合性經濟合作協定」（Comprehensive Economic Cooperation Agreement，CECA）。5 月，臺灣島內國民黨重新上臺執政。島內政局的新變化，「九二共識」和反對「臺獨」成為兩岸共同的政治基礎，使兩岸關係轉危為安，步入了和平發展的良性互動軌道。馬英九上臺後提出兩岸必須簽訂「CECA」，促進兩岸經濟關係正常化。[29] 對於臺灣方面的意願，大陸做出了積極回應。2008 年 12 月，胡錦濤總書記在紀念《告臺灣同胞書》發表 30 週年座談會上的講話中明確指出：「兩岸可以為此簽訂綜合性經濟合作協議，建立具有兩

岸特色的經濟合作機制，以最大限度實現優勢互補，互惠互利。」[30] 但是由於臺灣島內對協議名稱「CECA」有所質疑與批評，2009 年 2 月 27 日，馬英九在接受媒體專訪時，將「CECA」改為「ECFA」，即「兩岸經濟合作框架協議」。

海峽兩岸海協、海基兩會為 ECFA 的簽訂做出了積極貢獻。2008 年 6 月 12 日，兩會在北京復談，標誌著兩會商談機制中斷十年後重新恢復並走向機制化。[31] 兩會商談機制，為解決包括 ECFA 在內的兩岸事務性問題提供了重要平臺。2009 年 12 月，兩會在臺中舉行第四次會談，就推動商簽兩岸經濟合作框架協議（ECFA）原則性交換了意見，同意將其作為第五次會談重點推動的協商議題，盡快安排兩會框架下的專家級磋商。[32] 隨後，兩會專家分別於 2010 年 1 月 26 日、3 月 31 日和 6 月 13 日就 ECFA 舉行了 3 次工作商談。6 月 24 日，兩會領導人第五次會談預備性磋商在臺北舉行，雙方對 ECFA 文本和附件均達成一致，決定將文件提交兩會領導人第五次會談確認並簽署。6 月 29 日，兩會領導人在重慶簽署了《海峽兩岸經濟合作框架協議》（ECFA）。

ECFA 被稱為是海峽兩岸分離 60 多年來正式簽署的全面性經濟協議。[33] 協議包括「協議文本」、以及「貨品早收清單」、「臨時原產地規則」、「防衛措施」、「服務早收清單」、「服務業提供定義」五項附件。其中協議文本 2900 餘字、5 章 16 條，基本涵蓋了兩岸間的主要經濟活動，包括了對現有機制的補充與完善，對未來合作的展望與開拓，以及對可能出現的風險的防範和爭端解決，堪稱一份「沉甸甸的協議」。[34] 協議簽署的目標是：加強和增進雙方之間的經濟、貿易和投資合作；促進雙方貨物和服務貿易進一步自由化，逐步建立公平、透明、便利的投資及其保障機制；擴大經濟合作領域，建立合作機制。根據協議，海峽兩岸將逐步減少或消除雙方之間實質多數貨物貿易的關稅和非關稅壁壘；逐步減少或消除雙方之間涵蓋眾多部門的服務貿易限制性措施；提供投資保護，促進雙向投資；促進貿易投資便利化和產業交流與合作。為使兩岸民眾盡快享受到框架協議的利益，雙方同意先實施早期收穫計劃，在框架協議生效後對部分產品實行關稅減讓，並在部分服務貿易領域實施更加開放的政策措施。在貨物貿易早期收穫方面，大陸將

對 539 項原產於臺灣的產品實施降稅，臺灣將對 267 項原產於大陸的產品實施降稅。雙方將在早期收穫計劃實施後不超過 2 年的時間內分 3 步對早期收穫產品實現零關稅。ECFA 還明確規定成立兩岸經濟合作委員會，負責處理與本協議相關的內容。[35]

二、ECFA 的簽署是兩岸關係和平發展的深化

ECFA 的簽署，既是海峽兩岸經貿關係步入制度化軌道的標誌，也意味著海峽兩岸現階段和平發展站在了一個新的歷史起點上，不僅對大陸、臺灣以及兩岸關係具有重要意義，也對亞太地區的和平穩定尤其是經濟一體化進程的變化發展有著直接影響。

（一）ECFA 有利於島內經濟轉型和融入大中華經濟圈，有助於化解東亞區域經濟一體化整合中被邊緣化的困境。

首先，直接受益兩岸經貿的巨大「紅利」，促進島內經濟的增長和轉型。從宏觀經濟數據來看，臺灣經濟對大陸的依賴遠遠大於大陸對臺灣的依賴，因此海峽兩岸實現「自由貿易」對島內經濟復甦成長有明顯效益。據中國海關總署最新統計，今年 1-10 月，大陸進出口貿易總額約為 2.39 萬億美元，其中大陸對臺貿易額約為 1186.8 億美元，僅占大陸「對外」貿易額的 5.02%。[36] 而臺灣方面的數據統計表明，1-10 月臺灣出口總額為 2264.4 億美元，其中對大陸和香港的出口額為 950.9 億美元，占 42%。[37] 從早期收穫計劃來看，即將在三年內逐步實現零關稅的貿易產品中，臺灣獲益產品有 539 種，大陸獲益產品僅有 267 種，臺灣獲益產品是大陸的兩倍；大陸同意臺灣列清單並調降的關稅總額為 138.3 億美元，臺灣同意大陸列清單並調降的關稅總額為 28.6 億美元。臺灣獲得的免稅總額約為大陸的四倍。關稅的減少或消除，必然會促進兩岸貿易的增加，從而間接帶動臺灣經濟的增長。臺灣「中華經濟研究院」的研究成果顯示，兩岸簽訂 ECFA 會使臺灣的 GDP 增加 1.65% ～ 1.72%，臺灣總就業人數可望增加 25.7 萬～ 26.3 萬人。[38] 而美國智庫皮特森國際經濟研究所報告指出，簽署 ECFA 後，臺灣經濟成長率在 2020 年可淨增加 4.5 個百分點，整成長率高達 5.3%。若未簽 ECFA，臺灣 2020 的 GDP 將僅成長 0.8%。[39] 馬英九認為，ECFA 簽訂後，臺灣經濟增長率將向

8%邁進。[40] 其中，島內 2.3 萬家的中小企業是 ECFA 的重要受益者，嘉惠 42 萬名勞工，可淨增 6 萬個就業機會。這將促使臺灣經濟進一步轉型，脫胎換骨，臺灣今後的「黃金十年」將以 ECFA 為契機。

其次，有助於化解臺灣在東亞區域整合中的邊緣化困境，為島內經濟拓展海外市場提供必要的前提條件。當今世界，區域經濟整合是不可逆轉的趨勢和潮流，全世界已有近 250 個自由貿易協定。特別是近些年東亞經濟一體化不斷磨合深化，共同應對金融危機及世界經濟複雜動盪局勢的挑戰，進一步推動了這一進程。島內各界（包括反對黨）人士大多認識到，臺灣將面臨被邊緣化的現實危險，將被排除在東亞經濟整合浪潮之外，臺灣經濟發展必將遭受沉重打擊，競爭力下降、外資撤離、企業出走，而失業率也將大幅提升。與此同時，隨著兩岸關係的發展，大陸業已成為臺灣最主要的出口地區。臺灣與大陸簽署 ECFA，將有利於其借助作為全球經濟發動機的大陸融入全球經貿體系和東亞經濟一體化進程。同時，簽署 ECFA 有助於臺灣經濟發展大環境的改善，為將臺灣打造成為全球創新中心、亞太經貿樞紐、臺商全球營運總部以及外商區域營運總部創造條件。

最後，有助於提升臺灣產品的市場競爭力和擴展大陸市場。海峽兩岸簽署 EC-FA，而日本、韓國尚未與大陸簽署自由貿易協定，這意味著臺灣將占有先機，其產品比主要競爭對手——日本和韓國以更有競爭力的價格占有市場，特別是在巨大的大陸市場中具有得天獨厚的競爭優勢。以韓國為例，韓國與臺灣的產業發展模式比較相似，都傾向於製造業。1997 年以前，臺灣不論是經濟增長、產業發展還是生活水平，都高於韓國；但亞洲金融風暴後，韓國大幅調整經濟發展策略，將中國大陸定位為「第二家鄉市場」，傾全國之力扶植超大品牌，如三星、LG 等，主打品牌，營銷韓國商品；而臺灣則把大陸視為加工廠，尋找低廉工資地區、蓋工廠，替國外品牌廠代工，再加上臺灣在民進黨執政時期採取惡化敵視大陸政策的衝擊影響，致使韓國的人均所得從 2004 年起就超越臺灣，成為東亞最為發達的實體經濟之一。ECFA 的簽署，使臺灣在大陸獲得優先的競爭和發展機會，為重振島內經濟提供了必要條件。

總而言之，ECFA 對臺灣經濟發展走向的影響是不言而喻的。為此，大多數臺灣民眾對 ECFA 表示肯定。據臺灣「陸委會」最新民調顯示，ECFA 簽署後，61.1% 的臺灣民眾對 ECFA 成果表示滿意。[41]

　　（二）ECFA 的簽署充分展示了大陸以中華民族的根本利益和兩岸人民的現實需要為前提，堅定不移深化兩岸關係和平發展的決心和誠意。

　　應當說，大陸從 ECFA 中直接獲益並不多，並處處考慮到島內的現實尤其是中小企業和普通民眾的實際需求，但為兩岸今後更多的合作打下了基礎和提供了更廣闊的發展空間。臺灣媒體認為：「ECFA 只是個基礎，但跨出這一步後，或許有停頓點，卻恐怕已無折返點。因為雙方經濟會更密切地連動，大陸經濟的興衰更左右臺灣經濟的榮枯。」[42] 同時，ECFA 的簽署充分展示了大陸推進兩岸和平發展的誠意，因為這有利於最終透過和平的方式完成祖國的和平統一大業。

　　兩岸在協商簽署 ECFA 過程中，島內雜音很多，一度困難重重。民進黨等質疑 ECFA 將衝擊臺灣農業，是「肥了大陸，瘦了臺灣」。對此，2010 年 2 月 12 日，胡錦濤在福建漳州看望臺商時表示：「凡是對廣大臺灣同胞有利的事情，我們都會盡最大努力去辦，並且說到做到。現在兩岸正在商談經濟合作框架協議，在商談過程中，我們會充分考慮臺灣同胞、特別是臺灣農民兄弟的利益，把這件事辦好。」[43] 2 月 27 日，溫家寶在接受中國政府網、新華網聯合專訪時表示：「大陸將充分照顧臺灣中小企業和廣大基層民眾的利益，特別是廣大農民的利益，在這些方面，大陸可以做到讓利。」[44] 在 ECFA 的協商談判中，大陸方面始終關注和維護臺灣中小企業、傳統產業的利益，不涉及不影響臺灣的弱勢產業，而且儘量擴大臺灣中小企業、弱勢產業在早收計劃中的受益面。從最後簽署的 ECFA 早期收穫清單中一目瞭然的是，臺灣產業單從零關稅獲得的讓利空間就超過 110 餘億美元，臺灣共 17 個敏感產業爭取到了 10 年以上的調適期。不僅如此，中國大陸還同意不要求臺灣開放農業，也不要求允許大陸勞工赴臺工作。ECFA 充分展現了大陸對臺灣的明顯讓利，充分體現了大陸對臺灣民眾切身利益的關切，益在民眾，利在民生，義在民心。

第四節 ECFA 與兩岸關係和平發展

具體講，就經濟層面而言，ECFA 的簽署與實施將使兩岸關係步入「互惠共榮」的制度化新階段。

其一，ECFA 有助於實現兩岸經濟合作制度化、經濟往來便利化、經貿交往機制化，有利於促進兩岸經濟共同發展，增進兩岸同胞共同福祉。以往兩岸經貿往來已近三十年並成績斐然，但一個明顯的缺陷是基本處於無序狀態，常受各種內外因素干擾，沒有一個相應的機制保障。ECFA 的一個功能就是為兩岸經濟發展提供制度性保障，有利於兩岸在經貿領域建立起非零和的互動機制，開啟兩岸經濟領域的制度整合進程。該協議規定的制度性安排確保雙方雙向開放，降低流通成本，打通貿易屏障，使兩岸資源獲得最佳配置，從而增強雙方的競爭合力。透過相互降低或免除關稅，排除非關稅貿易障礙、增進雙方經濟合作，推動彼此投資與貿易往來，讓兩岸人民同享和平與發展、互利與共贏的「紅利」。

其二，發揮和釋放兩岸各自優勢和潛力，優化兩岸資源配置，「兩岸聯手賺世界的錢」。ECFA 不僅是相互減稅的貿易交往，更重要的在於兩岸產業的整合效應。比如資訊產業，臺灣方面具有研發優勢，大陸方面具有製造優勢，透過整合形成合力共同提升競爭力，進而占據國際領域的制高點。又比如，電子消費產業（如新興的電子書業務）領域，大陸企業具有市場和應用型研發優勢，臺灣企業具有製造和原材料研發優勢，但各自與日韓企業競爭時經常處於弱勢。兩岸若能進行全方位的合作，絕對是大有發展前景的「雙贏」。ECFA 簽署生效後，兩岸可望在新一輪融合中形成更合理的產業布局、更有效的資源配置，有效落實互減稅的貿易灣中小企業、弱勢產業在早收計劃中的受益面。而兩岸更好地攜手應對世界經濟格局的調整轉型和日趨激烈的國際競爭，也有助於打造一個包括大陸、臺灣、香港和澳門在內的大中華經濟發展圈，共同維護和拓展中華民族的整體利益。正如國務院臺辦原主任王毅所言：「這是兩岸和平發展史上的里程碑，有利於兩岸共同提升經濟競爭力，共同增進廣大民眾福祉，共同促進中華民族整體利益，共同應對區域經濟一體化的機遇與挑戰。」[45]

還應指出的是，ECFA 的簽署，雖屬經濟範疇，但實際上，ECFA 本身就是兩岸政治互信累積的結果，有利於兩岸進一步累積互信，促進兩岸的政治對話和逐步破解敏感議題。兩岸簽署 ECFA 後，2010 年 7 月 12 日，胡錦濤與吳伯雄在北京會面，這是兩岸兩會簽訂 ECFA 後，國共領導人首次會晤。在會晤中，吳伯雄轉達了馬英九提出的「正視現實、累積互信、求同存異、續創雙贏」16 字兩岸關係箴言。胡錦濤總書記則多次談到兩岸要「良性互動、平等協商」，「增進互信、求同存異」。可見，海峽兩岸都表達了希望繼續累積政治互信，共同推動兩岸關係和平發展的良好意願。有媒體評論道，ECFA 是一項超越經濟意義的歷史性經濟合作協議。經貿關係機制化象徵著兩岸跨入分治 60 年來聯繫最緊密的時代，也為兩岸和解創造了積極的氛圍。[46]

（三）ECFA 的簽署是對臺海局勢進一步走向和平穩定的重要貢獻，促進了東亞經濟一體化進程，順應了世界和平發展的大趨勢。

2010 年 1 月 1 日，東盟和中國自由貿易區成立。如今，大陸又和臺灣簽署了 ECFA。而與中國貿易關係密切的美日韓尚未與中國簽署 FTA。特別是韓國與臺灣產業結構相似，對中國大陸出口產品相似。據韓國政府統計，韓國企業對華出口的前 20 種商品中有 14 種與臺灣企業相同，這部分產品的銷售額約占出口總額的 60%。ECFA 的簽署，使得中國將更為優待臺灣企業，這將使韓國企業從一開始就處於不利地位。韓國媒體認為，ECFA 簽署後，韓國與臺灣將進入「全面對戰時代」。日本與韓國的政界、媒體十分關注海峽兩岸經濟關係的交往互動，指出 ECFA 的簽署將使兩岸經濟更趨緊密化，日韓在感受威脅下，已加速尋求與中國簽署自由貿易協定。[47] 美國對兩岸簽署 ECFA 表示肯定。美國國務院發言人戈登·杜吉德（Gordon Duguid）指出，兩岸簽署 ECFA，代表大陸與臺灣持續強化對話交流，美國對此表示歡迎。美國助理國務卿幫辦施大偉（David B.Shear）就此發表專題演講認為：ECFA 對臺灣及全世界都有好處，美國樂見兩岸簽署。[48] 與臺灣經濟聯繫密切的東盟、歐盟等均表示了對海峽兩岸簽署 ECFA 的歡迎。

三、ECFA 生效後的臺海局勢和兩岸關係展望

就協議本身而言，ECFA 只是一個框架，後續努力空間很大；從兩岸經貿制度化來看，ECFA 只是一個開始，未來還有諸多地方需要進一步協商。同時，儘管 ECFA 已經生效，但 ECFA 後續的政策執行與落實，以及兩岸關係的和平發展仍將面臨各種嚴峻挑戰。

一是臺灣島內政治生態制約了 ECFA 的具體實施。回顧以往不難發現，2008 年臺灣當局表示有意進行經濟合作後，大陸方面隨即就對達成經濟協議開了綠燈，但直到 2010 年 6 月，兩岸才簽署 ECFA。原因何在？就在於 ECFA 受到了島內政治生態的制約。期間，島內當局曾多次表示，ECFA 不採取港澳模式，也非一般的自由貿易協定，屬於兩岸特殊性質的經濟合作協議，只規範兩岸經濟合作事項，不涉及統「獨」議題，不會出現任何政治性語言。即使如此，ECFA 還是被民進黨視為選戰題材隨意炒作。民進黨「為了反對而反對」，與「臺聯黨」聯手要求以全民公決的方式決定是否簽 ECFA，但遭臺灣「公投審議委員會」否決。在兩岸簽署 ECFA 前夕，6 月 26 日，民進黨又舉行了反 ECFA 的大遊行。兩岸簽署 ECFA 後，民進黨表示，簽署 ECFA 就是臺灣「港澳化」的開始，「立法院」必須對 ECFA 逐條審查，逐條表決，以拖延 ECFA 的審批。儘管 ECFA 最終生效，但並不表示民進黨放棄了反 ECFA 的立場，並不表示民進黨不會暗中破壞，換言之，ECFA 的具體實施仍將遭到民進黨的杯葛。同時，島內「五都選舉」的不斷臨近和日益白熱化，也將勢必影響 ECFA 的具體落實。有臺灣媒體認為，這個敏感期間，大陸必須設法讓臺灣主流民意能夠感知北京的誠心和善意。[49]

二是臺灣當局試圖與其他國家商簽 FTA 的問題。臺灣當局之所以急於與大陸簽署 ECFA，主要是為了避免臺灣在東亞區域經濟整合中被邊緣化，希望透過與大陸簽署 ECFA 清除與其他國家官方簽署 FTA 的障礙，進而擴大其「國際生存空間」。[50] ECFA 簽署前夕的 6 月 3 日，馬英九表示「臺灣要生存發展，與貿易夥伴簽訂 FTA，是必走之路」，並要求大陸「不要阻擾臺灣與其他國家簽署官方協議」。這是馬英九兩天之內第三次向大陸「喊話」。但是，與中國的建交國都承認臺灣是中國的一部分，臺灣沒有資格與這些國

家簽署官方 FTA，因為 FTA 是主權國家之間的協議，只有主權國家之間才能簽署 FTA。大陸承諾給臺灣更多的經貿空間，並不等於允許臺灣與其他國家簽訂主權協議。大陸對此的態度一以貫之：「我們對我建交國同臺灣開展民間經貿往來不持異議，但堅決反對同臺灣發展任何形式的官方往來。」[51] 總之，在主權問題上，大陸是不可能讓步的，臺灣當局要「務實」。臺灣媒體指出：「所謂的務實原則，放在兩岸議題上，就是臺灣必須走得戰戰兢兢，如履薄冰。若能不因主權議題之『噎』，而不廢兩岸經貿互動之『食』，那才叫真正的務實之道。」[52]

三是如何推進「後 ECFA 時代」的兩岸政治安全關係。ECFA 的簽署是推進兩岸經貿合作和增強兩岸經濟競爭力的「助推器」，但這需要有政治軍事安全互信不斷增強為前提保障。臺灣當局在認為 ECFA 將有助於臺海和平穩定的同時，又認為「臺灣必須居安思危，做好建軍備戰的工作」。[53] 臺灣當局與美國持續加強在安全方面的合作，一再提出向美國採購防衛武器。這表明，相對於活絡的經濟聯繫，大陸和臺灣在政治與安全方面的互信依然很低。如何建立兩岸政治軍事互信機制，將成為兩岸必須面對的一個重大而又亟待解決的現實課題。

綜上所述，ECFA 的簽署與生效，功在兩岸，利在千秋，惠及萬民。當然，EC-FA 是兩岸貿易自由化的第一步，其後還會有許多相關的經貿議題，需要兩岸進一步協商。ECFA 的成功簽署表明，兩岸只要堅持「九二共識」、反對「臺獨」的共同政治基礎，透過平等協商、良性互動，就能推動兩岸關係不斷向前發展，也能為逐步解決兩岸關係發展的難題找到可行辦法。正如胡錦濤總書記指出，「兩岸關係歷經風雨坎坷，站在新的歷史起點上」；兩岸政治家和有識之士「應該登高望遠、審時度勢，本著對歷史、對人民負責的態度，站在全民族發展的高度，以更遠大的目光、更豐富的智慧、更堅毅的勇氣、更務實的思路，認真思考和務實解決兩岸關係發展的重大問題」。[54] 只要兩岸同胞牢牢把握兩岸關係和平發展的主題，不斷開創兩岸和平發展的新局面，就一定能夠展現中華民族復興騰飛的錦繡前程。

本章小結

　　東亞區域經濟整合是冷戰後區域經濟集團化的一個重要組成部分，符合世界經濟的發展潮流。任何國家或地區都不應脫離或違背這一歷史發展潮流。臺灣作為東亞地區的重要經濟體，為東亞區域經濟的功能性整合發揮了承上啟下的重要作用。反過來，東亞區域經濟的功能性整合也為臺灣經濟的騰飛提供了重要推動力。然後在 1990 年代後期開始的東亞區域經濟制度性整合中，臺灣由於不具有「主權國家」地位，尚不具備與其他主權國家簽署 FTA 或加入多邊經濟整合機制的資格，由此被排除在東亞區域經濟制度性整合之外，臺灣經濟面臨邊緣化和孤立化的困境。再加上李登輝、陳水扁當局採取挑戰「一個中國」原則的錯誤政策，惡化兩岸關係，限制兩岸經貿往來，使得臺灣無法分享大陸經濟發展的成果，島內經濟不振，人民生活拮据。

　　面對愈演愈烈的東亞區域經濟整合浪潮，李登輝、陳水扁時期的臺灣當局也採取了一系列措施，以尋求避免臺灣經濟的進一步邊緣化。但這些措施，都試圖撇開與大陸的經濟關係，或未與大陸方面協商，因此效果並不十分明顯。2008 年馬英九上臺以來，尋求和解至上的兩岸政策，將兩岸政策的位階置於對外政策之上，在參與東亞區域經濟整合問題上採取了更加靈活務實的做法，積極推動與大陸簽署經濟合作框架協議，並希望藉此來減少臺灣與其他國家簽署 FTA 的阻力。對於亞太地區的經濟整合倡議，如美國提出的「TTP」倡議，馬英九當局都給予肯定並尋求參與。在大陸的諒解下，臺灣與部分東盟各國洽簽經濟合作協議取得了進展。

　　臺灣參與東亞區域經濟整合，需要得到大陸的支持與協助。不可否認，臺灣「缺席」東亞區域經濟整合，對臺灣經濟已造成較大傷害，並影響了臺灣人民的生活質量。在兩岸關係和平發展的時代背景下以及兩岸簽署 ECFA 之後，大陸方面在此問題上應該在堅持原則的基礎上採取較為靈活變通的辦法，以幫助臺灣參與東亞區域經濟整合來彰顯大陸善意，贏取臺灣民心。主要原則有三：一個中國原則或「九二共識」；區別對待原則以及平等協商原則。臺灣方面應該放棄利用參加國際平臺的機會從事不利於兩岸和平發展主題的活動，在東亞區域經濟整合機制中增強兩岸政治互信，並為臺灣「國際

空間」的解決探索新的路徑，維護並推展兩岸關係和平發展的良好局面，為祖國的最終統一奠定良好的基礎。

註釋

[1] 石正方：《東亞經濟一體化格局下的臺灣經濟的邊緣化》，載《廈門大學學報（哲學社會科學版）》，2004年第1期，第71頁。張蘊嶺：《外國專家學者對東亞合作的看法》

[2] 世界銀行發表的《1991年世界發展報告》將「東亞」界定為包括亞洲東部、東南部的太平洋東部的所有低收入和中等收入國家和地區，即包括中國、日本、韓國和東盟十國等主權國家以及臺灣和香港兩個地區經濟體。參閱世界銀行：《1991年世界發展報告》（中文版），北京：中國財政經濟出版社，1991年版，第11頁。

[3] 唐小松：《三強共治：東亞區域一體化的必然選擇》，載《現代國際關係》，2008年第2期，第10頁。

[4] 唐小松：《三強共治：東亞區域一體化的必然選擇》，載《現代國際關係》，2008年第2期，第11-12頁

[5] 全毅：《東亞區域合作的模式與路徑選擇》，載《和平與發展》，2010年第3期，第52頁。

[6] 戴可來等：《東盟自由貿易區發展歷程、模式與前景》，載《鄭州大學學報（社會科學版）》，2000年第1期，第28-32頁；孫暉明：《東盟自由貿易區》，載《國際資料信息》，2002年第5期，第34-37頁。

[7] 萬玲英：《試論東亞區域合作及其前景》，載《國際問題研究》，2010年第3期，第23頁。

[8] 《「10 +3」自由貿易區前景誘人》

[9] 周建軍：《自由貿易的神話和東亞自由貿易區的難題》，載《國際資料信息》，2008年第12期，第21-23頁；張東明：《中日韓三國關係與建立東亞自由貿易區的可行性》，載《當代亞太》，2006年第2期，第30-37頁。

[10] 石正方、初振宇：《臺灣參與東亞區域經濟合作的現況及未來路徑探討》，載《臺灣研究集刊》，2010年第4期。

[11] 林岡：《臺灣政治轉型與兩岸關係的演變》，北京：九州出版社，2010年版，第22頁。

[12] 田弘茂：《大轉型》，臺北：時報文化出版企業有限公司，1989年版，第34頁。

[13] 加拿大經濟學家瓦伊納在 1850 年代初提出了「貿易創造與貿易轉移理論」。該理論是分析自由貿易區和關稅同盟得失的有效工具。瓦伊納認為：關稅同盟不一定意味著向自由貿易過渡，因為它在夥伴國之間實行自由貿易，而對外部世界實行保護貿易。這種自由貿易和保護貿易相結合的格局會產生兩種效果：「貿易創造」和「貿易轉移「。關稅同盟內部實行自由貿易，使國內成本高的產品為夥伴國成本低的產品所替代，原來由本國生產的產品現在在夥伴國進口，由此新貿易被」創造「出來了。本國可以把原來生產高成本產品的資源轉向生產成本低的產品，得益。同時，關稅同盟對外實行統一關稅，對第三國的歧視導致從外部進口減少，轉為從夥伴國進口，使貿易方向發生轉變，產生「貿易轉移」。由於原來從外部世界進口成本低的產品改為從夥伴國進口成本較高的產品，造成了一定的損失。

[14] 轉引自郭國興：《析論東亞區域經濟整合與臺灣經貿策略》，載（臺灣）《展望與探索》，2009 年 11 月，第 37 頁。

[15] 鄧利娟：《臺灣經濟從「奇蹟」到「困境」發展過程中的重新審視》，載《臺灣研究集刊》，2009 年第 2 期，第 49 頁。

[16] 林長華：《亞太經濟區域化與「亞太營運中心」》，載《臺灣研究集刊》，1994 年第 1 期，第 51-56 頁；鄧利娟：《臺灣實施「亞太營運中心計劃」的進展與前景》，載《亞太經濟》，1998 年第 5 期，第 17-20 頁；吳獻斌：《臺灣的「亞太營運中心計劃」》，載《當代亞太》，1995 年第 3 期，第 53-57 頁。

[17] 《馬英九擬與新加坡重新啟動自貿談判》

[18] 《江丙坤：簽 FTA 新加坡列最優先》

[19] 《馬英九：臺灣必須努力參與區域經濟整合》

[20] 《馬英九：臺灣經濟 V 型復甦積極參與區域經濟整合》

[21] 其他三項分別為：實現均富、改善就業、促進企業轉型與創新。《馬英九：臺灣必須在 10 年內加入 TPP》

[22] 《處理臺灣「國際空間」問題三大原則》

[23] 王建民：《東亞區域經濟整合及臺灣參與問題》，載《亞非縱橫》，2010 年第 1 期，第 35 頁。

[24] 王建民：《東亞區域經濟整合及臺灣參與問題》，載《亞非縱橫》，2010 年第 1 期，第 34 -35 頁。

[25] 孫兆慧：《兩岸經貿關係現狀與展望》，載《統一論壇》2009 年第 1 期，第 61 頁。

[26] 《中國共產黨總書記胡錦濤與中國國民黨主席連戰會談新聞公報》，載《兩岸關係》2005 年第 5 期，第 6 頁。

[27] 嚴安林：《十七大以來黨的對臺政策的新意與特點》，載周志懷主編：《新時期對臺政策與兩岸關係和平發展》，北京：華藝出版社，2009年版，第46頁。

[28] 胡錦濤：《高舉中國特色社會主義偉大旗幟 為奪取全面建設小康社會新勝利而奮鬥——在中國共產黨第十七次全國代表大會上的報告》，載《求是》2007年第21期，第18-19頁。

[29] 段皎琳：《ECFA議題下臺灣政黨互動分析》，載《世界經濟與政治論壇》2010年第2期，第130-131頁。

[30] 胡錦濤：《攜手推動兩岸關係和平發展 同心實現中華民族偉大復興》，載《統一論壇》2009年第1期，第7頁。

[31] 趙森、李義虎：《兩岸關係和平發展框架的構建途徑》，載《當代世界與社會主義》2009年第2期，第133頁。

[32]《海協會海基會舉行第四次會談》，載《人民日報》2009年12月23日第5版。

[33] Keith B.Richburg，"China，Taiwan sign tradepact"，TheWashington Post，June30，2010.

[34] 張勇等：《圓滿的句號，全新的起點》，載《團結報》2010年7月1日第3版。

[35]《海峽兩岸經濟合作框架協議》，載《人民日報》2010年6月30日第011版。

[36] 數據來源：中國海關總署網

[37] 數據來源：臺灣「財政部」網站

[38]（臺）「中華經濟研究院」ECFA研究團隊：《「兩岸經濟合作架構協議之影響評估」報告》，2009年7月29日。

[39] 轉引自《兩岸簽署ECFA美國國務院主動表示深受鼓舞》，南方網

[40]《馬英九：ECFA簽訂後臺灣經濟增長率將向8%邁進》，環球網

[41]《人民日報（海外版）》，2010年7月8日第3版。

[42]《聯晚：兩岸這條路 隱約中自有方向》，中國評論新聞網

[43]《胡錦濤在福建漳州看望臺商稱將辦好ECFA商談》，中國臺灣網

[44]《溫家寶總理與網友在線交流》，中國政府網

[45]《王毅會見臺灣海基會董事長江丙坤》，新華網

[46]《超越經濟意義的歷史性綜合協議 臺海兩岸正式簽署ECFA》，（新加坡）《聯合早報》2010年6月30日。

[47] "China-Taiwan dealtoreshapeAsiatrade"

[48]《美國國務院歡迎兩岸ECFA協議希望兩岸關係拓展》，搜狐網

[49]《聯合報：ECFA 是臺灣「五都」選舉的變量》，中國新聞網

[50] Jonathan Adams，Weighing the Costs in Asian Trade Talks，The New York Times，May12，2010.

[51] 大陸外交部例行記者會，2010 年 6 月 1 日。

[52]（臺灣）《聯合報》社論，轉引自魏華：《臺灣不應視 ECFA 為對外簽 FTA 的敲門磚》

[53]《「總統」：ECFA 助和平仍應居安思危》，中時電子報

[54] 胡錦濤：《攜手推動兩岸關係和平發展 同心實現中華民族偉大復興》，載《統一論壇》2009 年第 1 期，第 5-8 頁。

結束語

第四節 ECFA 與兩岸關係和平發展

結束語

　　臺灣「國際空間」問題是兩岸關係發展中的一個重要、敏感、複雜和長期的問題，主要涉及三方面的內容：臺灣「邦交國」問題、臺灣與「非邦交國」關係問題以及臺灣參與國際活動問題。妥善解決好這一問題，有助於兩岸政治互信的進一步深化，有利於兩岸關係和平發展和中國的和平統一大業，進而也有益於中國的和平崛起。

　　東南亞地區是臺灣拓展「國際空間」，提升臺灣經濟競爭力和政治影響力的重要地區。冷戰結束後，雖然東盟各國都與大陸方面建立「外交」關係，而與臺灣「斷交」，但實際上並沒有影響臺灣與東盟各國的政經關係。臺灣當局也並未放棄對該地區的關注。在1990年代，臺灣當局憑藉雄厚的經濟實力和所謂的「民主成就」，大搞「務實外交」，對東南亞地區進行「元首外交」、「金援外交」，對雙方政治關係的提升有了一定的幫助。而且，還兩次推行「南向政策」，直接目的是為了遏制臺商對大陸的「投資熱」，降低兩岸的經貿依存度，但也是為了藉此進一步提升臺灣與東南亞國家的經貿聯繫，試圖以此加入東盟主導的區域安全體系和區域經濟整合進程，提升雙方的實質關係。陳水扁時期，否認「九二共識」，對大陸採取對抗政策，公開提出「一邊一國論」，在國際上大搞「烽火外交」，以攻為守、四處點火，上演了一場場「外交」鬧劇，在東南亞地區推行「新南向政策」，積極尋求與東南亞國家簽訂經濟合作協定，但因其堅持「臺獨」立場，並未得到東盟各國的配合而最終失敗。馬英九上臺後，承認「九二共識」，認同中華民族，與大陸的對臺政策相銜接，重啟兩會協商，推動兩岸經貿、文化交流正常化、制度化，兩岸關係和平發展局面得到進一步鞏固。在對外關係上，推行以兩岸和解休兵為前提的「活路外交」，維持臺灣「邦交國」現狀，並在大陸的諒解協助下，擴大臺灣參與國際活動的機會與空間。東盟各國普遍認可兩岸關係的和解態勢，對兩岸關係和平發展表示肯定和歡迎。馬英九當局在東南亞地區積極開展「經濟外交」，在大陸的諒解下，與東盟各國在洽簽經濟合作協定方面取得了一定的進展，為擺脫臺灣經濟邊緣化困境邁出了重要一步。

結束語

可以看出，冷戰後臺灣地區與東盟各國關係演變具有如下特點與啟示：

第一，經貿、人員、科技等非政治性關係是臺灣地區與東盟各國關係的主要方面。東盟各國都是中華人民共和國的建交國，都奉行一個中國政策，承認中華人民共和國政府是代表中國的唯一合法政府，臺灣是中國的一部分，與臺灣只發展經貿、科技、人員往來等非官方關係。冷戰後的臺灣與東盟各國的關係基本上沒有脫離上述的政策框架。儘管臺灣當局與部分東盟各國的領導人實現了互訪，但雙方關注的焦點依然是經貿、人員往來等非官方關係。這一方面是因為，中國政府對建交國與臺灣與發展「官方」關係的堅決反對，另一方面也是因為，東盟各國對一個中國政策和聯合國決議的遵守。

第二，冷戰結束後至今，臺灣與東盟各國的關係發展呈現出先揚後抑再揚的特點。李登輝時期是臺灣與東盟各國交往最為活躍的時期，雙方實質關係發展最快的時期。臺灣地區領導人實現了對東盟各國的訪問，推行了兩次「南向政策」，不僅提高了雙方的經貿依賴程度，而且也提升了雙方的實質關係。但到了李登輝後期和陳水扁時期，由於臺灣當局堅持分裂國家的路線，對大陸採取對抗立場，導致兩岸關係緊張，也威脅到了亞太地區和平。東南亞國家堅持奉行一個中國政策，並不願過多地與臺灣當局發展關係。馬英九上臺後，堅持兩岸和解政策，承認「九二共識」，認同中華民族，與大陸的對臺政策相銜接，共同促成了兩岸的直接「三通」，推動了兩岸關係和平發展。在大陸的諒解下，臺灣與東盟各國的關係有了進一步發展。

第三，大陸實力的增強是維護一個中國原則框架的堅強保障。冷戰後兩岸關係的發展、臺灣地區與東盟各國關係的演變都與一個中國原則有密切的聯繫。可以發現，每當兩岸共同維護一個中國原則或體現一個中國原則的「九二共識」，兩岸關係的發展就比較順利，臺灣地區與東盟各國的關係也能有所進展；每當一個中國原則遭到挑戰，那麼兩岸關係的發展就會遭遇挫折甚或危機，臺灣地區與東盟各國的關係也很難有更多的發展空間。從1990年代中後期至今，兩岸實力對比越來越有利於大陸方面，東盟與中國的自由貿易區也已經建立，在此背景下，東盟各國在發展對臺關係時，必然會以中國大陸為第一考量，絕不會因為臺灣而得罪大陸，「因小失大」。這實際上

也表明了，中國大陸實力的增強，有助於鼓勵包括東盟各國在內的大多數國家更加自覺地遵守「一個中國」的政策框架，從而進一步增強大陸在兩岸關係發展以及解決臺灣「國際空間」問題中的主導作用。

2008 年馬英九上臺以來，在兩岸關係上採取了和解政策，推動兩岸直接「三通」，簽署《兩岸經濟合作框架協議》，開啟了兩岸經濟制度化合作的進程。與此同時，拋棄了民進黨執政時期的閉關鎖島政策，對東亞區域經濟整合表現出更加積極的態度。在兩岸關係改善和臺灣經濟邊緣化的背景下，大陸方面應該在一個中國的框架下協助臺灣參與這一進程，不僅可以幫助臺灣擺脫經濟困境，為臺灣同胞謀福祉，而且也能展示大陸方面的善意，加強兩岸同胞對國家的「認同」。海峽兩岸同文同種，在東南亞地區也擁有共同的利益，應該加強合作、優勢互補，為本地區的和平、穩定、繁榮作出積極的貢獻。兩岸在東南亞的合作，可以先從民間開始，從企業開始。例如，臺灣設在東南亞的金融機構可以為大陸的企業提供各種金融服務，也可以鼓勵在東南亞的臺商積極參加中國在東南亞國家的援助建設項目的投標和競標，讓臺資企業有更多的參與。總之，兩岸在東南亞的合作應該本著對兩岸人民有利、符合兩岸人民共同福祉的宗旨，先從經濟、文化入手，先易後難、循序漸進，努力開創兩岸在東南亞地區合作的新局面。

附錄一 中華人民共和國與東南亞國家聯盟全面經濟合作框架協議

附錄一 中華人民共和國與東南亞國家聯盟全面經濟合作框架協議

▎序言

我們,中華人民共和國(以下簡稱「中國」)與汶萊達魯薩蘭國,柬埔寨王國,印度尼西亞共和國,老撾人民民主共和國,馬來西亞,緬甸聯邦,菲律賓共和國,新加坡共和國,泰王國和越南社會主義共和國等東南亞國家聯盟成員國(以下將其整體簡稱為「東盟」或「東盟各成員國」,單獨一國簡稱「東盟成員國」)政府首腦或國家元首:

憶及我們 2001 年 11 月 6 日在汶萊達魯薩蘭國斯里巴加灣東盟 - 中國領導人會上關於經濟合作框架和在 10 年內建立中國 - 東盟自由貿易區(以下簡稱「中國 - 東盟自貿區」)的決定,自由貿易區將對柬埔寨、老撾、緬甸和越南等東盟新成員國(以下簡稱「東盟新成員國」)給予特殊和差別待遇及靈活性,並對早期收穫做出規定,其涉及的產品及服務清單將透過相互磋商決定;

期望透過具有前瞻性的《中國與東盟(以下將其整體簡稱為「各締約方」,單獨提及東盟一成員國或中國時簡稱為「一締約方」)全面經濟合作框架協議》(以下簡稱「本協議」),以構築雙方在 21 世紀更緊密的經濟聯繫;

期望最大限度地降低壁壘,加深各締約方之間的經濟聯繫;降低成本;增加區域內貿易與投資;提高經濟效率;為各締約方的工商業創造更大規模的市場,該市場將為商業活動提供更多機會和更大規模的經濟容量;以及增強各締約方對資本和人才的吸引力;

確信中國 - 東盟自貿區的建立將在各締約方之間創造一種夥伴關係,並為東亞加強合作和維護經濟穩定提供一個重要機制;

附錄一 中華人民共和國與東南亞國家聯盟全面經濟合作框架協議

認識到工商部門在加強各締約方之間的貿易和投資方面的重要作用和貢獻，以及進一步推動和便利它們之間的合作並使它們充分利用中國-東盟自貿區帶來的更多商業機會的必要性；

認識到東盟各成員國之間經濟發展階段的差異和對靈活性的要求，特別是為東盟新成員國更多地參與中國-東盟經濟合作提供便利並擴大它們出口增長的需要，這要著重透過加強其國內能力、效率和競爭力來實現；

重申各締約方在世界貿易組織（以下簡稱為WTO）和其他多邊、區域及雙邊協議與安排中的權利、義務和承諾；

認識到區域貿易安排在加快區域和全球貿易自由化方面能夠造成的促進作用，以及在多邊貿易體制框架中造成的建設性作用。

現達成如下協議：

第一條 目標

本協議的目標是：

（a）加強和增進各締約方之間的經濟、貿易和投資合作；

（b）促進貨物和服務貿易，逐步實現貨物和服務貿易自由化，並創造透明、自由和便利的投資機制；

（c）為各締約方之間更緊密的經濟合作開關新領域，制定適當的措施；以及

（d）為東盟新成員國更有效地參與經濟一體化提供便利，縮小各締約方發展水平的差距。

第二條 全面經濟合作措施

各締約方同意迅速地進行談判，以在10年內建立中國-東盟自貿區，並透過下列措施加強和增進合作：

（i）在實質上所有貨物貿易中逐步取消關稅與非關稅壁壘；

（ii）逐步實現涵蓋眾多部門的服務貿易自由化；

（iii）建立開放和競爭的投資機制，便利和促進中國-東盟自貿區內的投資；

（iv）對東盟新成員國提供特殊和差別待遇及靈活性；

（v）在中國—東盟自貿區談判中，給各締約方提供靈活性，以解決它們各自在貨物、服務和投資方面的敏感領域問題，此種靈活性應基於對等和互利的原則，經談判和相互同意後提供；

（vi）建立有效的貿易與投資便利化措施，包括但不限於簡化海關程序和制定相互認證安排；

（vii）在各締約方相互同意的、對深化各締約方貿易和投資聯繫有補充作用的領域擴大經濟合作，編制行動計劃和項目以實施在商定部門/領域的合作；以及

（viii）建立適當的機制以有效地執行本協議。

第一部分

第三條 貨物貿易

1. 除本協議第六條所列的「早期收穫」計劃以外，為了加速貨物貿易的擴展，各締約方同意進行談判，對各締約方之間實質上所有貨物貿易取消關稅和其他限制性貿易法規（如必要，按照 WTO 關稅與貿易總協定（以下簡稱為 GATT）第 24 條（8）（b）允許的關稅和限制性貿易法規除外）。

2. 就本條而言，應適用如下定義，除非文中另有解釋：

（a）「東盟六國」指的是汶萊、印度尼西亞、馬來西亞、菲律賓、新加坡和泰國；

（b）「實施的最惠國關稅稅率」應包括配額內稅率，並應：

（i）對於 2003 年 7 月 1 日時為 WTO 成員的東盟成員國及中國，指其 2003 年 7 月 1 日各自實施的最惠國關稅稅率；以及

（ⅱ）對於 2003 年 7 月 1 日時非 WTO 成員的東盟成員國，指其 2003 年 7 月 1 日對中國的實施稅率；

（c）「非關稅措施」應包括非關稅壁壘。

3. 各締約方的關稅削減或取消計劃應要求各締約方逐步削減列入清單的產品關稅並在適當時依照本條予以取消。

4. 依照本條納入關稅削減或取消計劃的產品應包括所有未被本協議第六條所列的」早期收穫」計劃涵蓋的產品，這些產品應分為如下兩類：

（a）正常類：一締約方根據自身安排納入正常類的產品應：

（ⅰ）使其各自的實施的最惠國關稅稅率依照特定的減讓表和稅率（經各締約方相互同意）逐步削減或取消，對於中國和東盟六國，實施期應從 2005 年 1 月 1 日到 2010 年，對於東盟新成員國，實施期應從 2005 年 1 月 1 日到 2015 年，並採用更高的起始稅率和不同實施階段；以及

（ⅱ）按照上文第 4 款（a）（ⅰ）已經削減但未取消的關稅，應在經各締約方相互同意的時間框架內逐步取消。

（b）敏感類：一締約方根據自身安排納入敏感類的產品應：

（ⅰ）使其各自的實施的最惠國關稅稅率依照相互同意的最終稅率和最終時間削減；以及

（ⅱ）在適當時，使其各自的實施的最惠國關稅稅率在各締約方相互同意的時間框架內逐步取消。

5. 敏感類產品的數量應在各締約方相互同意的基礎上設定一個上限。

6. 各締約方依照本條及第六條所做的承諾應符合 WTO 對各締約方之間實質上所有貿易取消關稅的要求。

7. 各締約方之間依照本條相互同意的特定的關稅稅率應僅列出各締約方削減後適用關稅稅率的上限或在特定實施年份的削減幅度，不應阻止任一締約方自願加速進行關稅削減或取消。

8. 各締約方之間關於建立涵蓋貨物貿易的中國—東盟自貿區的談判還應包括但不限於下列內容：

（a）管理正常類和敏感類產品的關稅削減或取消計劃以及本條前述各款未涉及的任何其他有關問題的其他具體規則，包括管理對等承諾的各項原則；

（b）原產地規則；

（c）配額外稅率的處理；

（d）基於 GATT 第 28 條，對一締約方在貨物貿易協議中的承諾所做的修改；

（e）對本條或第六條涵蓋的任何產品採用的非關稅措施，包括但不限於對任何產品的進口或者對任何產品的出口或出口銷售採取的數量限制或禁止，缺乏科學依據的動植物衛生檢疫措施以及技術性貿易壁壘；

（f）基於 GATT 的保障措施，包括但不限於下列內容：透明度，涵蓋範圍，行動的客觀標準——包括嚴重損害或嚴重損害威脅的概念，以及臨時性；

（g）基於 GATT 現行規則的關於補貼、反補貼措施及反傾銷措施的各項規則；以及

（h）基於 WTO 及世界知識產權組織（簡稱 WIPO）現行規則和其他相關規則，便利和促進對與貿易有關的知識產權進行有效和充分的保護。

第四條 服務貿易

為了加速服務貿易的發展，各締約方同意進行談判，逐步實現涵蓋眾多部門的服務貿易自由化。此種談判應致力於：

（a）在各締約方之間的服務貿易領域，逐步取消彼此或各締約方間存在的實質所有歧視，和/或禁止採取新的或增加歧視性措施，但 WTO《服務貿易總協定》（以下簡稱為 GATS）第五條第 1 款（b）所允許的措施除外；

（b）在中國與東盟各成員國根據 GATS 所做承諾的基礎上，繼續擴展服務貿易自由化的深度與廣度；以及

（c）增進各締約方在服務領域的合作以提高效率和競爭力，實現各締約方各自服務供應商的服務供給與分配的多樣化。

第五條 投資

為了促進投資並建立一個自由、便利、透明並具有競爭力的投資體制，各締約方同意：

（a）談判以逐步實現投資機制的自由化；

（b）加強投資領域的合作，便利投資並提高投資規章和法規的透明度；以及

（c）提供投資保護。

第六條 早期收穫

1. 為了加速實施本協議，各締約方同意對下文第 3 款（a）所涵蓋的產品實施「早期收穫」計劃（該計劃為中國—東盟自貿區的組成部分），「早期收穫」計劃將按照本協議中規定的時間框架開始和結束。

2. 就本條而言，應適用如下定義，除非文中另有解釋：

（a）「東盟六國」指的是汶萊、印度尼西亞、馬來西亞、菲律賓、新加坡和泰國；

（b）「實施的最惠國關稅稅率」應包括配額內稅率，並應：

（i）對於 2003 年 7 月 1 日時為 WTO 成員的東盟成員國及中國，指其 2003 年 7 月 1 日各自的實施的最惠國關稅稅率；以及

（ii）對於 2003 年 7 月 1 日時非 WTO 成員的東盟成員國，指其 2003 年 7 月 1 日對中國的實施稅率；

3.「早期收穫」計劃中適用的產品範圍、關稅削減和取消、實施的時間框架、原產地規則、貿易補償及緊急措施等問題應遵循下列規定：

（a）產品範圍

（ⅰ）下面各章中 HS8 或 9 位稅號的所有產品都應包括在「早期收穫」計劃中，除非一締約方在本協議附件 1 的例外清單中將其排除，此種情況下該締約方的這些產品可以得到豁免：

章　　描述

01　　活動物

02　　肉及食用雜碎

03　　魚

04　　乳品

05　　其他動物產品

06　　活樹

07　　食用蔬菜

08　　食用水果及堅果

（ⅱ）已將某些產品納入例外清單的任何一締約方可以在任何時候修改例外清單，將例外清單的一項或多項產品納入「早期收穫」計劃。

（ⅲ）本協議附件 2 中所列的特定產品應涵蓋在「早期收穫」計劃中，這些產品的關稅減讓應僅對附件 2 中列明的締約方適用。這些締約方必須就該部分產品相互提供關稅減讓。

（ⅳ）對於附件 1 或附件 2 所列的未能完成適當的產品清單的締約方，經相互同意可在不遲於 2003 年 3 月 1 日前完成。

（b）關稅削減和取消

（ⅰ）「早期收穫」計劃中涵蓋的所有產品都應按照規定劃分為三類進行關稅削減和取消，並按照本協議附件 3 中所列的時間框架執行。本款不應阻止任何締約方自願加速其關稅削減或取消。

（ⅱ）所有實施的最惠國關稅稅率為零的產品，應繼續保持零稅率。

（iii）實施稅率降低到零的產品，稅率應繼續保持為零。

（iv）一締約方應享受所有其他締約方就上文第 3 款（a）（i）所列的某一產品所作的關稅減讓，只要該締約方的同一產品保持在第 3 款（a）（i）所列的「早期收穫」計劃中。

（c）臨時原產地規則

適用於「早期收穫」計劃所涵蓋產品的臨時原產地規則應在 2003 年 7 月以前談判並完成制定。臨時原產地規則應由各締約方根據本協議第三條（8）（b）談判制定並實施的原產地規則替換和取代。

（d）WTO 條款的適用

WTO 中有關承諾的修訂、保障措施、緊急措施和其他貿易補償措施——包括反傾銷措施、補貼及反補貼措施等方面的條款，應臨時性地適用於「早期收穫」計劃涵蓋的產品。一旦各締約方根據本協議第三條第 8 款談判達成的相關規定得以執行，上述 WTO 的條款應被這些相關規定替換和取代。

4.除了本條上面各款中規定的貨物貿易方面的「早期收穫」計劃以外，各締約方應在 2003 年初探討在服務貿易方面推行早期收穫計劃的可行性。

5.為了推動各締約方之間的經濟合作，本協議附件 4 中規定的各項活動應予執行或視情況要求加快實施。

第二部分

第七條 其他經濟合作領域

1.各締約方同意在下列五個優先領域加強合作：

（a）農業；

（b）資訊及通訊技術；

（c）人力資源開發；

（d）投資；以及

（e）湄公河盆地的開發。

2. 合作應擴展到其他領域，包括但不限於銀行、金融、旅遊、工業合作、交通、電信、知識產權、中小企業、環境、生物技術、漁業、林業及林業產品、礦業、能源及次區域開發等。

3. 加強合作的措施應包括但不應僅限於：

（a）推動和便利貨物貿易、服務貿易及投資，如

（i）標準及一致化評定；

（ii）技術性貿易壁壘和非關稅措施；以及

（iii）海關合作。

（b）提高中小企業競爭力；

（c）促進電子商務；

（d）能力建設；以及

（e）技術轉讓。

4. 各締約方同意實施能力建設計劃以及實行技術援助，特別是針對東盟新成員國，以調整它們的經濟結構，擴大它們與中國的貿易與投資。

第三部分

第八條 時間框架

1. 在貨物貿易方面，關於本協議第三條中所列的關稅削減或取消和其他問題的協議的談判應於 2003 年初開始，2004 年 6 月 30 日之前結束，以建立涵蓋貨物貿易的中國—東盟自貿區，對於汶萊、中國、印度尼西亞、馬來西亞、菲律賓、新加坡和泰國，建成自貿區的時間是 2010 年，東盟新成員國建成自貿區的時間是 2015 年。

2. 本協議第三條所列的關於貨物貿易原產地規則的談判應不遲於 2003 年 12 月結束。

3.服務貿易和投資方面，各項協議的談判應於 2003 年開始，並應盡快結束，以依照相互同意的時間框架付諸實施，實施時需要：（a）考慮各締約方的敏感領域；（b）為東盟新成員國提供特殊和差別待遇及靈活性。

4.對於本協議第二部分中所列的經濟合作的其他領域，各締約方應繼續鞏固實施本協議第七條中所列的現有的或經同意的各項計劃，制定新的經濟合作計劃，並在經濟合作的各個領域達成協議。各締約方應迅速採取行動，以便以所有相關締約方都能接受的方式和速度儘早實施。這些協議應包含實施其中各項承諾的時間框架。

第九條 最惠國待遇

中國自本協議簽宇之日起應給予所有非 WTO 成員的東盟成員國符合 WTO 規則和規定的最惠國待遇。

第十條 一般例外

在遵守關於此類措施的實施不在情形相同的各締約方彼此或各締約方之間構成任意或不合理歧視的手段或構成對中國—東盟自貿區內貿易的變相限制的要求前提下，本協定的任何規定不得阻止任何締約方採取或實施保護其國家安全、保護具有藝術、歷史或考古價值的文物所採取的措施，或保護公共道德所必需的措施，或保護人類、動物或植物的生命和健康所必需的措施。

第十一條 爭端解決機制

1.各締約方應在本協議生效 1 年內，為實施本協議建立適當的正式的爭端解決程序與機制。

2.在上文第 1 款所稱的爭端解決程序與機制建立前，任何關於本協議的解釋、實施和適用的爭端，應透過磋商和／或仲裁以友好的方式加以解決。

第十二條 談判的機構安排

1.已建立的中國—東盟貿易談判委員會（以下簡稱「中國—東盟 TNC」）應繼續負責執行本協議中所列的談判計劃。

2. 各締約方在必要時可以建立其他機構來協調和實施依照本協議開展的任何經濟合作活動。

3. 中國—東盟 TNC 和上述所有機構應透過中國對外貿易經濟合作部（以下簡稱「中國外經貿部」）與東盟經濟高官會（簡稱 SEOM），定期向中國外經貿部部長和東盟經濟部長會議（簡稱 AEM）匯報其談判進度及成果。

4. 無論中國—東盟 TNC 於何時何地進行談判，東盟祕書處和外經貿部應聯合給以必要的行政支持。

第十三條 雜項條款

1. 本協議應包含所附附件及其內容，以及將來所有依照本協議透過的法律文件。

2. 除非本協議另有規定，本協議或依照本協議採取的任何行動不得影響或廢止一締約方依照其現為締約方的協議所享受的權利和承擔的義務。

3. 各締約方應當努力避免增加影響實施本協議的約束或限制。

第十四條 修正

本協議的條款可經各締約方以書面形式相互同意達成的修正案加以修訂。

第十五條 交存方

對於東盟成員國，本協議應交存於東盟祕書長，東盟祕書長應及時向每一個東盟成員國提供一份經核證的副本。

第十六條 生效

1. 本協議於 2003 年 7 月 1 日生效。

2. 各締約方應於 2003 年 7 月 1 日前完成使本協議生效的國內程序。

3. 如一締約方未能在 2003 年 7 月 1 日之前完成使本協議生效的國內程序，該締約方依照本協議的權利與義務應自其完成此類國內程序之日開始。

附錄一 中華人民共和國與東南亞國家聯盟全面經濟合作框架協議

4.一締約方一俟完成使本協議生效的國內程序,即應以書面形式通報所有其他締約方。

鑑此,我們簽署《中華人民共和國與東南亞國家聯盟全面經濟合作框架協議》。

本協議以英文書就,一式兩份,2002年11月4日簽署於柬埔寨金邊。

中華人民共和國政府代表

東南亞國家聯盟成員國政府代表

附件1:

各締約方在第六條(3)(a)(i)「早期收穫」計劃中的例外產品清單

A.下列締約方已經完成了彼此間談判,例外清單如下:

1.東盟

(a)汶萊:無任何產品例外。

(b)柬埔寨:

第三部分

序號	HS稅號/產品描述(柬埔寨)	HS稅號/產品描述(中國)
1	0103.92.00－－重量在50公斤及以上	中國應該本協議簽字後以最快速度提供與本表第二列中的稅號與產品描述相符的HS稅號及描述
2	0207.11.00－－整隻，鮮或冷的	同上
3	0207.12.00－－整隻，凍的	同上
4	0207.13.00－－塊及雜碎，鮮或冷的	同上
5	0207.14.10－－－翼	同上
6	0207.14.20－－－腿	同上
7	0207.14.30－－－肝	同上
8	0207.14.90－－－其他	同上
9	0301.93.00－鯉魚	同上
10	0702.00.00 鮮或冷藏的番茄	同上
12	0703.20.00－大蒜	同上
13	0704.10.10－花椰菜	同上
14	0704.10.20－綠花椰菜	同上
15	0704.90.10－－高麗菜	同上
16	0704.90.90－其他	同上
17	0705.11.00－－結球萵苣	同上
18	0705.19.00－其他	同上
19	0706.10.10－－胡蘿蔔	同上
20	0706.10.20－－蘿蔔	同上
21	0706.90.00－其他	同上
22	0708.20.00－豇豆及菜豆	同上
23	0709.90.00－其他	同上

續表

序號	HS稅號/產品描述(柬埔寨)	HS稅號/產品描述(中國)
24	0801.19.00 – – 其他	同上
25	0804.30.00 – 鳳梨	同上
26	0804.50.00 – 番石榴、芒果及山竹	同上
27	0805.10.00 – 橙	同上
28	0807.11.00 – – 西瓜	同上
29	0807.19.00 – – 其他	同上
30	0810.90.20 – – 龍眼	同上

（c）印度尼西亞：無任何產品例外。[1]

（d）緬甸：無任何產品例外。

（e）新加坡：無任何產品例外。

（f）泰國：無任何產品例外。

（g）越南：

序號	HS稅號/產品描述(越南)	HS稅號/產品描述(中國)
	HS：0105家禽，及雞、鴨、鵝、火雞及珍珠雞	HS：0105家禽，及雞、鴨、鵝、火雞及珍珠雞
1	HS：0105.11.900 —重量不超過185克 —雞 —其他	HS：0105.11.90 —重量不超過185克 —雞 —其他
2	HS：0105.92.900 —其他： —雞，重量不超過2千克 —其他	HS：0105.92.90 —其他： —雞，重量不超過2千克 —其他
3	HS：0105.93.000 —其他： —雞，重量超過2千克	HS：0105.93.10 —其他： —雞，重量超過2千克 —改良種用

續表

序號	HS稅號/產品描述(越南)	HS稅號/產品描述(中國)
3	HS：0105.93.000 —其他： —雞，重量超過2千克	HS：0105.93.90 —其他： —雞，重量超過2千克 —其他
4	HS：0105.99.900 —其他： —其他： —其他：	HS：0105.99.91 —其他： —其他： —其他： —鴨 HS：0105.99.92 —其他： —其他： —其他： —鵝 HS：0105.99.93 —其他： —其他： —其他： —珍珠雞 HS：0105.99.94 —其他： —其他： —其他： —火雞
	HS：0207稅號0103所列家禽的鮮、冷、凍肉及實用雜碎	HS：0207稅號0105所列家禽的鮮、冷、凍肉及實用雜碎
5	HS：0207.11.000 —雞 —整隻，鮮或冷的	HS：0207.11.00 —雞 —整隻，鮮或冷的
6	HS：0207.12.000 —雞 —整隻，凍的	HS：0207.12.00 —雞 —整隻，凍的

續表

序號	HS 稅號產品描述(越南)	HS 稅號產品描述(中國)
7	HS：0207.13.000 ——雞 ——塊及雜碎，鮮或冷的	HS：0207.13.11 ——雞 ——塊及雜碎，鮮或冷的 ——塊： ——帶骨的
		HS：0207.13.19 ——雞 ——塊及雜碎，鮮或冷的 ——塊： ——其他
		HS：0207.13.21 ——雞 ——塊及雜碎，鮮或冷的 ——雜碎 ——翼(不包括翼尖)
		HS：0207.13.29 ——雞 ——塊及雜碎，鮮或冷的 ——雜碎： ——其他
8	HS：0207.14.000 ——雞 ——塊及雜碎，凍的	HS：0207.14.11 ——雞 ——塊及雜碎，凍的 ——塊 ——帶骨的
		HS：0207.14.19 ——雞 ——塊及雜碎，凍的 ——塊： ——其他

續表

序號	HS 稅號/產品描述(越南)	HS 稅號/產品描述(中國)
8	HS：0207.14.000 ——雞 ——塊及雜碎，凍的	HS：0207.14.21 ——雞 ——塊及雜碎，凍的 ——雜碎 ——翼(不包括翼尖) HS：0207.14.29 ——雞 ——塊及雜碎，凍的 ——雜碎 ——其他
9	HS：0207.26.000 ——火雞 ——塊及雜碎，鮮或冷的	HS：0207.26.00 ——火雞 ——塊及雜碎，鮮或冷的
10	HS：0207.27.000 ——火雞 ——塊及雜碎，凍的	HS：0207.27.00 ——火雞 ——塊及雜碎，凍的
11	HS：0407 帶殼禽蛋，鮮、醃製或煮過的 HS：0407.00.100 ——種用蛋	HS：0407 帶殼禽蛋，鮮、醃製或煮過的 HS：0407.00.10 ——種用蛋
12	HS：0407.00.900 ——其他	HS：0407.00.21 ——其他帶殼鮮蛋 ——雞蛋 HS：0407.00.22 ——其他帶殼鮮蛋 ——鴨蛋 HS：0407.00.23 ——其他帶殼鮮蛋 ——鵝蛋 HS：0407.0029 ——其他帶殼鮮蛋 ——其它

169

附錄一 中華人民共和國與東南亞國家聯盟全面經濟合作框架協議

續表

序號	HS 稅號/產品描述(越南)	HS 稅號產品描述(中國)
12	HS：0407.00.900 ——其他	HS：0407.00.91 ——其他 ——鹹蛋 HS：0407.00.92 ——其他 ——皮蛋 HS：0407.00.99 ——其他 ——其他
13	HS：0805 鮮或乾的柑桔屬水果 HS：0805.30.000 ——檸檬及酸橙	HS：0805 鮮或乾的柑桔屬水果 HS：0805.50.00 ——檸檬及酸橙
14	HS：0805.40.000 ——柚	HS：0805.40.00 ——柚
15	HS：0805.90.000 ——其他	HS：0805.90.00 ——其他

2. 中國

對下列國家

（a）汶萊：無任何產品例外。

（b）印度尼西亞：無任何產品例外。

（c）緬甸：無任何產品例外。

（d）新加坡：無任何產品例外。

（e）泰國：無任何產品例外。

B. 下列締約方尚未完成談判，應於 2003 年 3 月 1 日前完成關於例外清單的談判。

（a）老撾

（b）馬來西亞

（c）菲律賓

（d）中國（對老撾、馬來西亞及菲律賓）

附件2：

第六條（3）（a）（iii）「早期收穫」計劃中的特定產品

A. 汶萊與新加坡應成為中國與任一其他締約方依照第六條第3款（a）（iii）已經或將要達成一致的安排的締約方。汶萊與新加坡應在本協議簽宇之後，盡可能快地提供與中國和任一其他締約方依照第六條第3款（a）（iii）已經或將要達成一致的特定產品的HS稅號和產品描述相符的稅號及產品描述。

B. 下列締約方已經完成與中國的談判，其特定產品如下：

1. 柬埔寨：無

2. 印度尼西亞

附錄一 中華人民共和國與東南亞國家聯盟全面經濟合作框架協議

序號	HS 稅號產品描述(中國)	HS稅號/產品描述(印尼)
1	09012200 ——已焙炒的咖啡 ——已浸除咖啡鹼(因)	090122000 已焙炒、已浸除咖啡鹼(因)的咖啡
2	15131100 ——椰子油及其分離品 ——初榨的	151311000 初榨椰子油及其分離品
3	15131900 ——椰子油及其分離品 ——其他	151319000 椰子油及其分離品，但不包括初榨的
4	15132100 ——棕櫚仁油或巴巴蘇棕櫚果油及其分離品 ——初榨的	151321000 初榨棕櫚仁油或巴巴蘇棕櫚果油及其分離品
5	15132900 ——棕櫚仁油或巴巴蘇棕櫚果油及其分離品 ——其他	151329000 棕櫚仁油或巴巴蘇棕櫚果油及其分離品，但不包括初榨的
6	15162000 ——植物油、脂及其分離品	151620000 ——植物油脂及其分離品，氧化的
7	15179000 人造奶油；本章中各種動、植物油、脂及其分離品混合製成的食用油脂或製品,但稅號1516 的食用油、製及其分離品除外 ——其他	151790000 油脂食品，不另描述

172

續表

序號	HS 稅號/產品描述(中國)	HS 稅號/產品描述(印尼)
8	18061000 ——加糖或其他甜物質的可可粉	180610000 加糖或其他甜物質的可可粉
9	34011990 ——肥皂；作肥皂用的有機表面活性產品及製品，條狀、塊狀或模製形狀的，以及用肥皂或洗滌劑浸漬、塗面或包覆的紙、絮胎、氈呢及無防治物 ——其他 ——其他	340119900 條狀表面活性產品
10	34012000 其他形狀的肥皂	340120000 其他形狀的肥皂，不另描述
11	40169200 硫化橡膠(硬脂橡膠除外)的其他製品 ——其他 ——橡皮擦	401692000 硫化橡膠製橡皮擦
12	70112010 ——陰極射線管用末封口玻璃外殼 ——防眩玻璃外殼	701120100 ——陰極射線管用防影玻璃外殼
13	94015000 ——藤、柳條、竹及類似材料製的坐具	940150000 ——藤、柳條、竹及類似材料製的坐具 940150900 其他藤製坐具
14	94038010 ——其他材料製的傢俱，包括藤、柳條、竹及類似材料製 ——藤、柳條、竹及類似材料製	940380100 藤、柳條、竹及類似材料製的家具

3. 老撾：無

4. 緬甸：無

5. 泰國：

附錄一 中華人民共和國與東南亞國家聯盟全面經濟合作框架協議

序號	HS稅號及產品描述(中國)	HS稅號及產品描述(泰國)
1	27011100 無煙煤	270111008 無煙煤，無論是否粉化，但未製成型
2	27040010 焦炭及半焦炭	270400904 焦炭及半焦炭，褐煤或泥煤製

6. 越南：無

C. 下列各締約方尚未完成與中國的談判，應在 2003 年 3 月 1 日前完成特定產品談判。

1. 馬來西亞

2. 菲律賓

附件 3A：

依照第六條第 3 款（b）（i）進行關稅削減和取消的產品類別

這三類產品如下：

（i）類別 1

對於中國和東盟六國，指實施的最惠國關稅稅率高於 15% 的所有產品。

對於東盟新成員國，指實施的最惠國關稅稅率高於 30%（含）的所有產品。

（ii）類別 2

對於中國和東盟六國，指實施的最惠國關稅稅率在 5% ～ 15%（含）之間的所有產品。

對於東盟新成員國，指實施的最惠國關稅稅率在 15%（含）～ 30%（不含）之間的所有產品。

（iii）類別 3

對於中國和東盟六國，指實施的最惠國關稅稅率低於 5% 的所有產品。

對於東盟新成員國,指實施的最惠國關稅稅率低於 15% 的所有產品。

附件 3B:

第六條第 3 款(b)(i)的實施時間框架

「早期收穫」計劃應不遲於 2004 年 1 月 1 日實施,時間框架如下:

(i)中國和東盟六國

產品類別	不遲於2004年1月1日	不遲於2005年1月1日	不遲於2006年1月1日
1	10%	5%	0%
2	5%	0%	0%
3	0%	0%	0%

(ii)東盟新成員國

產品類別 1

國家	不遲於2004年1月1日	不遲於2005年1月1日	不遲於2006年1月1日	不遲於2007年1月1日	不遲於2008年1月1日	不遲於2009年1月1日	不遲於2010年1月1日
越南	20%	15%	10%	5%	0%	0%	0%
寮國與緬甸	-----	-----	20%	14%	8%	0%	0%
柬埔寨	-----	-----	20%	15%	10%	5%	0%

產品類別 2

國家	不遲於2004年1月1日	不遲於2005年1月1日	不遲於2006年1月1日	不遲於2007年1月1日	不遲於2008年1月1日	不遲於2009年1月1日
越南	10%	10%	5%	5%	0%	0%
寮國與緬甸	-----	-----	10%	10%	5%	0%
柬埔寨	-----	-----	10%	10%	5%	5%

產品類別 3

附錄一 中華人民共和國與東南亞國家聯盟全面經濟合作框架協議

國家	不遲於 2004年1月1日	不遲於 2005年1月1日	不遲於 2006年1月1日	不遲於 2007年1月1日	不遲於 2008年1月1日	不遲於 2009年1月1日
越南	5%	5%	0-5%	0-5%	0%	0%
寮國與緬甸	—	—	5%	5%	0-5%	0%
柬埔寨	—	—	5%	5%	0-5%	0-5%

附件4：

第六條第5款所列的活動

（a）分別按照東盟湄公河盆地發展合作框架和大湄公河次區域計劃，加快新加坡-昆明鐵路與曼谷-昆明高速公路項目的實施；

（b）實施在柬埔寨舉行的第一屆大湄公河次區域國家首腦會議所制定的該區域中長期全面發展規劃；

（c）透過未來設定的特定程序與機制，指定東盟成員國與中國的聯絡點，作為推動與促進各締約方之間貿易與投資發展的中心；

（d）在具有共同利益的領域，如農產品和電子電機設備，尋求建立相互認證安排的可能性，並在共同商定的時間框架內完成；

（e）在各締約方的標準與一致化管理機構之間建立合作，以在其他領域推動貿易便利化及合作；

（f）實施各締約方於2002年11月就農業合作達成的諒解備忘錄；

（g）在各締約方彼此間就資訊和通訊技術產業合作達成諒解備忘錄；

（h）利用東盟與中國合作基金，透過制定具體項目，進一步增強在人力資源開發領域的合作；

（i）確立具體的技術項目，幫助東盟新成員國增強區域一體化的能力並為非WTO成員的東盟成員國加入WTO提供便利；

（j）建立海關合作機制，推動貿易便利化及其他領域的合作；

（k）建立各締約方相關的知識產權保護部門之間的合作機制。

註釋

[1] 印尼的甜玉米（HS 稅號 071010000）將取決於其 WTO 多邊談判結果。

附錄二 南海各方行為宣言

附錄二 南海各方行為宣言

（2002年11月4日，金邊）

中華人民共和國和東盟各成員國政府，重申各方決心鞏固和發展各國人民和政府之間業已存在的友誼與合作，以促進面向21世紀睦鄰互信夥伴關係；

認識到為增進本地區的和平、穩定、經濟發展與繁榮，中國和東盟有必要促進南海地區和平、友好與和諧的環境；

承諾促進1997年中華人民共和國與東盟成員國國家元首或政府首腦會晤《聯合聲明》所確立的原則和目標；

希望為和平與永久解決有關國家間的分歧和爭議創造有利條件；

謹發表如下宣言：

一、各方重申以《聯合國憲章》宗旨和原則、1982年《聯合國海洋法公約》、《東南亞友好合作條約》、和平共處五項原則以及其他公認的國際法原則作為處理國家間關係的基本準則。

二、各方承諾根據上述原則，在平等和相互尊重的基礎上，探討建立信任的途徑。

三、各方重申尊重並承諾，包括1982年《聯合國海洋法公約》在內的公認的國際法原則所規定的在南海的航行及飛越自由。

四、有關各方承諾根據公認的國際法原則，包括1982年《聯合國海洋法公約》，由直接有關的主權國家透過友好磋商和談判，以和平方式解決它們的領土和管轄權爭議，而不訴諸武力或以武力相威脅。

五、各方承諾保持自我克制，不採取使爭議複雜化、擴大化和影響和平與穩定的行動，包括不在現無人居住的島、礁、灘、沙或其他自然構造上採取居住的行動，並以建設性的方式處理它們的分歧。

在和平解決它們的領土和管轄權爭議之前，有關各方承諾本著合作與諒解的精神，努力尋求各種途徑建立相互信任，包括：

（一）在各方國防及軍隊官員之間開展適當的對話和交換意見；

（二）保證對處於危險境地的所有公民予以公正和人道的待遇；

（三）在自願基礎上向其他有關各方通報即將舉行的聯合軍事演習；

（四）在自願基礎上相互通報有關情況。

六、在全面和永久解決爭議之前，有關各方可探討或開展合作，可包括以下領域：

（一）海洋環保；

（二）海洋科學研究；

（三）海上航行和交通安全；

（四）搜尋與救助；

（五）打擊跨國犯罪，包括但不限於打擊毒品走私、海盜和海上武裝搶劫以及軍火走私。

在具體實施之前，有關各方應就雙邊及多邊合作的模式、範圍和地點取得一致意見。

七、有關各方願透過各方同意的模式，就有關問題繼續進行磋商和對話，包括對遵守本宣言問題舉行定期磋商，以增進睦鄰友好關係和提高透明度，創造和諧、相互理解與合作，推動以和平方式解決彼此間爭議。

八、各方承諾尊重本宣言的條款並採取與宣言相一致的行動。

九、各方鼓勵其他國家尊重本宣言所包含的原則。

十、有關各方重申制定南海行為準則將進一步促進本地區和平與穩定，並同意在各方協商一致的基礎上，朝最終達成該目標而努力。

本宣言於 2002 年 11 月 4 日在柬埔寨王國金邊簽署。

簽署人：

中華人民共和國外交部副部長兼特使 王毅

汶萊達魯薩蘭國外交大臣 穆罕默德·博爾基亞

柬埔寨王國外交大臣 賀南洪

印度尼西亞共和國外長 維拉尤達

老撾人民民主共和國副總理兼外長 宋沙瓦

馬來西亞外長 賽義德·哈米德

緬甸聯邦外長 吳溫昂

菲律賓共和國外長 布拉斯·奧普萊

新加坡共和國外長 S·賈古瑪

泰王國外長 素拉杰·沙田泰

越南社會主義共和國外長 阮怡年

附錄三 海峽兩岸經濟合作框架協議（ECFA）

附錄三 海峽兩岸經濟合作框架協議（ECFA）

（2010年6月29日）

序言

海峽兩岸關係協會與財團法人海峽交流基金會遵循平等互惠、循序漸進的原則，達成加強海峽兩岸經貿關係的意願；

雙方同意，本著世界貿易組織（WTO）基本原則，考慮雙方的經濟條件，逐步減少或消除彼此間的貿易和投資障礙，創造公平的貿易與投資環境；透過簽署《海峽兩岸經濟合作框架協議》（以下簡稱本協議），進一步增進雙方的貿易與投資關係，建立有利於兩岸經濟繁榮與發展的合作機制；

經協商，達成協議如下：

第一章 總則

第一條 目標

本協議目標為：

一、加強和增進雙方之間的經濟、貿易和投資合作。

二、促進雙方貨物和服務貿易進一步自由化，逐步建立公平、透明、便利的投資及其保障機制。

三、擴大經濟合作領域，建立合作機制。

第二條 合作措施

雙方同意，考慮雙方的經濟條件，採取包括但不限於以下措施，加強海峽兩岸的經濟交流與合作：

一、逐步減少或消除雙方之間實質多數貨物貿易的關稅和非關稅壁壘。

二、逐步減少或消除雙方之間涵蓋眾多部門的服務貿易限制性措施。

三、提供投資保護，促進雙向投資。

四、促進貿易投資便利化和產業交流與合作。

第二章 貿易與投資

第三條 貨物貿易

一、雙方同意，在本協議第七條規定的「貨物貿易早期收穫」基礎上，不遲於本協議生效後六個月內就貨物貿易協議展開磋商，並盡速完成。

二、貨物貿易協議磋商內容包括但不限於：

（一）關稅減讓或消除模式；

（二）原產地規則；

（三）海關程序；

（四）非關稅措施，包括但不限於技術性貿易壁壘（TBT）、衛生與植物衛生措施（SPS）；

（五）貿易救濟措施，包括世界貿易組織《關於實施 1994 年關稅與貿易總協定第六條的協定》、《補貼與反補貼措施協定》、《保障措施協定》規定的措施及適用於雙方之間貨物貿易的雙方保障措施。

三、依據本條納入貨物貿易協議的產品應分為立即實現零關稅產品、分階段降稅產品、例外或其他產品三類。

四、任何一方均可在貨物貿易協議規定的關稅減讓承諾的基礎上自主加速實施降稅。

第四條 服務貿易

一、雙方同意，在第八條規定的「服務貿易早期收穫」基礎上，不遲於本協議生效後六個月內就服務貿易協議展開磋商，並盡速完成。

二、服務貿易協議的磋商應致力於：

（一）逐步減少或消除雙方之間涵蓋眾多部門的服務貿易限制性措施；

（二）繼續擴展服務貿易的廣度與深度；

（三）增進雙方在服務貿易領域的合作。

三、任何一方均可在服務貿易協議規定的開放承諾的基礎上自主加速開放或消除限制性措施。

第五條 投資

一、雙方同意，在本協議生效後六個月內，針對本條第二款所述事項展開磋商，並盡速達成協議。

二、該協議包括但不限於以下事項：

（一）建立投資保障機制；

（二）提高投資相關規定的透明度；

（三）逐步減少雙方相互投資的限制；

（四）促進投資便利化。

第三章 經濟合作

第六條 經濟合作

一、為強化並擴大本協議的效益，雙方同意，加強包括但不限於以下合作：

（一）知識產權保護與合作；

（二）金融合作；

（三）貿易促進及貿易便利化；

（四）海關合作；

（五）電子商務合作；

附錄三 海峽兩岸經濟合作框架協議（ECFA）

（六）研究雙方產業合作布局和重點領域，推動雙方重大項目合作，協調解決雙方產業合作中出現的問題；

（七）推動雙方中小企業合作，提升中小企業競爭力；

（八）推動雙方經貿社團互設辦事機構。

二、雙方應盡速針對本條合作事項的具體計劃與內容展開協商。

第四章 早期收穫

第七條 貨物貿易早期收穫

一、為加速實現本協議目標，雙方同意對附件一所列產品實施早期收穫計劃，早期收穫計劃將於本協議生效後六個月內開始實施。

二、貨物貿易早期收穫計劃的實施應遵循以下規定：

（一）雙方應按照附件一列明的早期收穫產品及降稅安排實施降稅；但雙方各自對其他所有世界貿易組織成員普遍適用的非臨時性進口關稅稅率較低時，則適用該稅率；

（二）本協議附件一所列產品適用附件二所列臨時原產地規則。依據該規則被認定為原產於一方的上述產品，另一方在進口時應給予優惠關稅待遇；

（三）本協議附件一所列產品適用的臨時貿易救濟措施，是指本協議第三條第二款第五項所規定的措施，其中雙方保障措施列入本協議附件三。

三、自雙方根據本協議第三條達成的貨物貿易協議生效之日起，本協議附件二中列明的臨時原產地規則和本條第二款第三項規定的臨時貿易救濟措施規則應終止適用。

第八條 服務貿易早期收穫

一、為加速實現本協議目標，雙方同意對附件四所列服務貿易部門實施早期收穫計劃，早期收穫計劃應於本協議生效後盡速實施。

二、服務貿易早期收穫計劃的實施應遵循下列規定：

（一）一方應按照附件四列明的服務貿易早期收穫部門及開放措施，對另一方的服務及服務提供者減少或消除實行的限制性措施；

（二）本協議附件四所列服務貿易部門及開放措施適用附件五規定的服務提供者定義；

（三）自雙方根據本協議第四條達成的服務貿易協議生效之日起，本協議附件五規定的服務提供者定義應終止適用；

（四）若因實施服務貿易早期收穫計劃對一方的服務部門造成實質性負面影響，受影響的一方可要求與另一方磋商，尋求解決方案。

第五章 其他

第九條 例外

本協議的任何規定不得解釋為妨礙一方採取或維持與世界貿易組織規則相一致的例外措施。

第十條 爭端解決

一、雙方應不遲於本協議生效後六個月內就建立適當的爭端解決程序展開磋商，並盡速達成協議，以解決任何關於本協議解釋、實施和適用的爭端。

二、在本條第一款所指的爭端解決協議生效前，任何關於本協議解釋、實施和適用的爭端，應由雙方透過協商解決，或由根據本協議第十一條設立的「兩岸經濟合作委員會」以適當方式加以解決。

第十一條 機構安排

一、雙方成立「兩岸經濟合作委員會」（以下簡稱委員會）。委員會由雙方指定的代表組成，負責處理與本協議相關的事宜，包括但不限於：

（一）完成為落實本協議目標所必需的磋商；

（二）監督並評估本協議的執行；

（三）解釋本協議的規定；

附錄三 海峽兩岸經濟合作框架協議（ECFA）

（四）通報重要經貿資訊；

（五）根據本協議第十條規定，解決任何關於本協議解釋、實施和適用的爭端。

二、委員會可根據需要設立工作小組，處理特定領域中與本協議相關的事宜，並接受委員會監督。

三、委員會每半年召開一次例會，必要時經雙方同意可召開臨時會議。

四、與本協議相關的業務事宜由雙方業務主管部門指定的聯絡人負責聯絡。

第十二條 文書格式

基於本協議所進行的業務聯繫，應使用雙方商定的文書格式。

第十三條 附件及後續協議

本協議的附件及根據本協議簽署的後續協議，構成本協議的一部分。

第十四條 修正

本協議修正，應經雙方協商同意，並以書面形式確認。

第十五條 生效

本協議簽署後，雙方應各自完成相關程序並以書面通知另一方。本協議自雙方均收到對方通知後次日起生效。

第十六條 終止

一、一方終止本協議應以書面通知另一方。雙方應在終止通知發出之日起三十日內開始協商。如協商未能達成一致，則本協議自通知一方發出終止通知之日起第一百八十日終止。

二、本協議終止後三十日內，雙方應就因本協議終止而產生的問題展開協商。

本協議於六月二十九日簽署,一式四份,雙方各執兩份。四份文本中對應表述的不同用語所含意義相同,四份文本具有同等效力。

　　附件一 貨物貿易早期收穫產品清單及降稅安排

　　附件二 適用於貨物貿易早期收穫產品的臨時原產地規則

　　附件三 適用於貨物貿易早期收穫產品的雙方保障措施

　　附件四 服務貿易早期收穫部門及開放措施

　　附件五 適用於服務貿易早期收穫部門及開放措施的服務提供者定義

　　海峽兩岸關係協會會長 陳雲林

　　財團法人海峽交流基金會董事長 江丙坤

　　附件一

　　貨物貿易早期收穫產品清單及降稅安排

　　大陸方面早期收穫產品清單

附錄三 海峽兩岸經濟合作框架協議（ECFA）

序號	2009年稅則號列	產品名稱(簡稱)	2009年進口稅率(%)
1	03019999	其他活魚	10.5
2	03026990	其他鮮、冷魚	12
3	03037990	其他未列名凍魚	10
4	03042990	其他凍魚片	10
5	04100090	其他編號未列名的食用動物產品	20
6	06031300	鮮蘭花	10
7	07095930	鮮或冷的金針菇	13
8	08030000	鮮的香蕉，包括芭蕉	10
9	08051000	鮮或乾橙	11
10	08055000	鮮或乾的檸檬及酸橙	11
11	08071910	鮮哈密瓜	12
12	08109080	火龍果	20
13	09021090	每件淨重≦3千克的其他綠茶	15
14	09022090	每件淨重>3千克的其他綠茶	15
15	09023010	每件淨重≦3千克的烏龍茶	15
16	09023090	每件淨重≦3千克的其他發酵、半發酵紅茶	15
17	09024010	每件淨重>3千克的烏龍茶	15
18	09024090	每件淨重>3千克的其他紅茶(已發酵)及半發酵茶	15
19	25231000	水泥熟料，不論是否著色	8
20	25232100	白水泥，不論是否人工著色	6
21	25232900	其他矽酸鹽水泥，不論是否著色	8
22	27101911	航空煤油	9
23	27101919	其他煤油餾分產品	6
24	27101993	潤滑油基礎油	6
25	27101994	液體石蠟和重質液體石蠟	6
26	28030000	碳(碳黑及其他稅號未列名的其他形狀的碳)	5.5
27	29012200	丙烯	2

續表

序號	2009年稅則號列	產品名稱(簡稱)	2009年進口稅率(%)
28	29012400	1,3-丁二烯及異戊二烯	2
29	29024100	鄰二甲苯	2
30	29024200	間二甲苯	2
31	29024300	對二甲苯	2
32	29024400	混合二甲苯異構體	2
33	29029030	十二烷基苯	2
34	29031300	氯仿(三氯甲烷)	10
35	29032100	氯乙烯	5.5
36	29051220	異丙醇	5.5
37	29051300	正丁醇	5.5
38	29051410	異丁醇	5.5
39	29094100	2,2'-氧聯二乙醇(二甘醇)	5.5
40	29094300	乙二醇或二甘醇的單丁醚	5.5
41	29103000	1-氯-2,3-環氧丙烷(表氯醇)	5.5
42	29152110	冰乙酸(冰醋酸)	5.5
43	29153200	乙酸乙烯酯	5.5
44	29161300	甲基丙烯酸酯及其鹽	6.5
45	29161400	甲基丙烯酸酯	6.5
46	29173200	鄰苯二甲酸二辛酯	6.5
47	29173300	鄰苯二甲酸二壬酯,鄰苯二甲酸二癸酯	6.5
48	29173490	其他鄰苯二甲酸酯	6.5
49	29241910	二甲基甲醯胺	6.5
50	29291010	2,4和2,6甲苯二異氰酸酯混合物(甲苯二異氰酸酯TDI)	6.5
51	29321100	四氫呋喃	6
52	29333100	吡啶及其鹽	6
53	32041200	酸性染料(不論是否預金屬絡合)及以其為基本成分的製品(不論是否已有化學定義);媒染染料及以其為基本成分的製品(不論是否已有化學定義)	6.5
54	32041400	直接染料及以其為基本成分的製品(不論是否已有化學定義)	6.5
55	32041600	活性染料及以其為基本成分的製品(不論是否已有化學定義)	6.5

附錄三 海峽兩岸經濟合作框架協議（ECFA）

續表

序號	2009年稅則號列	產品名稱(簡稱)	2009年進口稅率(%)
56	32041700	顏料及以其為基本成分的製品(不論是否已有化學定義)	6.5
57	32041990	由子目號3204.11 至3204.19 中兩個或多個子目所列著色料組成的混合物，(不論是否已有化學定義)	6.5
58	32042000	用作螢光增白劑的有機合成產品(不論是否已有化學定義)	6.5
59	32061110	鈦白粉(TiO2，二氧化鈦)	6.5
60	32061900	二氧化鈦為基料的顏料及製品，幹量計二氧化鈦<80%	10
61	32064900	其他著色料及其製品；32章注釋三所述的製品，但稅目32.03，32.04 及32.05 的貨品除外	6.5
62	32081000	分散或溶於非水介質的聚酯油漆及清漆等	10
63	32082010	分散或溶於非水介質的丙烯酸聚合物油漆及清漆	10
64	32089090	分散或溶於非水介質其他油漆、清漆溶液	10
65	32099010	以環氧樹脂為基本成分的溶於水介質其他聚合物油漆及清漆	10
66	32099090	溶於水介質其他聚合物油漆及清漆	10
67	32100000	其他油漆及清漆(包括瓷漆、大漆及水漿塗料)；皮革用水性顏料	10
68	32151900	其他印刷油墨(不論是否固體或濃縮)，黑色印刷油墨除外	6.5
69	34021300	非離子型有機表面活性劑	6.5
70	35061000	適於作膠或粘合劑的產品，零售包裝每件淨重≤1千克	10
71	35069110	以聚醯胺為基本成份的黏合劑	10
72	35069120	以環氧樹脂為基本成分的黏合劑	10
73	35069190	以其他橡膠或塑膠為基本成分的黏合劑	10
74	35069900	其他調製膠、黏合劑	10
75	38170000	混合烷基苯及混合烷基萘，但稅目27.07 及 29.02 的產品除外	6.5
76	39023010	初級形狀的乙烯丙烯共聚物(乙丙橡膠丙烯單體單元的含量大於乙烯單體單元)	6.5
77	39029000	其他初級形狀的烯烴聚合物	6.5
78	39032000	初級形狀苯乙烯-丙烯腈共聚物	12
79	39039000	初級形狀的其他苯乙烯聚合物	6.5
80	39052100	乙酸乙烯酯共聚物的水分散體	10
81	39053000	初級形狀的聚乙烯醇(不論是否含有未水解的乙酸酯基)	14

續表

序號	2009年稅則號列	產品名稱(簡稱)	2009年進口稅率(%)
82	39061000	初級形狀的聚甲基丙烯酸甲酯	6.5
83	39069010	聚丙烯醯胺	6.5
84	39069090	其他初級形狀的丙烯酸聚合物	6.5
85	39071010	初級形狀的聚甲醛	6.5
86	39072010	聚四亞甲基醚二醇	6.5
87	39073000	初級形狀的環氧樹脂	6.5
88	39074000	初級形狀的聚碳酸酯	6.5
89	39075000	初級形狀的醇酸樹脂	10
90	39079100	初級形狀的不飽和聚酯	6.5
91	39079990	初級形狀的其他聚酯	6.5
92	39091000	初級形狀的尿素樹脂及硫尿樹脂	6.5
93	39092000	初級形狀的蜜胺樹脂。	6.5
94	39093090	其他初級形狀的其他胺基樹脂	6.5
95	39094000	初級形狀的酚醛樹脂	6.5
96	39095000	初級形狀的聚亞氨酯	6.5
97	39100000	初級形狀的聚矽氧烷	6.5
98	39111000	初級形狀的石油樹脂、苯並呋喃—茚樹脂、萜烯樹脂	6.5
99	39191099	其他材料製的,寬度≤20毫米的其他成卷塑膠膠黏板片等	6.5
100	39199090	其他自黏塑膠板、片、膜等材料	6.5
101	39201090	其他乙烯聚合物制板、片、帶	6.5
102	39202090	其他丙烯聚合物制板、片、帶	6.5
103	39203000	非泡沫聚苯乙烯板、片、膜、箔及扁條	6.5
104	39204300	按重量計塑化劑含量不小於6%的聚氯乙烯板、片、膜、箔及扁條	6.5
105	39204900	按重量計塑化劑含量小於6%的聚氯乙烯板、片、膜、箔及扁條	6.5
106	39205100	聚甲基丙烯酸甲酯板片、膜、箔及扁條	6.5
107	39206100	聚碳酸酯製板、片、膜、箔及扁條	6.5
108	39206200	聚對苯二甲酸乙二酯板片膜箔扁條	6.5
109	39206900	其他聚酯板、片、膜、箔及扁條	10

附錄三 海峽兩岸經濟合作框架協議（ECFA）

續表

序號	2009年稅則號列	產品名稱(簡稱)	2009年進口稅率(%)
110	39209990	其他塑膠製的非泡沫塑料板片	6.5
111	39211210	泡沫聚氯乙烯人造革及合成革	9
112	39211310	泡沫聚氨酯製人造革及合成革	9
113	39211990	其他泡沫塑料板、片、膜、箔及扁條	6.5
114	39219090	未列名塑膠板、片、膜、箔及扁條	6.5
115	39231000	塑膠製盒、箱及類似品	10
116	39235000	塑膠製塞子、蓋子及類似品	10
117	39239000	供運輸或包裝貨物用其他塑膠製品	10
118	39269010	塑膠製機器及儀器用零件	10
119	39269090	其他塑膠製品	10
120	40029911	其他初級形狀的合成橡膠	7.5
121	40111000	機動小客車用新的充氣橡膠輪胎	10
122	40112000	客或貨運車用新的充氣橡膠輪胎	10
123	40114000	摩托車用新的充氣橡膠輪胎	15
124	40115000	自行車用新的充氣橡膠輪胎	20
125	40116100	農業或林業車輛及機器用人字形胎面或類似胎面的新充氣橡膠輪胎	17.5
126	40116900	其他人字形胎面或類似胎面的新充氣橡膠輪胎	17.5
127	40119200	農業或林業車輛及機器用非人字形胎面或類似胎面的新充氣橡膠輪胎	25
128	42021210	以塑膠或紡織材料作面的衣箱	20
129	42021290	塑膠或紡織材料作面的其他箱包	20
130	42021900	其他材料製箱包	20
131	42022200	以塑膠片或紡織材料作面的手提包	10
132	52051100	非零售粗梳粗支純棉單紗	5
133	52051200	非零售粗梳中支純棉單紗	5
134	52061200	非零售粗梳中支混紡棉單紗	5
135	52062200	非零售精梳中支混紡棉單紗	5
136	52062400	非零售精梳較細支混紡棉單紗	5
137	52083100	染色的輕質全棉平紋布	10

續表

序號	2009年稅則號列	產品名稱(簡稱)	2009年進口稅率(%)
138	52083200	染色的較輕質全棉平紋布	10
139	52083900	染色的輕質其他全棉機織物	10
140	52084200	色織的較輕質全棉平紋布	10
141	52085990	印花的輕質其他全棉機織物	10
142	52093100	染色的重質全棉平紋布	10
143	52093200	染色的重質全棉三、四線斜紋布	10
144	52093900	染色的重質其他全棉機織物	10
145	52094100	色織的重質全棉平紋布	10
146	52094200	色織的重質全棉粗斜紋布(勞動布)	10
147	52103100	與化纖混紡染色的輕質平紋棉布	10
148	52103900	與化纖混紡染色的輕質其他棉布	10
149	52104100	與化纖混紡色織的輕質平紋棉布	10
150	52104990	與化纖混紡色織的輕質其他棉布	10
151	52113900	與化纖混紡染色的重質其他棉布	10
152	54011010	非供零售用合成纖維長絲縫紉線	5
153	54022000	非零售聚酯長絲高強力紗	5
154	54023310	非零售聚酯彈力絲	5
155	54026200	非零售聚酯多股紗線	5
156	54071010	尼龍或其他聚醯胺高強力絲製機織物	10
157	54071020	聚酯高強力紗製機織物	10
158	54074100	未漂白或漂白的純尼龍布	10
159	54074200	染色的純尼龍布	10
160	54074300	色織的純尼龍布	10
161	54075100	未漂白或漂白純聚酯變形長絲布	10
162	54075200	染色的純聚酯變形長絲布	10
163	54075300	色織的純聚酯變形長絲布	10
164	54075400	印花的純聚酯變形長絲布	10
165	54076100	其他純聚酯非變形長絲布	10
166	54076900	其他純聚酯長絲布	10
167	54077100	未漂白或漂白其他純合成纖維長絲布	10

附錄三 海峽兩岸經濟合作框架協議（ECFA）

續表

序號	2009年稅則號列	產品名稱(簡稱)	2009年進口稅率(%)
168	54077200	染色的其他純合成纖維長絲布	10
169	54078200	染色的與棉混紡合成纖維長絲布	10
170	54078300	色織的與棉混紡合成纖維長絲布	10
171	54079200	染色的其他混紡合成纖維長絲布	10
172	54079300	色織的其他混紡合成纖維長絲布	10
173	54082220	純醋酸長絲製染色機織物	10
174	54082290	純其他人造長絲製染色機織物	10
175	54082390	純其他人造長絲製色織機織物	10
176	54083200	染色的人纖長絲混紡布	10
177	55039000	未梳的其他合成纖維短纖	5
178	55049000	未梳的其他人造纖維短纖	5
179	55093200	非零售純聚丙烯腈短纖多股紗線	5
180	55095300	非零售與棉混紡聚酯短纖紗線	5
181	55099200	非零售與棉混紡其他合成纖維短纖紗線	5
182	55101100	非零售純人造纖維短纖單紗	5
183	55101200	非零售純人造纖維短纖多股紗線	5
184	55103000	非零售與棉混紡人造纖維短纖紗線	5
185	55121100	未漂或漂白的純聚酯布	16.9
186	55121900	其他純聚酯布	10
187	55129900	其他純合成纖維布	10
188	55132100	與棉混紡染色的輕質聚酯平紋布	10
189	55151100	與粘膠纖維短纖混紡的聚酯布	10
190	55151200	與化纖長絲混紡的聚酯布	10
191	55161200	染色的純人纖維短纖布	10
192	55162200	與化纖長絲混紡的染色人造纖維布	10
193	56012290	化學纖維製的絮胎及其他絮胎製品	12
194	56031110	每平米≤25 克經浸漬化纖長絲無紡織物	10
195	56031290	25 克＜每平米≤70 克其他化纖長絲無紡織物	10
196	56031310	70 克＜每平米≤150克浸漬化纖長絲無紡織物	10
197	56031390	70 克＜每平米≤150 克其他化纖長絲無紡織物	10

續表

序號	2009年稅則號列	產品名稱(簡稱)	2009年進口稅率(%)
198	56031410	每平米>150克經浸漬化纖長絲無紡織物	10
199	56031490	每平米>150克的其他化纖長絲無紡織物	10
200	56039290	25克<每平米≦70克其他無紡織物	10
201	56039390	70克<每平米≦150克的其他無紡織物	10
202	56039410	每平米>150克經浸漬其他無紡織物	10
203	56039490	每平米>150克的其他無紡織物	10
204	56075000	其他合纖製線、繩、索、纜	5
205	56081900	化纖材料製成的其他網	12
206	58012200	割絨的棉製燈芯絨	10
207	58013300	其他化纖緯起絨織物	10
208	58041030	化纖製網眼薄紗及其他網眼織物	12
209	58041090	其他紡織材料網眼薄紗及其他網眼織物	10
210	58042100	化纖機製花邊	10
211	58061090	其他材料狹幅起絨織物及繩絨織物	10
212	58062000	含彈性紗線≧5%的狹幅織物	10
213	58063200	化纖製其他狹幅機織物	10
214	58071000	機織非繡製紡織材料標籤、徽章等	10
215	58109200	化學纖維製見底布刺繡品	10
216	59031020	用聚氯乙烯浸、塗的人造革	10
217	59031090	用聚氯乙烯浸、塗的其他紡織物	10
218	59032020	用聚氨基甲酸酯浸、塗的人造革	10
219	59032090	用聚氨基甲酸酯浸、塗的其他紡織物	10
220	59039020	用其他塑膠浸、塗的人造革	10
221	59039090	用其他塑膠浸、塗的其他紡織物	10
222	59069100	用橡膠處理的針織或鉤編的紡織物	10
223	59069990	用橡膠處理的其他紡織物	10
224	59100000	紡織材料製的傳動帶或輸送帶及帶料	8
225	60019200	化纖製針織或鉤編起絨織物	10
226	60041030	寬>30釐米，彈性紗線>5%合成纖維製針織、鉤編織物	10
227	60041090	寬>30釐米，彈性紗線>5%其他紡織材料針織、鉤編織物	10

附錄三 海峽兩岸經濟合作框架協議（ECFA）

續表

序號	2009年稅則號列	產品名稱(簡稱)	2009年進口稅率(%)
228	60049030	寬>30釐米含橡膠線的合成纖維製針織、鉤編織物	10
229	60049090	寬>30釐米含橡膠線的其他紡織材料針織、鉤編織物	10
230	60053100	未漂白或漂白合成纖維製的其他經編織物	10
231	60053200	染色合成纖維製的其他經編織物	10
232	60062400	印花棉製的其他針織、鉤編織物	10
233	60063100	未漂白或漂白合成纖維製的其他針織、鉤編織物	10
234	60063200	染色合成纖維製的其他針織、鉤編織物	10
235	60063300	色織合成纖維製的其他針織、鉤編織物	10
236	60063400	印花合成纖維製的其他針織、鉤編織物	10
237	60064200	染色人造纖維製的其他針織、鉤編織物	10
238	61051000	棉製針織或鉤編男襯衫	16
239	61069000	其他紡織材料製針織或鉤編女襯衫	16
240	61101100	羊毛製針織或鉤編套頭衫等	14
241	61102000	棉製針織或鉤編套頭衫等	14
242	61103000	化纖製針織或鉤編套頭衫等	16
243	61124100	合纖製針織或鉤編女式游泳服	17.5
244	61152200	單絲≥67分特合纖製褲襪等	16
245	61152990	其他紡織材料製針織連褲襪及緊身褲襪	14
246	61159900	其他紡織材料製針織或鉤編短襪及其他襪類	14
247	61178010	針織或鉤編領帶及領結	14
248	61178090	針織或鉤編其他衣著附件	14
249	61179000	其他針織或鉤編衣著零件	14
250	62089200	化纖製女式背心、內衣及類似品	16
251	62121010	化纖製胸罩	16
252	62121090	其他紡織材料製胸罩	14
253	62122010	化纖製束腰帶及腹帶	16
254	62122090	其他紡織材料製束腰帶及腹帶	14
255	62129010	化纖製吊褲帶、吊襪帶等	16
256	62129090	其他紡織材料製吊褲帶、吊襪帶等	14
257	62171010	非針織非鉤編襪子及襪套	14

續表

序號	2009年稅則號列	產品名稱(簡稱)	2009年進口稅率(%)
258	62171020	非針織非鉤編和服腰帶	14
259	62171090	非針織非鉤編服裝或衣著附件	14
260	62179000	非針織非鉤編服裝或衣著零件	14
261	63019000	其他紡織材料製毯子及旅行毯	16
262	63026010	棉製浴巾	14
263	63026090	棉製盥洗及廚房用毛巾織物	14
264	63071000	擦地布、擦碗布等	14
265	64061000	鞋面及其零件，硬襯除外	15
266	64062010	橡膠製的外底及鞋跟	15
267	64069900	其他材料製鞋靴、護腿等零件	15
268	70031900	鑄、軋製的其他非夾絲玻璃板、片	17.5
269	70060000	經其他加工稅號70.03－70.05的玻璃	15
270	70091000	車輛後視鏡	10
271	70191100	長度<50毫米的短切玻璃纖維	12
272	70191900	玻璃纖維、梳條、紗線	10
273	70193900	玻璃纖維製的網及類似無紡產品	10.5
274	72082790	其他厚度<3毫米的其他經酸洗的熱軋捲材	5
275	72083890	其他3毫米≤厚度<4.75毫米的其他捲材	5
276	72083990	其他厚度<3毫米的其他熱軋捲材	3
277	72091690	其他1毫米<厚度<3毫米的冷軋捲材	6
278	72091790	其他0.5毫米≤厚度≤1毫米的冷軋捲材	3
279	72091890	其他厚度<0.5毫米的冷軋捲材	6
280	72103000	電鍍鋅的鐵或非合金鋼寬板材	8
281	72104900	鍍鋅的其他形鐵或非合金鋼寬板材	4
282	72171000	未鍍或塗層的鐵或非合金鋼絲	8
283	72191200	4.75毫米≤厚度≤10毫米熱軋不銹鋼捲板	4
284	72191319	厚度在3毫米及以上，但小於4.75毫米的未經酸洗的其他不銹鋼捲板	4
285	72191329	厚度在3毫米及以上，但小於4.75毫米的經酸洗的其他不銹鋼捲板	4

續表

序號	2009年稅則號列	產品名稱(簡稱)	2009年進口稅率(%)
286	72192300	3毫米≦厚度<4.75 毫米熱軋不銹鋼平板	10
287	72192410	1毫米<厚度<3 毫米熱軋不銹鋼平板	10
288	72193100	厚度≧4.75 毫米冷軋不銹鋼板	10
289	72193200	3毫米≦厚度<4.75 毫米冷軋不銹鋼板材	10
290	72193300	1毫米<厚度<3 毫米冷軋不銹鋼板材	10
291	72193400	0.5毫米≦厚度≦1毫米冷軋不銹鋼板材	10
292	72193500	厚度<0.5毫米冷軋不銹鋼板材	10
293	72199000	其他不銹鋼冷軋板材	10
294	72209000	其他不銹鋼帶材	10
295	72251900	其他矽電鋼寬板	6
296	74071000	精煉銅條、桿及型材及異型材	4
297	74072100	黃銅條、桿及型材及異型材	7
298	74072900	其他銅合金條桿、型材及異型材	7
299	74081100	最大截面尺寸>6毫米的精煉銅絲	4
300	74081900	截面尺寸≦6毫米的精煉銅絲	4
301	74082100	黃銅絲	7
302	74091900	其他精煉銅板、片、帶	4
303	74092100	成卷的黃銅板、片、帶	7
304	74092900	其他黃銅板、片、帶	7
305	74093100	成卷的青銅板、片、帶	7
306	74093900	其他青銅板、片、帶	7
307	74094000	白銅或德銀製板、片、帶	7
308	74099000	其他銅合金板、片、帶	7
309	74101100	無襯背的精煉銅箔	4
310	74101210	無襯背的白銅或德銀銅箔	7
311	74101290	無襯背的其他銅合金箔	7
312	74102110	印刷電路用覆銅板	4
313	74102190	有襯背的其他精煉銅箔	4
314	76061190	純鋁製矩形的其他板、片及帶	6
315	76061220	厚度<0.28毫米的鋁合金製矩形鋁板片帶	6

續表

序號	2009年稅則號列	產品名稱(簡稱)	2009年進口稅率(%)
316	76061230	0.28 毫米≤厚度≤0.35毫米的鋁合金製矩形鋁板片帶	6
317	76069100	純鋁製非矩形的板、片及帶	6
318	76069200	鋁合金製非矩形的板、片及帶	10
319	76071190	軋製後未進一步加工的無襯背鋁箔	6
320	76071900	其他無襯背鋁箔	6
321	76072000	有襯背鋁箔	6
322	81130000	金屬陶瓷及其製品,包括廢碎料	8.4
323	82032000	鉗子、鑷子及類似工具	10.5
324	82041200	可調式的手動扳手及扳鉗	10
325	82052000	手工錘子	10
326	82054000	手工螺絲刀	10.5
327	82055900	其他手工工具	10
328	82072010	帶超硬部件的金屬拉拔或擠壓用模	8
329	82072090	其他金屬拉拔或擠壓用模	8
330	82073000	鍛壓或衝壓工具	8
331	82074000	攻絲工具	8
332	82075010	帶超硬材料部件的鑽孔工具	8
333	82075090	帶其他材料工作部件的鑽孔工具	8
334	82076010	帶超硬材料部件的鏜孔或鉸孔工具	8
335	82077000	銑削工具	8
336	82078000	車削工具	8
337	82079010	帶超硬材料部件的其他可互換工具	8
338	82079090	其他可互換工具	8
339	82082000	木工機械用刀及刀片	8
340	82084000	農、林業機器用刀及刀片	8
341	82089000	其他機器或機械器具用刀及刀片	8
342	84122100	直線作用的液壓動力裝置(液壓缸)	12
343	84123100	直線作用的氣壓動力裝置(氣壓缸)	14
344	84138100	其他液體泵	8
345	84139100	液體泵用零件	5

附錄三 海峽兩岸經濟合作框架協議（ECFA）

續表

序號	2009年稅則號列	產品名稱(簡稱)	2009年進口稅率(%)
346	84141000	真空泵	8
347	84143013	功率0.4-5千瓦的空氣調節器用壓縮機	10
348	84143014	功率>5千瓦的空氣調節器用壓縮機	10
349	84145120	功率≤125瓦的換氣扇	20
350	84145199	功率≤125瓦其他風扇、風機	10
351	84145990	其他扇、風機	8
352	84148090	其他氣體壓縮機及通風罩或循環氣罩	7
353	84149019	其他用於製冷設備的壓縮機零件	8
354	84149020	風機、風扇、通風罩及循環氣罩零件	12
355	84149090	稅號84.14 其他所列機器零件	7
356	84159090	製冷量>4千大卡/時等空調的零件	10
357	84178090	其他非電熱的工業用爐及烘箱	10
358	84191900	其他非電熱的快速或貯備式熱水器	35
359	84193200	木材、紙漿、紙或紙板用乾燥器	9
360	84193990	其他用途的乾燥器	9
361	84195000	熱交換裝置	10
362	84199090	稅號84.19 的其他機器設備用零件	4
363	84201000	砑光機或其他滾壓機器	8.4
364	84212190	其他過濾或淨化水的裝置	5
365	84212990	其他液體的過濾、淨化機器及裝置	5
366	84213910	家用型氣體過濾、淨化機器及裝置	15
367	84213921	工業用靜電除塵器	5
368	84213923	工業用旋風式除塵器	5
369	84213929	工業用其他除塵器	5
370	84213990	其他氣體的過濾、淨化機器及裝置	5
371	84219990	其他過濾、淨化裝置用零件	5
372	84243000	噴汽機、噴砂機及類似噴射機	8.4
373	84281090	其他升降機及倒卸式起重機	6
374	84283300	其他帶式連續運貨升降、輸送機	5
375	84283910	鏈式連續運送貨物的升降機及輸送機	5

續表

序號	2009年稅則號列	產品名稱(簡稱)	2009年進口稅率(%)
376	84283920	輥式連續運送貨物的升降機及輸送機	5
377	84283990	其他未列名連續運貨升降、輸送機	5
378	84289090	其他升降、搬運、裝卸機械	5
379	84388000	84章其他未列名食品等加工機器	8.5
380	84392000	紙或紙板的抄造機器	8.4
381	84393000	紙或紙板的整理機器	8.4
382	84411000	切紙機	12
383	84418090	其他製造紙漿製品、紙製品的機器	12
384	84431922	平網印刷機	10
385	84431929	其他網式印刷機	10
386	84431980	其它印刷機	8
387	84440010	合成纖維長絲紡絲機	10
388	84463040	所織織物寬度>30毫米的噴水織機	8
389	84471100	圓筒直徑≤165毫米的圓型針織機	8
390	84471200	圓筒直徑>165毫米的圓型針織機	8
391	84472020	平型緯編機	8
392	84485900	稅號84.47機器用的其他零附件	6
393	84514000	洗滌、漂白或染色機器	8.4
394	84515000	紡織物捲繞、退繞、折疊、剪切或剪齒邊機器	8
395	84518000	稅號84.51所列其他未列名的機器	12
396	84522190	其他自動縫紉機	12
397	84529099	其他縫紉機用其他零件	14
398	84581100	切削金屬的數控臥式車床	9.7
399	84589100	切削金屬的其他數控車床	5
400	84592100	切削金屬的數控鑽床	9.7
401	84601100	數控平面磨床	9.7
402	84604020	研磨機床	13
403	84609010	砂輪機	15
404	84609020	拋光機床	15
405	84612020	插床	15

續表

序號	2009年稅則號列	產品名稱(簡稱)	2009年進口稅率(%)
406	84613000	拉床	12
407	84615000	鋸床或切斷機	12
408	84619011	龍門刨床	15
409	84619019	其他刨床	15
410	84621010	數控鍛造或衝壓機床及鍛錘	9.7
411	84621090	非數控鍛造或衝壓機床及鍛錘	12
412	84624900	非數控衝孔、開槽機、衝剪兩用機	10
413	84629910	其他機械壓力機	10
414	84631019	其他冷拔管機	10
415	84662000	工件夾具	7
416	84669400	稅號84.62－84.63 機器用其他零附件	6
417	84772010	塑膠造粒機	5
418	84772090	其他加工橡膠或塑膠的擠出機	5
419	84774010	塑膠中空成型機	5
420	84774020	塑膠壓延成型機	5
421	84774090	其他真空模塑及熱成型機器	5
422	84775900	其他橡膠或塑膠的模塑機、成型機	5
423	84778000	其他橡膠或塑膠加工機器	5
424	84798110	繞線機	9.5
425	84798190	其他處理金屬的機械	9.5
426	84798200	其他混合、研磨、篩選、均化等機器	7
427	84804100	金屬、硬質合金用注模或壓模	8
428	84807900	塑膠或橡膠用其他型模	5
429	84812010	油壓傳動閥	5
430	84813000	止回閥	5
431	84814000	安全閥或溢流閥	5
432	84818010	其他閥門	7
433	84819010	閥門用零件	8
434	84819090	龍頭、旋塞及類似裝置的零件	8
435	84824000	滾針軸承	8

續表

序號	2009年稅則號列	產品名稱(簡稱)	2009年進口稅率(%)
436	84829900	滾動軸承的其他零件	6
437	84834010	滾子螺桿傳動裝置	8
438	84834090	其他齒輪及齒輪傳動裝置	8
439	84839000	單獨報驗的帶齒的輪及其他傳動元件；零件	8
440	84841000	金屬片密封墊或類似接合襯墊	8
441	84879000	本章其他稅號未列名機器零件	8
442	85011010	輸出功率≤37.5瓦玩具電動機	24.5
443	85011099	其他輸出功率≤37.5瓦微電機	9
444	85013100	輸出功率≤750瓦直流電動機、發電機	12
445	85030010	玩具用電動機微電機零件	12
446	85030090	其他電動機、發電機(組)零件	8
447	85043110	額定容量≤1千伏安的互感器	5
448	85043190	額定容量≤1千伏安的其他變壓器	5
449	85049019	其他變壓器零件	8
450	85049020	穩壓電源及不間斷供電電源零件	8
451	85049090	其他靜止式變流器及電感器零件	8
452	85051110	稀土永磁體	7
453	85051190	其他金屬的永磁體	7
454	85078020	鋰離子電池	12
455	85081100	功率不超過1500瓦,且帶有容積不超過20L的電動真空吸塵器	10
456	85094090	食品研磨機及攪拌器或果、菜榨汁器	10
457	85122010	機動車輛用照明裝置	10
458	85129000	稅號85.12所列裝置的零件	8
459	85158000	其他焊接機器及裝置	8
460	85162100	電氣儲存式散熱器	35
461	85164000	電熨斗	35
462	85166030	電鍋	15
463	85166050	電烤箱	15
464	85167210	家用自動麵包機	32
465	85181000	傳聲器(麥克風)及其座架	10

附錄三 海峽兩岸經濟合作框架協議（ECFA）

續表

序號	2009年稅則號列	產品名稱(簡稱)	2009年進口稅率(%)
466	85184000	音頻擴大器	12
467	85189000	稅號85.18 所列貨品的零件	10.5
468	85258013	非特種用途的其他電視攝像機	35
469	85299042	非特種用途的取像模組	12
470	85299049	其他電視攝影機、靜像影片攝影機及其他影片攝錄影機、數位相機零件	12
471	85361000	熔斷器(電壓≤1000 伏)	10
472	85371011	可編程式控制器	5
473	85371019	其他數控裝置	5
474	85389000	稅號85.35、85.36或 85.37裝置的零件	7
475	85393990	其他用途的其他放電燈管	8
476	85399000	稅號85.39所列貨品的零件	8
477	85408900	其他電子管	8
478	85432010	輸出訊號頻率<1500 兆赫的通用訊號發生器	15
479	85432090	輸出訊號頻率≥1500 兆赫的通用訊號發生器	8
480	85441100	銅製繞組電線	10
481	85442000	同軸電纜及其他同軸電導體	10
482	85444929	80伏<耐壓≤1000 伏無接頭電導體	12
483	87081000	緩衝器(保險桿)及其零件	10
484	87082930	車窗玻璃升降器	10
485	87082941	汽車電動天窗	10
486	87082942	汽車手動天窗	10
487	87082951	側圍	10
488	87082952	車門	10
489	87082953	發動機罩蓋	10
490	87082954	前圍	10
491	87082955	行李箱蓋(或背門)	10
492	87082956	後圍	10
493	87082957	翼板(或葉板)	10
494	87082959	車身的其他覆蓋件	10

續表

序號	2009年稅則號列	產品名稱(簡稱)	2009年進口稅率(%)
495	87082990	車身的未列名零部件	10
496	87084010	牽引車、拖拉機用變速箱及零件	6
497	87084020	大型客車用變速箱及零件	10
498	87084030	非公路自卸車用變速箱及零件	6
499	87084040	柴、汽油輕型貨車用變速箱及零件	10
500	87084050	其他柴油型重型貨車用變速箱及零件	10
501	87084060	特種車用變速箱及零件	10
502	87084099	未列名機動車輛用變速箱及零件	10
503	87087010	牽引車及拖拉機用車輪及其零附件	6
504	87087020	大型客車用車輪及其零附件	10
505	87087030	非公路貨運自卸車用車輪及其零件	6
506	87087040	中小型貨車車輪及其零件	10
507	87087050	大型貨車用車輪及其零件	10
508	87087060	特種車用車輪及其零件	10
509	87087090	其他車輛用車輪及其零附件	10
510	87089991	其他稅號所列車輛用車架	10
511	87089992	汽車傳動軸	10
512	87089999	機動車輛用未列名零附件	10
513	87120020	競賽型自行車	13
514	87120030	山地自行車	13
515	87120041	16、18、20 英寸自行車	13
516	87120049	其他越野自行車	13
517	87120081	≤16 英寸的未列名自行車	13
518	87120089	其他未列名自行車	13
519	87120090	其他非機動腳踏車	23
520	87149100	非機動腳踏車車架、輪叉及其零件	12
521	87149200	非機動腳踏車輪圈及輻條	12
522	87149310	非機動腳踏車的輪轂	12
523	87149320	飛輪	12
524	87149390	其他非機動腳踏車的飛輪	12

附錄三 海峽兩岸經濟合作框架協議（ECFA）

續表

序號	2009年稅則號列	產品名稱(簡稱)	2009年進口稅率(%)
525	87149400	非機動腳踏車的制動器及其零件	12
526	87149500	非機動腳踏車的鞍座	12
527	87149610	非機動腳踏車腳蹬及其零件	12
528	87149620	非機動腳踏車曲柄、鏈輪及其零件	12
529	87149900	非機動腳踏車的其他零附件	12
530	90021190	其他照相機、投影儀等用物鏡	15
531	90021990	稅號90.02未列名的其他物鏡	15
532	90029010	照相機用未列名光學元件	15
533	90029090	其他光學儀器用未列名光學元件	15
534	90213100	人造關節	4
535	90318090	未列名測量、檢驗儀器具及機器	5
536	95063900	其他高爾夫球用具	14
537	95069110	健身及康復器械	12
538	96062100	塑膠製鈕扣，未用紡織材料包裹	21
539	96062200	金屬製鈕扣，未用紡織材料包裹	15

註：表中產品名稱為簡稱，具體產品範圍按大陸2009年稅則相應稅則號列的規定執行。

大陸方面早期收穫產品降稅安排

	2009年進口稅率(X%)	協議稅率		
		早期收穫計畫實施第1年	早期收穫計畫實施第2年	早期收穫計畫實施第3年
1	0 < X ≤ 2.5	0		
2	2.5 < X ≤ 7.5	2.5	0	
3	X > 7.5	5	2.5	0

註：1.2009年進口稅率指大陸2009年對其他所有世界貿易組織成員普遍適用的非臨時性進口關稅稅率。

2.《海峽兩岸經濟合作框架協議》如在上半年生效，早期收穫計劃的實施時間為當年的7月1日；如在下半年生效，早期收穫計劃的實施時間為次年的1月1日。

3. 早期收穫計劃產品的協議稅率在該計劃實施後不超過 2 年的時間內最多分 3 次降為零，第 1 年開始降稅時間為早期收穫計劃實施時，第 2 年、第 3 年的降稅時間為當年的 1 月 1 日。

附件二

適用於貨物貿易早期收穫產品的臨時原產地規則

第一條 定義

就本規則而言：

海關估價協定是指作為《馬拉喀什建立世界貿易組織協定》組成部分的《關於實施 1994 年關稅與貿易總協定第七條的協定》。

可互換材料是指在商業上可互換的材料，其性質實質相同，僅憑目視無法加以區分。

公認的會計原則是指一方有關記錄收入、支出、成本、資產及負債、資訊披露以及編制財務報表方面公認的實質上具有權威性的會計準則。上述準則包括普遍適用的概括性指引、詳細的標準、慣例及程序。

材料是指構成另一貨物的一部分或用於生產另一貨物的貨物，包括組成成分、零件、部件、組件及半組裝件。

中性成分是指在另一貨物的生產、測試或檢驗過程中使用，但本身不構成該貨物組成成分的貨物。

非原產材料是指除依據本規則規定具備原產資格的材料以外的其他材料。

原產材料或原產貨物是指依據本規則規定具備原產資格的材料或貨物。

生產是指獲得貨物的方法，包括但不限於種植、飼養、開採、收穫、捕撈、耕種、誘捕、狩獵、捕獲、採集、收集、養殖、提取、製造、加工或裝配。

協調制度是指世界海關組織編制的《商品名稱及編碼協調制度》。

品目是指協調制度使用的四位數編碼。

子目是指協調制度使用的六位數編碼。

第二條 原產貨物

除本規則另有規定外，符合下列情況之一的貨物應認定為原產於一方：

（一）該貨物是依據本規則第三條的規定，在一方完全獲得；

（二）該貨物完全是在一方或雙方，僅由原產材料生產；

（三）該貨物是在一方或雙方使用非原產材料生產，符閤第四條產品特定規則。

第三條 完全獲得貨物

依據本規則第二條（一）的規定，下列貨物應認定為在一方完全獲得：

（一）在一方出生並飼養的活動物；

（二）在一方從上述（一）所述活動物中獲得的產品；

（三）在一方收穫、採摘或採集的植物或植物產品；

（四）在一方狩獵、誘捕、捕撈、耕種、採集或捕獲獲得的貨物；

（五）在一方採掘的礦物；

（六）一方在相關的水域、海床或底土獲得的產品；

（七）在一方註冊的加工船上，完全用上述（六）所述貨物加工、製造的貨物；

（八）在一方加工過程中產生且僅用於原材料回收的廢碎料，或在一方消費後所收集且僅用於原材料回收的廢品；

（九）在一方完全從上述（一）至（八）所述貨物獲得的貨物。

第四條 產品特定原產地規則

除本規則另有規定外，在一方或雙方使用非原產材料生產的貨物，應依據本規則附件規定的稅則歸類改變、區域價值成分、加工工序標準或其他標準確定其原產資格。

上述附件由雙方原產地規則磋商小組另行商定後實施。

第五條 稅則歸類改變

在適用本規則第四條所稱的稅則歸類改變標準時，貨物生產過程中所使用的非原產材料，在一方或雙方經過生產後，均須發生本規則附件所規定的稅則歸類改變。

第六條 區域價值成分

一、在適用本規則第四條所規定的區域價值成分（RVC）標準時，其區域價值成分應依據下列公式計算：

$$RVC = \frac{FOB - VNM}{FOB} \times 100\%$$

上述 VNM 是指非原產材料的價格。該價格應以到岸價格（CIF）為基礎進行確定。

二、本規則所述的離岸價格（FOB）和到岸價格（CIF）應依據《海關估價協定》及公認會計原則進行核定。

第七條 加工工序

在適用本規則第四條所規定的加工工序標準時，貨物只有在一方或雙方經過本規則附件所規定的加工工序後，方能賦予原產資格。

第八條 累積規則

一方的原產材料在另一方構成另一貨物的組成部分時，該材料應視為原產於該另一方。

第九條 微小加工

一、本條所稱「簡單」是指既不需要專業技能，也不需要專用的機器、儀器或設備即可進行加工或處理。

二、對貨物的本質特性影響輕微的簡單加工或處理，無論是單獨或合併，均應認定為微小加工，不得賦予原產資格。其中包括但不限於：

（一）為確保貨物在運輸或儲藏期間處於良好狀態而進行的處理，例如通風、乾燥、冷藏、冷凍、上油、塗抹防鏽漆、包覆保護層、加鹽或水溶液；

（二）為便利託運而對貨物進行的拆解、組裝；

（三）以銷售或展示為目的的包裝、拆包或重新包裝等處理；

（四）動物屠宰、冷凍、分割、切片；

（五）過濾、篩選、挑選、分類、分級、匹配（包括成套物品的組合）、縱切、彎曲、捲繞、展開等作業；

（六）洗滌、清潔、除塵、去除氧化物、除油、去漆以及去除其他塗層；

（七）簡單的上漆、磨光、削尖、研磨、切割、裝配或拆卸等作業；

（八）裝瓶、裝罐、裝袋、裝箱、裝盒、固定於紙板或木板及其他類似的包裝工序；

（九）在產品或其包裝上粘貼或印刷標誌、標籤、標識及其他類似的區別標記；

（十）稀釋、溶解或簡單混合，未實質改變貨物本質的；

（十一）除稻米以外的穀物的去殼、部分或完全的漂白、拋光及上光；

（十二）食糖上色或形成糖塊的操作；

（十三）紡織品的熨燙或壓平；

（十四）水果、堅果及蔬菜的去皮、去核或去殼。

第十條 微小含量

貨物不符合本規則附件規定的稅則歸類改變標準，但同時符合下列條件的，仍應視為原產貨物：

一、對於不符合稅則歸類改變的非原產材料，其依據第六條規定核定的價值不超過該貨物離岸價格的百分之十；

二、該貨物符合其所適用的本規則所有其他規定。

第十一條 可互換材料

一、在確定貨物是否為原產貨物時，任何可互換材料應據實加以區分；或依據出口方公認會計原則承認的庫存管理方法擇一辦理。

二、上述經擇定的庫存管理方法，應在其整個會計年度內，連續使用該方法對上述貨物或材料進行管理。

第十二條 中性成分

在確定貨物是否為原產貨物時，下列中性成分的原產地應不予考慮：

（一）燃料、能源、催化劑及溶劑；

（二）用於測試或檢驗貨物的設備、裝置及相關用品；

（三）手套、眼鏡、鞋靴、衣服、安全設備及用品；

（四）工具及模具；

（五）用於維護設備和建築的備用零件及材料；

（六）在貨物生產過程中使用，雖未構成該貨物組成成分，但能合理表明為該貨物生產過程一部分的其他貨物。

第十三條 成套貨品

協調制度歸類總規則三規定的成套貨品，如果各組成貨品均原產於一方，則該成套貨品應認定為原產於該方；若部分組成貨品非原產於一方，依第六條規定所確定的非原產材料價格不超過該成套貨品離岸價格的百分之十，該成套貨品仍應認定為原產於該方。

第十四條 包裝材料及容器

一、對於應適用本規則附件所列稅則歸類改變標準的貨物，如果零售用包裝材料及容器與該貨物歸在同一稅號，則在確定該貨物的原產地時，零售用包裝材料及容器應不予考慮。但對於必須符合區域價值成分標準的貨物，在確定該貨物原產地時，零售用包裝材料及容器的價值應視實際情況認定為原產材料或非原產材料後予以核計。

二、在確定貨物原產地時，用於貨物運輸的包裝材料及容器應不予考慮。

第十五條 配件、備用零件及工具

一、對於本規則附件規定的原產地所需稅則歸類改變標準，在貨物進口時，貨物的配件、備用零件、工具、說明書及訊息資料等，與該貨物一併報關，並與該貨物歸入同一稅號，且不單獨開具發票，則在確定該貨物原產地時，上述配件、備用零件、工具、說明書及訊息資料等應不予考慮。

二、對於必須符合區域價值成分標準的貨物，如果配件、備用零件、工具、說明書及訊息資料等，與該貨物一併報關，且不單獨開具發票，則在計算該貨物的區域價值成分時，上述配件、備用零件、工具、說明書及訊息資料的價值應視實際情況認定為原產材料或非原產材料後予以核計。

三、上述配件、備用零件、工具、說明書及訊息資料的數量和價值，應符合該貨物的慣例。

第十六條 直接運輸

一、申請適用優惠關稅待遇的一方原產貨物，應在雙方之間直接運輸。

二、貨物運經雙方以外的一個或多個第三方，不論是否在第三方轉換運輸工具或臨時儲存，若同時符合下列條件，仍應視為在雙方之間直接運輸：

（一）基於地理原因或運輸需要；

（二）貨物在該第三方未發生貿易、商業或消費的情況；

（三）除裝卸、重新包裝或使貨物保持良好狀態所需的處理外，貨物在該第三方未經任何其他處理。

三、在本條第二款規定情形下，貨物在第三方臨時儲存的停留時間，自運抵該方之日起不得超過六十天，並且貨物在停留期間必須處於該第三方海關監管之下。

四、對於本條第二款所述貨物，在貨物申報進口時，應提交中轉方海關出具的證明文件以及進口方海關認可的其他證明文件。

第十七條 原產地相關操作程序

執行本規則所需的操作程序由雙方原產地規則磋商小組另行商定後實施。

附件三

適用於貨物貿易早期收穫產品的雙方保障措施

一、進口方因履行早期收穫計劃，導致從另一方進口特定產品的數量絕對增加或與其產量相比相對增加，且此種情況已對其生產同類或直接競爭產品的產業造成嚴重損害或嚴重損害威脅，進口方可要求與另一方進行磋商，以尋求雙方滿意的解決方案。

根據上述規定，經調查，如一方決定採取雙方保障措施，可將所涉產品適用的關稅稅率提高至採取雙方保障措施時實施的普遍適用於世界貿易組織成員的非臨時性進口關稅稅率。

二、雙方保障措施的實施期限應盡可能縮短，並以消除或防止進口方產業受到損害的範圍為限，最長不超過一年。

三、當一方終止針對某一產品實施的雙方保障措施時，該產品的關稅稅率應根據《海峽兩岸經濟合作框架協議》附件一所規定的降稅模式，按照該措施終止時的關稅稅率執行。

四、實施雙方保障措施時，對於本附件中未規定的規則，雙方應對相關條款作必要修改後適用世界貿易組織《保障措施協定》，但世界貿易組織《保障措施協定》第五條所列的數量限制措施及第九條、第十三條、第十四條不適用。

五、本附件適用世界貿易組織《保障措施協定》條款時所稱的「貨物貿易理事會」或「保障措施委員會」均指《海峽兩岸經濟合作框架協議》所稱的「兩岸經濟合作委員會」。

六、一方不得對另一方同一產品同時實施以下措施：

（一）雙方保障措施；

（二）《1994年關稅與貿易總協定》第十九條及世界貿易組織《保障措施協定》規定的措施。

附件四

服務貿易早期收穫部門及開放措施

大陸方面非金融服務部門的開放承諾[1]

服務提供模式：(1) 跨境交付 (2) 境外消費 (3) 商業存在

部門或分部門	市場開放承諾	其他承諾
\multicolumn{3}{c}{1.商業服務}		
A.專業服務 b.會計、審計和簿記服務 (CPC862)	(1)沒有限制 (2)沒有限制 (3)除在加入世界貿易組織時承諾的內容外，不作承諾。	允許臺灣會計師事務所在大陸臨時開展審計業務時申請的《臨時執行審計業務許可證》的有效期為1年。
B.電腦及其相關服務 b.軟體實施服務 (CPC842)	(1) 沒有限制 (2) 沒有限制 (3)在加入世界貿易組織時承諾的基礎上，允許臺灣服務提供者在大陸設立獨資企業，提供軟體實施服務。	
C.資料數據處理服務 (CPC843,不包括CPC8439)	(1)沒有限制 (2)沒有限制 (3)在加入世界貿易組織時承諾的基礎上，允許臺灣服務提供者在大陸設立獨資企業，提供資料處理服務。	
C.研究和開發服務 自然科學和工程學的研究和實驗開發服務 (CPC8510)	(1)沒有限制 (2)沒有限制 (3)允許臺灣服務提供者在大陸設立合資、合作或獨資企業，提供自然科學和工程學的研究和實驗開發服務。	

續表

部門或分部門	市場開放承諾	其他承諾
F.其他商業服務 s.會議服務(CPC87909)	(1)沒有限制 (2)沒有限制 (3) 在加入世界貿易組織時承諾的基礎上，允許臺灣服務提供者在大陸設立獨資企業，提供會議服務。	
F.其他商業服務 —專業設計服務 (CPC87907)	(1)沒有限制 (2)沒有限制 (3)允許臺灣服務提供者在大陸設立合資、合作或獨資企業，提供專業設計服務。	
2. 通訊服務		
D.視聽服務 —錄影的分銷服務，包括娛樂軟體及(CPC83202) —錄音製品分銷服務	(1)沒有限制 (2)沒有限制 (3)除在加入世界貿易組織時承諾的內容外，不作承諾。	根據臺灣有關規定設立或建立的製片單位所拍攝的、擁有50%以上的電影片著作權的華語電影片經大陸主管部門審查通過後，不受進口配額限制在大陸發行放映。該電影片主要工作人員組別①中臺灣居民應占該組別整體員工數目的50%以上。
8.與健康相關的服務和社會服務(除專業服務中所列以外)		
A. 醫院服務(CPC9311)	(1)不作承諾 (2)不作承諾 (3)允許臺灣服務提供者在大陸設立合資、合作醫院；允許臺灣服務提供者在上海市、江蘇省、福建省、廣東省、海南省設立獨資醫院。②	

①主要工作人員組別包括導演、編劇、男主角、女主角、男配角、女配角、監製、攝影師、剪接師、美術指導、服裝設計、動作/武術指導、以及原創音樂。

②應符合大陸關於外商投資設立合資、合作或獨資醫院的有關規定。

續表

部門或分部門	市場開放承諾	其他承諾
11. 運輸服務		
C.航空運輸服務 d.飛機的維修和保養服務 ①(CPC8868)	(1)不作承諾② (2)沒有限制 (3)在加入世界貿易組織時承諾的基礎上，允許臺灣服務提供者以獨資或合資形式投資大陸航空器維修領域，臺灣服務提供者必須為法人或多個臺灣服務提供者共同投資時其主要投資者必須為法人。	

大陸方面金融服務部門的開放承諾

部門名稱	具體承諾
保險及其相關服務	允許臺灣保險公司經過整合或策略合併組成的集團，參照外資保險公司市場准入條件（集團總資產50億美元以上，其中任何一家臺灣保險公司的經營歷史在30年以上，且其中任何一家臺灣保險公司在大陸設立代表處2年以上）申請進入大陸市場。
銀行及其他金融服務(不包括證券期貨和保險)	1.臺灣的銀行比照大陸《外資銀行管理條例》的有關規定，在大陸申請設立獨資銀行或分行(非獨資銀行下屬分行)，提出申請前應在大陸已經設立代表處1年以上。 2.臺灣的銀行在大陸的營業性機構申請經營人民幣業務，應具備下列條件：提出申請前在大陸開業2年以上且提出申請前1年盈利。 3.臺灣的銀行在大陸的營業性機構具備下列條件可申請經營在大陸的台資企業人民幣業務：提出申請前在大陸開業1年以上且提出申請前1年盈利。 4.臺灣的銀行在大陸設立的營業性機構可建立小企業金融服務專營機構。具體要求參照大陸相關規定執行。 5.為臺灣的銀行申請在大陸中西部、東北部地區開設分行(非獨資銀行下屬分行)設立綠色管道。 6.主管部門審查臺灣的銀行在大陸分行的有關盈利性資格時，採取多家分行整體考核的方式。
證券、期貨及其相關服務	1.對符合條件的台資金融機構在大陸申請合格境外機構投資者資格給予適當便利。 2.儘快將臺灣證券交易所、期貨交易所列入大陸允許合格境內機構投資者投資金融衍生產品的交易所名單。 3.簡化臺灣證券從業人員在大陸申請從業人員資格和取得執業資格的相關程式。

①適用世界貿易組織《服務貿易總協定〈關於空運服務的附件〉》的定義。

②由於缺乏技術可行性，因此不作承諾。

服務提供模式：（1）跨境提供服務（2）境外消費（3）商業據點呈現

臺灣方面非金融服務業的開放承諾[6]

附錄三 海峽兩岸經濟合作框架協議（ECFA）

服務提供模式：(1)跨境提供服務 (2)境外消費 (3)商業據點呈現

行業或次行業別	市場開放承諾	其他承諾
一、商業服務業			
C.研究與發展服務業(CPC851、852、853)	(1)沒有限制。 (2)沒有限制。 (3)允許大陸服務提供者在臺灣以獨資、合資、合夥及設立分公司等形式設立商業據點，提供研究與發展服務。	
F.其他商業服務業 (s)會議服務業(CPC87909 *) -*指為會議或類似事件提供計畫、組織、管理及行銷等營業性活動(包括外燴及飲料服務)	(1)沒有限制。 (2)沒有限制。 (3)允許大陸服務提供者在臺灣以獨資、合資、合夥及設立分公司等形式設立商業據點，提供會議服務。	
F.其他商業服務業 (s)展覽服務業(CPC87909) —限合辦之專業展覽	允許大陸企業、事業單位、與會展相關之社團或基金會等來台從事與臺灣會展產業之企業或公會、商會、協會等團體合辦之專業展覽，惟須符合相關規定。	
F.其他商業服務業 (t) 其他 v.特製品設計服務業(CPC87907) —凡從事室內設計以外專門設計服務之行業均屬之，如服裝、珠寶、家具等商品及其他個人或家庭物品之設計、視覺傳達(平面)設計及包裝設計等服務	(1)沒有限制。 (2)沒有限制。 (3)允許大陸服務提供者在臺灣以獨資、合資、合夥及設立分公司等形式設立商業據點，提供特製品設計服務。	
二、通訊服務業			
D.視聽服務業 (b)電影放映服務業 —華語電影片和合拍電影片	根據大陸有關規定設立的製片單位所拍攝、符合臺灣相關規定所定義之大陸電影片，經臺灣主管機關審查通過後，每年以10部為限，可在臺灣商業發行上映，並應符合大陸電影片進入臺灣發行上映相關規定。	

續表

行業或次行業別	市場開放承諾	其他承諾
四、配銷服務業		
A. 經紀商服務業(活動物除外)(CPC 621) 一凡以按次計費或依合約計酬方式,從事有形商品買賣間說合而收取佣金之行業均屬之。經由網際網路從事商品經紀亦歸入本類。	(1) 沒有限制。 (2) 沒有限制。 (3) 允許大陸服務提供者在臺灣以獨資、合資、合夥及設立分公司等形式設立商業據點,提供經紀商服務。	
十、娛樂、文化及運動服務業(視聽服務業除外)		
D.運動及其他娛樂服務業(CPC96411、96412、96419)	(1) 沒有限制。 (2) 沒有限制。 (3) 允許大陸服務提供者在臺灣以獨資、合資、合夥及設立分公司等形式設立商業據點,提供運動休閒服務。	
十一、空運服務業		
(c) 電腦訂位系統①	(1) 沒有限制。 (2) 沒有限制。 (3) 允許大陸服務提供者在臺灣以獨資、合資、合夥及設立分公司等形式設立商業據點,提供電腦訂位系統服務。	

臺灣方面金融服務業的開放承諾

行業別名稱	具體承諾
銀行及其他金融服務(不包括證券期貨和保險)	大陸的銀行許可在台灣設立代表人辦事處且滿1年,可申請在台灣設立分行。

① 適用世界貿易組織《服務貿易總協定＜空運服務業附則＞》的定義。

附件五

適用於服務貿易早期收穫部門及開放措施的服務提供者定義

附錄三 海峽兩岸經濟合作框架協議（ECFA）

雙方同意，就《海峽兩岸經濟合作框架協議》附件四（以下簡稱附件四）所列並超出各自在世界貿易組織承諾的服務部門及開放措施制定適用的服務提供者定義[2]如下：

一、適用於服務貿易早期收穫部門及開放措施的服務提供者，指為另一方提供服務的一方自然人或一方法人。[3]

（一）「一方自然人」指持有兩岸任一方身分證明文件的自然人；

（二）「一方法人」指根據兩岸任一方相關規定在該方設立的實體，包括任何公司、信託、合夥企業、合資企業、獨資企業或協會（商會）。

二、一方法人服務提供者應同時具備下列條件：

（一）在該方提供服務的性質和範圍，應包含其擬在另一方提供服務的性質和範圍；[4]

（二）在該方從事實質性商業經營，應符合下列規定：

1. 在該方從事與擬在另一方提供服務的性質和範圍相同的商業經營持續三年以上[5]。其中：

從事銀行及其他金融服務（不包括證券期貨和保險）的一方銀行機構，應在該方獲得銀行業監督管理機構營業許可並註冊或登記設立且從事商業經營持續五年以上；

從事證券期貨及其相關服務的一方證券期貨公司，應在該方獲得證券期貨監督管理機構營業許可並註冊或登記設立且從事商業經營持續五年以上；

從事保險及其相關服務的一方保險公司，應在該方獲得保險業監督管理機構營業許可並註冊或登記設立且從事商業經營持續五年以上；

2. 在該方繳納所得稅；

3. 在該方擁有或租用經營場所。

三、一方服務提供者為享有附件四所列並超出在世界貿易組織承諾的優惠待遇，應按下列規定向該方業務主管部門或其委託機構提供文件、資料，申請「服務提供者證明書」：

　　（一）一方自然人服務提供者應提供身分證明文件，及業務主管部門或其委託機構認為需要提供的其他文件、資料；

　　（二）一方法人服務提供者應提供：

1. 註冊登記證明副本；

2. 最近三年或五年的完稅證明副本；

3. 最近三年或五年經審計的財務報表；

4. 擁有或租用經營場所的證明文件或其副本；

5. 其他證明提供服務性質和範圍的文件或其副本；

6. 業務主管部門或其委託機構認為需要提供的其他文件、資料。

　　四、一方服務提供者按本附件第三條規定提供相關文件、資料，業務主管部門或其委託機構認為符合本附件規定，向其核發服務提供者證明書。

　　五、一方服務提供者申請在另一方提供附件四所列並超出在世界貿易組織承諾的服務時，應向另一方的相關業務主管部門提交有效的服務提供者證明書，及申請所涉服務部門規定的文件、資料。

　　六、已在另一方提供服務的一方服務提供者可按照本附件的相關規定申請取得服務提供者證明書，以享有附件四所列並超出在世界貿易組織承諾的優惠待遇。

註釋

[1] 部門分類使用世界貿易組織《服務貿易總協定》服務部門分類（GNS/W/120），部門的內容參考相應的聯合國臨時中央產品分類（CPC，United Nations Provisional Central Product Classification，ST/ESA/STAT/SER.M/77）。

[2] 僅適用於以商業存在模式提供服務的服務提供者。

[3] 不包括在一方登記的分公司、辦事處、聯絡處和其他非法人機構。

[4] 就臺灣方面醫療服務提供者而言,包括:(1)法人醫療機構;(2)醫療機構的設置人;(3)醫療機構設置的特定目的公司。

[5] 就臺灣方面醫療服務提供者而言,注3規定的醫療機構應符合此項規定。

[6] 就臺灣方面醫療服務提供者而言,注3規定的醫療機構應符合此項規定。

國家圖書館出版品預行編目（CIP）資料

冷戰後臺灣與東盟各國關係研究 / 王俊峰 著. -- 第一版.
-- 臺北市：崧燁文化，2019.03

　面；　公分

ISBN 978-957-681-654-3（平裝）

1. 中華民國外交 2. 東南亞

578.23　　　　　　　　　　　　　　　　107020477

書　　名：冷戰後臺灣與東盟各國關係研究
作　　者：王俊峰 著
發 行 人：黃振庭
出 版 者：崧博出版事業有限公司
發 行 者：崧燁文化事業有限公司
E - m a i l：sonbookservice@gmail.com
粉 絲 頁：　　　　　　網　址：
地　　址：台北市中正區重慶南路一段六十一號八樓 815 室
8F.-815, No.61, Sec. 1, Chongqing S. Rd., Zhongzheng
Dist., Taipei City 100, Taiwan (R.O.C.)
電　　話：(02)2370-3310　傳　真：(02) 2370-3210
總 經 銷：紅螞蟻圖書有限公司
地　　址：台北市內湖區舊宗路二段 121 巷 19 號
電　　話:02-2795-3656 傳真:02-2795-4100　網址：
印　　刷：京峯彩色印刷有限公司（京峰數位）

本書版權為九州出版社所有授權崧博出版事業股份有限公司獨家發行電子書及繁體書繁體字版。若有其他相關權利及授權需求請與本公司聯繫。

定　　價：450 元
發行日期：2019 年 03 月第一版
◎ 本書以 POD 印製發行